십계명은

실로 가장 뛰어난 배열과 충실한 내용으로 표현되었기 때문에

언제든지 기독교 교육의 과제가 되어 왔다."

에밀 부르너(E. Brunner)

"율법이 죄를 넘치게 하고

죄가 넘치는 곳에 은혜가 넘치는 것은

죄가 죽음으로 사람을 지배한 것 같이 은혜가 의로 사람을 지배하면서

우리 주 예수 그리스도 안에서 영원한 생명을 누리게 하려는 것입니다."

표준 새번역. 롬 5 : 20, 21.

십계명은 옛사람에서 새 사람으로 가는 은혜의 신학입니다.

왜, 십계명입니까?

십계명의 하지 말라, 하라는 말씀을 반대로 읽어 보세요. 맘에 드십니까?
"하지 말라"라는 것을 하고, "하라"라는 명령을 하지 않을 때 어떤 세상이 예측되나요?

모든 성경 중에서 십계명은 특별하고 고유한 지위를 받았습니다. 애굽의 노예였던 옛사람이 은혜로 구원받아 된 새 사람에게 선포(declare)하신 말씀이기에 특별하고 자신의 친필로 새겨 써서 주신 커리큘럼이니 고유한 것이요, "지키라 명령하시고"(신 4:13요약), "이를 행하라 그러면 살리라"(눅 10:28요약)고 주신 십계명은 인간의 행복과 안전을 지켜주는 생명의 법입니다.
이러한 십계명을 신 6:5에서 "부지런히 가르치라."라고 명령하셨으니 기독교인에게는 필수 전공교과입니다. 선택이나 교양강좌는 학생들이 임의로 정하지만 전공필수를 이수해야 졸업한다는 사실, 아시지요? 기독교의 조직신학과 삶의 기본원리들이 십계명에 다 들어 있습니다. 십계명에 하나님과 이웃이 있습니다. 만일, 우리가 하나님께 어떤 사랑과 은혜를 받아 살고 있으며 이웃들에게 빚진 것이 무엇인지 안다면, 인류의 근원이신 하나님과 이웃에게 어떤 사람으로 책임 있게 살아야 하는지를 아는 사람입니다.
십계명을 대중화하려는 의도에서 시작한 이 책은 십계명 총서 39권 중에 첫 번째 책입니다. 이 책은 끊임없이 우리를 계명 앞에 세워서 양심을 일깨우고 그리스도인으로 살아가는 삶을 도울 것입니다.

십계명을 선포하라

기독교인이 안고 있는 가장 고질적인 문제는 그렇게 성경을 읽고 달달 외우고 배우는데 삶으로 가져가지 못하는 점이 아닐까요? 이것은 제 자신을 두고 하는 말이기도 합니다.
그동안 우리가 복음 전파에는 열정적인데 삶을 가르치는 십계명에 대한 인식은 미약했습니다. 우리의 주인이신 예수님을 본받는 것이 무엇인지, 십계명에 다 있는데 이것을 구체적으로 제시해 주지 못했을뿐더러 공 예배에서 주기도문과 사도신경을 낭독하면서 십계명 선포는 생략했습니다. 십계명은 하나님의 선포로(declare) 세상에 왔음에도 말입니다(출 20:1, 34:5, 신 4:13참고). 우리도 교회와 가정에서 십계명을 선포해야 합니다.

우리는 보냄의 주체자입니다

왜, 교회가 세상에 존재할까요? 우리는 그동안 "교회로 오라"고 외쳤습니다. 와서 받으라고 했고 교회로 데

려오는 일에 열심이었습니다. 그러나 교회가 마치 음식점 안내원이나 대리운전 같은 수동적인 역할을 할 것이 아니라 생활 속에서 각자, 한 사람, 한 사람이 교회가 되어야 하겠습니다. 우리 모두가 세상에 보냄을 받은 자들입니다. 그 사람은 "사는 그 자리"에서 주체가 되어야 합니다.

그렇다면 어떤 방법으로 가야 할까요? 사랑의 십계명으로 보냄을 받는 것입니다. 이 사랑은 명령에 의한 것이므로 우리에게는 의무(Arbeit)이며 소명 즉, 직업입니다. 하나님 은혜를 헛되게 방전시킬 게 아니라 믿음과 소망과 사랑을 충전시키는 십계명으로 정비해야 합니다. 십계명이 우리 믿음을 확인하고 약속하신 축복을 소망하며 사랑으로 응답하기 때문입니다.

십계명은 이웃을 하나님으로 보는 훈련입니다

십계명의 총체적인 주제는 "사랑"입니다(마 22:37~40참고). 십계명의 끝 부분은 "네 이웃"이라는 단어가 네 차례나 나옵니다. 십계명은 이웃의, 이웃을 위한, 이웃을 향하여, 이웃에게 보내는 윤리(missio- ethics)이며 신학(missio- theology)입니다. 그런데 우리는 그동안 하나님과 이웃을 분리시켜 왔습니다. 그래서 하나님은 교회에 나가야 만나는 분으로 인식했습니다. 신학자 리쾨르(P.Ricoeur)가 6계명을 해석할 때 제안했듯이 이웃을 하나님으로 보는 훈련이 필요합니다. 예수님이 가르치신 골자도 적극적으로 세상으로 가서 사랑하라! 는 명령입니다(마 28:19, 20참고). 그러니 십계명은 그리스도인으로 소명(calling) 받은 신자의 본업(vocation)이요, 하나님과 이웃을 어떻게 사랑해야 하는가에 대한 교본입니다. 십계명은 정죄의 수단이 아니라 우리를 하나님의 면전에 세워서 뿌리 깊은 죄를 인식하고 용서와 은혜의 깊이를 알게 합니다. 우리를 선한 사람으로 변화시킨다는 믿음을 가지고 전 세대에게 다양한 방법으로 접근하고자 이 책은 다음과 같은 네 가지 논지에 기초했습니다.

1. 거룩한 사랑

이 논지는 "어느 계명이 가장 크니이까?"라는 질문에 대한 예수님의 답변에서 찾았습니다. "첫째는 주 너희 하나님을 사랑하라, 둘째는 네 이웃을 네 자신처럼 사랑하라"고 하시므로 모든 성경과 기독교 윤리의 핵심이 십계명에 있음을 명시하셨습니다. 따라서 성경학자들은 십계명을 전통적으로 사랑의 두 계명이라고 요약합니다. 그런데 왜, 사랑의 문제에 하나님을 앞에 둘까요? 왜 사람과 다른 사람 간의 윤리문제에 하나님의 사랑이 개입되어야 할까요? 이 점은 세상이 말하는 사랑의 보편 개념과 다른 차원입니다.

하나님을 사랑하면 성(聖)과 속(俗)을 구분하는 거룩한 사랑의 사람이 될 수 있습니다. 하나님을 앞에 둔 기독교의 사랑은 그래서 거룩한 사랑입니다. Let's be holy in Jesus!

2. 예수의 빛

이 논지는 십계명이 선포되던 시내 산 현장의 "빛다발"에서 입니다. "여호와께서 이 모든 말씀을 불, 구름, 흑암, 번개, 우레, 연기 가운데에서 큰 음성으로 말씀하신"(신 5;22요약) 십계명 말씀은 여호와의 치료하는 광선(예수의 빛)그 자체입니다. "모든 백성이 보았고 서서 귀로 들었다"(출 20:18) 고 했으니 눈, 귀, 다리가 다 온전하여졌기에 가능했을 것입니다. 여호와의 빛을 받은 모세의 얼굴은 광채가 났고 그는 죽을 때 나이 백이십 세였으나 그의 눈이 흐리지 아니하였고 기력이 쇠하지 않았다고 합니다(신34:7).

시내 산 여호와의 광선(예수의 빛)은 오늘날의 광전자공학의 빛을 예로 들 수 있습니다. 20C가 전자공학 시대였다면 21C는 빛의 시대, 광전자공학 시대입니다. 우리는 지금 레이저광, CD, DVD 등의 광디스크, 고속 통신을 가능하게 한 광섬유 등의 빛을 이용하는 포토닉스(photonics ; 광전자공학) 시대에 살고 있습니다. 포토닉스란 전자 대신 광자를 다루는 학문으로 전자공학에서 빛을 파동으로 본다면 광자 학은 빛을 입자로 접근하는 방법입니다. 말씀 알갱이, 말씀의 입자 곧 십계명 언어는 "여호와의 빛다발"입니다(히 4:12).

칼빈(J. Calvin)은 "십계명은 예수의 빛 안에 나타난 인류 구원이라는 하나님의 뜻의 빛에서 만 드러낼 수 있다" 고 했습니다.

3. 생명을 살리는 축복의 계명

이 논지는 "선생님, 내가 무슨 선한 일(good work)을 해야 영생을 얻을 수 있나요?"(마19:16) 라는 질문에 따른 예수님의 담론에서입니다. "계명을 지켜야 한다"는 선언과 "가난한 자에게 재물을 주고 나를 좇으라, 그러면 하늘의 보화가 있을 것이다." 라는 두 명제는 십계명이 선한 일이요, 이웃을 살리는 축복으로 연결됩니다. "이를 행하라 그러면 살리라"(눅 10:28요약). 십계명은 생명을 살리는 메타윤리(meta-ethics)요[1] 율법을 온전케 하신 점에서 도덕적 초자아입니다. 생명의 기원이 하나님의 말에 순종하여 창조되었듯이 십계명은 인간이 하나님의 말씀을 순종함으로 생명의 법이 될 수 있습니다. 십계명은 사람을

---

1   일반 도덕개념을 초월한다는 뜻에서 meta-ethics(초월윤리)다. 사람은 할 수 없지만 선하신 하나님은 하실 수 있는 윤리다. 믿음으로 의롭게 되는 칭의 신학이 행위와 맞설 때 마틴 루터는 개혁의 의지를 십계명 윤리에서 찾았다. 마틴 루터는 그의 논문 '선한 일 에 관하여(A treaties on Good Work)'에서 십계명을 '선한 일'의 테마로 했다.

살리는 선한 윤리이니 세상에 축복과 번영을 실어오고 여호와께서 복을 명령하셨으니 곧 영생입니다.

4. 예수의 새 계명

예수께서는 율법과 선지자의 대강령을 하나님과 이웃사랑으로 요약하시고 이것을 하나로 묶어서 "서로 사랑하라"고 하셨습니다. 율법 시대는 이웃을 자신처럼 사랑하면 되었는데 예수께서 주신 새 계명은 "내가 너희를 사랑한 것처럼"입니다. 예수께서는 새 계명시대에 사는 사람들을 위해서 옛 사람들이 왜곡시킨 십계명을 바로 잡으셨습니다. 마 5:21, 22, 마 5:27, 28에서 보여주셨듯이 십계명을 가볍게 생각하지 말라는 주님의 이 경고를 은혜시대를 사는 사람들은 받아 들여야 합니다. 새 계명의 모티브인 십계명은 악을 알게 하고 예수 그리스도를 더욱 의지하게 합니다.

십계명을 대중화하고자 "생활 속 십계명"에 관심을 두고 연구하고 가르쳐 온지 어언 22년이 됩니다. 그동안 사역 현장이던 장로교 합동 교단 소속의 장충교회, 왕십리교회, 왕성교회, 성복교회와 제가 사역한 총신대에서는 하나님을 경외하는 법을 성경에서 배웠다면 이화여대 신대원에서는 이웃을 사랑하라는 계명에 관심을 갖게 했습니다. 대학시절의 은사이신 숙명여대 음대의 임명애교수님, 총신대 신대원 총장을 지내신 김의원 교수님, 감신대의 김득중 교수님, 서울신대의 최종진 교수님, 이 분들은 지금은 현장에서 은퇴하셨으나 제가 이스라엘에서 돌아와 십계명 사역을 처음 시작할 때 격려와 추천의 글을 아낌없이 주셨습니다. 이 글들을 소중히 간직하였다가 이번에 책에 실었습니다.

무엇보다도 저의 십계명 논문지도 교수이셨던 이화여대의 양명수 교수님은 십계명 교과의 정확한 방향을 제시해 주셨습니다. c3tv 인터넷 주석과 여러 성경번역자들을 비롯해서 십계명을 연구한 저술가들의 저서는 큰 도움이 되고 있으며 감사드립니다.

이 책은 그동안 제가 총신대 사회교육원과 여러 현장에서 가르쳐 온 강의안의 일부이며, 본인의 논문 "폴리쾨르의 십계명 윤리 연구" 2007. 이화여대 신학대학원. TH. M학위 논문의 일부를 쉽게 풀어쓴 글임을 밝혀둡니다.

2000년 11월 6일에 시작하여 2021. 1월 이영희 십계명은 인간이 살아갈 도리를 모두 담고 있는 기초 규범이라고 할 수 있습니다. 그래서 기독교역사를 보면 많은 사람들이 십계명으로부터 영감을 얻고 새로운 삶의 길을 열었습니다. 또 새로운 해석도 끊임없이 이루어졌습니다. 이번에 이영희에게서 십계명교재가 나오게 된 것을 축하합니다. 십계명이 율법이 아니라 복음이 되게 하려는 노력도 많이 한 것으로 알고 있습니다. 규범이 없는 시대에 인간을 자유하게 하는 복음의 규범을 어린이들에게 가르치는 것이 하나님나라 건설에 크게 이바지하기를 바랍니다.

– 양명수(이화여대 기독교윤리학교수)

한국 기독교의 성경역사 200여년을 보내는 이 시점에서 이 책은 한국교회의 교육을 새롭게 할 수 있는 보화입니다. 저자가 지난 20년 동안 연구하고 축적한 내공이 쌓여서 집필한 기념비적인 저서의 출간을 환영합니다. 구약과 신약을 넘나드는 이 책은 십계명을 전통의 침전물로 두지 않고 삶의 현장에서 모든 세대가 퍼 마실 수 있도록 우려 낸 진국입니다. 이 책이 말하는 십계명 교육을 통해 성도들은 그리스도가 중심이 되어 경건하게 살아가는 진실한 언약백성이 될 것을 바라봅니다. 목회자, 신학자, 그리고 교회 안과 밖의 사람들이 모두 읽어야 할 필독서로 십계명총서 39권을 추천합니다.

– 총신대학교 구약학 이희성 교수

한국에 기독교가 전해진지 130년이 훌쩍 넘었습니다. 그러나 성경을 근거한 십계명 교육은 아직 미천하여 여러 가지 사회 문제를 안고 있습니다. 성경에 기초한 십계명의 '예슈아 경건'을 한국의 토양에 이식하고 정립한 이 교재가 카도쉬의 붐을 일으켜 한국과 세계의 사회를 틀림없이 변화 시킬 것을 확신합니다.

– 김의원(총신대학교 2대총장역임, 구약학)

예수의 새 계명으로 시작하는 카도쉬의 붐, 신선한 영성의 바람입니다. 기독교인이 하나님의 백성으로서 어떻게 살아야 하는지는 일찍이 하나님의 선택된 백성의 모델인 이스라엘의 역사 곧 구약에서, 그리고 십계명에서 찾아야 합니다. 이 책은 모든 기독교인들이 함께 해야 할 사명을 가진 교육입니다. 한국에서 시작합시다. holy start, in korea!

–최종진(서울 신학대학교 13대총장역임, 구약학)

한국교회는 지금 기독교의 정체성 위기에서 흔들리고 있습니다. 사회적 혼돈과 무질서의 딜레마에 처한 사회와 교회를 지켜야할 책임을 갖고 그 해결책을 찾고 있습니다. 신약의 복음과 성경의 가르침을 따르는 십계명 교육은 경건의 능력이 되어 우리 삶을 치료할 것입니다. 어둡고 혼란스러운 이 시대를 살아가는 한사람으로서 시대적 책임의식을 가진 이들은 모두 동참해야 할 가치관 교육입니다.

–김득중(감리교 신학대학 10대 총장역임, 신약학)

유대교와 이슬람, 기독교를 예수님의 사랑으로 하나 되는데 가능한 교육! 이영희는 자신의 전공을 살려서 십계명을 리드미컬한 멜로디로 만들었습니다. 느낌과 감성이 중요한 이 시대에 이 교과목은 얼마나 감동을 주는지! 홀리 아이는 우리 시대의 신조어가 될 것이고 모든 이들에게 정겹게 다가 갈 것입니다. 이 땅에 Holy의 빛나는 계절이 어서 빨리 왔으면 좋겠습니다.

－임명애(숙명여자대학교 음악대학 교수역임)

기독교 교육은 유대적 배경을 무시 할 수 없습니다. 기독교는 유대 교육에 대한 심도있는 연구가 필요합니다. 그 동안 이영희 원장의 20종 98권의 성경공부 책들을 규장에서 출간 하였거니와 이들은 한국교회 교육의 지표가 되었습니다. 이스라엘에서 유대교육을 연구한 이영희 대표의 예수의 새계명으로 새롭게 빚어내는 다양한 실천 학습인 십계명 교재들은 세상을 놀랍게 변화시킬 것이 틀림 없습니다.

－여운학(규장/303비전 성경암송학교 교장)

이영희는 저의 막역한 친구이면서 교육사역의 동료입니다. 어느 날 그녀가 한 말이 기억납니다. 하나님이 계명을 주시지 않았더라면 우리는 죄로부터의 해방을 실감하지 못했을 것이라고..유럽에서 접한 공과책의 제목이 〈십계명: 우리를 자유하게 하는 법〉인 것을 보아서도 십계명은 하나님이 그의 백성을 그리스도에게로 인도하는 교육과정입니다.

－ 남은경(전, 서울신학대학교 기독교교육과 교수, 기독교 여성리더쉽연구원장)

이영희 교수님의 '십계명, 이제는 삶이다!'라는 주제로 7년 동안 아기와 부모님을 가르치고 있습니다. 믿음과 인성의 그릇이 만들어지는 시기의 유아들과 그들의 부모, 그리고 교사들이 중요한 기독교 정체성 교육이라는 것을 현장에서 피부로 체험했습니다. 십계명교육이야말로 가치관의 혼돈 속에 사는 이 시대를 살리는 교육입니다.

－ 박정순 (창원 세광교회 영아부 지도)

전 세계에 코비드 19가 만연하면서 '뉴 노멀'이라는 단어가 등장했습니다. 어느 시대든지 표준과 규범은 필요합니다. 만약 하나님이 십계명을 주지 않았다면 우리는 어떤 기준에서 신앙생활을 해야 할지 모를 것입니다. 구원받은 후 성화되는 과정가운데 가장 필요한 십계명은 불변하는 'normal' 입니다. 이 근본되는 기준을 이영희 교수가 심혈을 기울여 다양하게 집필한 39권은 다음세대 아이들과 부모님들께 큰 선물입니다. 39권의 십계명 교재가 교회와 가정에서 잘 사용되어 사회에서 존경받는 그리스도인들이 배출되기를 소원합니다.

－김정순(두란노키즈 편집장, 온누리교회 예꿈 총 디렉터 역임. USIS 대안학교 교목)

요즘은 자기 자녀들을 어떻게 길러야 할지 우왕좌왕하는 부모들이 많습니다. 좋은 교육들이 많은 데도 답답함을 느낍니다. 성경의 삶으로 돌아가는 길 밖에는 없다는 생각으로 십계명 교육을 하게 되었습니다. 어린 아이들에게 십계명을 가르친다고 했을때 아이들이 이것에 대하여 얼마나 느끼고 알까? 라는 생각을 하였습니다. 아이들의 입에서 성경말씀이 흥얼거리는 소리가 들렸고 친구들과 놀다가 또는 싸우다가 툭툭 내뱉는 십계명 시간에 배운 내용들을 들으며 더 큰 사명감을 느끼게 되었습니다. 십계명 교육을 처음 시작하며 막연했던 궁금증과 적용들을 카도쉬 연구소 십계명 교육을 통하여 배울 수 있었습니다. 더 많은 배움터에서 십계명 교육이 일어나 우리의 자녀들이 하나님의 말씀으로 이 세상을 넉넉히 이기길 소망합니다.

-이연이(성남 혜성유치원장)

십계명교육은 혼란과 무질서한 사회에서 안정과 질서와 회복을 찾을 수 있는 유일한 통로입니다. 그동안 다음세대를 세우고자 하는 마음은 간절했으나 어떻게 해야 하는 지를 고민하던 중에 십계명 교재를 접하게 되었는데 현장에서 쉽게 적용되는 아주 특별한 교재입니다. 기다리던 교재의 출간을 축하합니다.

-이화숙(한국기독교유아교육연합회장)

귀가지도를 할 때였습니다. 할머니 한 분이 오셔서는 "선생님! 간음을 뭐라고 설명해야 되요? 우리 애가 집에 와서 십계명을 배웠다면서 간음이 뭔지 아느냐" 라고 묻는데, 당황했다"고 하십니다. "다른 사람들 몰래 하는 도둑사랑이라고 설명해 주었어요." 라고 대답해 드렸더니, "아~! 설명하기 어려웠는데, 감사해요!" 라고 하시며 좋은 교육을 해 주신다며 새삼 흐뭇해하십니다. 우리 아이들은 사람이, 사람으로, 사람답게 사는 방법을 배웁니다. 십계명 교육을 할 수 있도록 장을 마련해주신 카도쉬와 저희 유치원 원장님께 감사합니다. 십계명 교육이 활발히 이루어져, 하나님의 일을 생각하며 사는 사람들이 많아져서 더욱 복된 나라가 되기를 기대합니다.

-김연숙(성남혜성유치원 교사)

2020년 기윤 실에서 발표한 한국교회 신뢰도 조사에서 전반적으로 한국교회를 신뢰하지 않는다는 가슴 아픈 결과가 나왔습니다. 한국교회의 신뢰도 추락은 교회가 정의와 공의를 행하라는 하나님의 열정을 따라가지 못했기 때문입니다. 따라서 교회가 신뢰를 회복하려면 도덕성 회복과 사회정의 실천을 첫 손에 꼽아야 할 것입니다. 한국교회는 하나님의 사랑을 품고 정의를 실천하도록 다음세대를 교육하는 일에 하나님의 열정을 쏟아 부어야 합니다. 십계명 교육의 전문가인 카도쉬의 이영희 대표가 집필한 교재들을 추천하는 이유가 바로 여기에 있습니다. 이 교재들이 하나님이 생각하신 정의로운 세상을 만들어가는 주의 거룩한 자녀들을 세우고, 무너진 한국교회의 신뢰를 회복하는 밀알이 되기를 소망합니다.

-양주성 (신앙명가 연구원장)

신앙의 시각으로 볼 때, 현재 상황에서 이 시대의 가장 큰 문제는 다음세대의 다른 세대화입니다. 그 이유로는 부모의 신앙전수(말씀전수) 부재 현상을 들 수 있습니다. 본인은 부모가 자녀에게 말씀을 전수하는 방법에 매우 유용한 결과를 저자의 세밀한 십계명 교재들을 통하여 목회 현장에서 체득했습니다. 이번에 완성된 39권의 십계명교육총서가 가정과 교회와 학교에서 다음세대를 향한 신앙전수(말씀전수)에 획기적인 효과가 나타날 것을 확신합니다.

-남궁장수목사 (카도쉬 서울지역 1기생)

카도쉬의 십계명 교육은 말씀을 새롭게 깨닫고 실천하게 해주었습니다. 아기학교에서 십계명을 배운 아이들은 어린이집보다도 십계명 말씀 배우러 오기를 좋아했으며, 부모님들은 십계명을 통해 눈물이 회복되었습니다. 또한 선생님들은 이들이 변화되는 모습을 통해 큰 도전과 믿음의 성장이 있다는 점입니다. 십계명 교육은 선택이 아닌 필수입니다.

-백현경(마포 신덕교회 영아부및 아기학교담당자)

카도쉬 대표 이영희 교수의 십계명 교재는 그동안 기다려 온 책입니다. 교육현장에 있는 한 사람으로 크게 환영합니다. 이 시대 아이들은 규범이 없습니다. 마음과 생각이 가는 대로 행동합니다. 이유도 목적도 없습니다. 이를 바로 잡아 줄 유일한 길은 하나님이 주신 십계명을 어려서부터 가르쳐야 한다는 것을 교육현장에서 늘 체험합니다. 십계명은 인간이 근본적으로 가져야 할 가장 중요한 두 가지 가치인 하나님에 대한 사랑과 이웃에 대한 사랑을 세우는 것이기 때문입니다. 세상을 지탱하며 하나님의 나라를 이루어갈 유일한 절대적 규범은 십계명입니다. 역사를 이끌어 갈 다음 세대들이 하나님을 바로 아는 길인 십계명 교육은 필연입니다. 이 책은 다음 세대들이 하나님을 바로 알고 세상을 바로 세워가는 역사의 주역이 되게 하고 한국이 기독교 130년의 현 시점에 있어서 가장 중요한 교육적 혁신이 될 것이라고 확신합니다. 다음 세대의 사상과 규범의 기초를 십계명 교육으로 세우는 이 교재는 새로운 1000년의 역사에 길이 남을 최고의 교육적 유산이 될 것입니다.

-전희경 (제자 국제크리스쳔학교 교장)

생명의 빛! 십계명! 초등학교 1~3학년과 함께 주일마다 1년 동안 십계명학교를 진행하면서 아이들은 더욱 견고한 믿음을 고백하고 믿지 않는 친구들과는 다른 삶을 살 것을 도전하며, 실제로 살아 내는 모습을 볼 수 있었습니다. 아이들뿐만 아니라 교사들 역시 오랜 기간 신앙생활을 하면서도 말씀과 삶을 제대로 연결하지 못했는데 십계명학교를 경험하면서 먼저 자신의 삶을 되돌아보고, 십계명 말씀이 21세기의 삶에도 꼭 맞는, 현재 자신의 삶에 적용되어야만 하는 기준이라는 고백을 나누었습니다. 십계명학교에 모든 그리스도인들이 함께 할 수 있기를 소망합니다.

-이선영 부산 안락교회 교육목사

개역개정 출애굽기 20:1~17 십계명전문

1. 하나님이 이 모든 말씀으로 말씀하여 이르시되

2. 나는 너를 애굽 땅, 종 되었던 집에서 인도하여 낸 네 하나님 여호와니라

3. 너는 나 외에는 다른 신들을 네게 두지 말라

4-6. 너를 위하여 새긴 우상을 만들지 말고 또 위로 하늘에 있는 것이나 아래로 땅에 있는 것이나 땅 아래 물 속에 있는 것의 어떤 형상도 만들지 말며 그것들에게 절하지 말며 그것들을 섬기지 말라 나 네 하나님 여호와는 질투하는 하나님인즉 나를 미워하는 자의 죄를 갚되 아버지로부터 아들에게로 삼사 대까지 이르게 하거니와 나를 사랑하고 내 계명을 지키는 자에게는 천 대까지 은혜를 베푸느니라

7. 너는 네 하나님 여호와의 이름을 망령되게 부르지 말라 여호와는 그의 이름을 망령되게 부르는 자를 죄 없다 하지 아니하리라

8-11. 안식일을 기억하여 거룩하게 지키라 엿새 동안은 힘써 네 모든 일을 행할 것이나 일곱째 날은 네 하나님 여호와의 안식일인즉 너나 네 아들이나 네 딸이나 네 남종이나 네 여종이나 네 가축이나 네 문안에 머무는 객이라도 아무 일도 하지 말라 이는 엿새 동안에 나 여호와가 하늘과 땅과 바다와 그 가운데 모든 것을 만들고 일곱째 날에 쉬었음이라 그러므로 나 여호와가 안식일을 복되게 하여 그 날을 거룩하게 하였느니라

12. 네 부모를 공경하라 그리하면 네 하나님 여호와가 네게 준 땅에서 네 생명이 길리라

13. 살인하지 말라

14. 간음하지 말라

15. 도둑질하지 말라

16. 네 이웃에 대하여 거짓 증거하지 말라

17. 네 이웃의 집을 탐내지 말라 네 이웃의 아내나 그의 남종이나 그의 여종이나 그의 소나 그의 나귀나 무릇 네 이웃의 소유를 탐내지 말라

"여호와께서 그의 언약을 너희에게 반포(declare)하시고 너희에게 지키라 명령하셨으니

곧 십계명이며 두 돌판에 친히 쓰신 것이라" 신4:13.

Exodus 20:1~17 (from NIV)
The Ten Commandments

1,2 And God spoke all these words: I am the LORD your God, who brought you out of Egypt, out of the land of slavery.

3. You shall have no other gods before me.

4~6. You shall not make for yourself an idol in the form of anything in heaven above or on the earth beneath or in the waters below. You shall not bow down to them or worship them; for I, the LORD your God, am a jealous God, punishing the children for the sin of the fathers to the third and fourth generation of those who hate me, but showing love to a thousand generations of those who love me and keep my commandments.

7. You shall not misuse the name of the LORD your God, for the LORD will not hold anyone guiltless who misuses his name.

8~11. Remember the Sabbath day by keeping it holy. Six days you shall labor and do all your work, but the seventh day is a Sabbath to the LORD your God. On it you shall not do any work, neither you, nor your son or daughter, nor your manservant or maidservant, nor your animals, nor the alien within your gates. For in six days the LORD made the heavens and the earth, the sea, and all that is in them, but he rested on the seventh day. Therefore the LORD blessed the Sabbath day and made it holy.

12. Honor your father and your mother, so that you may live long in the land the LORD your God is giving you.

13. You shall not murder.

14. You shall not commit adultery.

15. You shall not steal.

16. You shall not give false testimony against your neighbor.

17. You shall not covet your neighbor's house. You shall not covet your neighbor's wife, or his manservant or maidservant, his ox or donkey, or anything that belongs to your neighbor.

십계명을 영어로 "The Ten Commandments"라고 하여 정관사 "The"를 붙입니다.

이렇게 정관사 하나로 고유명사화 하고 일반적인 "Ten Commandments" 와 구분하는 이유는

성경이 십계명에게 특별하고 유일하고 고유한 지위를 준 때문입니다.

십계명을 시작하시는 분들은 2가지 기본기가 필요합니다.

우선, 자신을 두 사람으로 생각하는 법에 익숙해지십시오.

> 인간 내면에는 분리된 두 개의 도덕적 실체가 존재한다.
> 한 사람은 현명하고 착하고, 다른 한 사람은 나중에 후회하더라도 충동적인 것을 하라고 속삭인다.
> 내면의 두 경쟁자는 하루에도 수차례 선택 상황을 만들고 서로를 공격하고 갈등한다.
> 이 둘 중에 누가 나를 지배할 것인가?
> 어느 쪽이 이길 것인가?
> 선택은 우리의 도덕적 가치관과 내면의 힘에 달렸다.

이것이 일반인들의 사고방식입니다. 그런데 성경은 다른 답을 줍니다. 인간의지나 노력으로 할 수 없는 것이 있다고요. 도덕적으로 옳은 가치관을 알지만 내면의 힘은 뻔히 후회할 것을 선택하곤 하지요. 바울이라는 위대한 설교가의 고민도 바로 이 점이었어요. 그는 자신 안에 하나님의 법과 죄의 법이 있다고 말했어요. "내가 하나님의 법을 선택할 것인가? 죄의 법을 택할 것인가?"의 팽팽한 갈등에서 원하는 바는 하지 않고 원치 않는 바는 행하는 그 자신에게 절망하고 맙니다. 바울이 괴로워한 것은 바로 원치 않는 죄의 법에 사로잡히는 자신의 무능을 알았기 때문입니다. 바울의 이런 절망과 절규는 남의 말이 아녜요.

> "내 자신이 마음으로는 하나님의 법을 육신으로는 죄의 법을 섬기고 있구나, 오호라 나는 곤고
> 한 사람이로다 이 사망의 몸에서 누가 나를 건져내랴" 롬 7:24~25.

그 다음은, 도움받는 법에 익숙해지십시오.

대부분의 착한 사람들은 자기를 믿는 편이라서 자기가 해결하려고 무진 애를 씁니다. 그런 성향을 가진 바울이 "자기 의"를 내려놓고는 당돌하게 외칩니다. 우리 주 예수 그리스도로 말미암아 나는 하나님께 감사하리로다! 이게 무슨 뜬금없는 "브라보!"입니까?
바울은 자신의 무능을 받아들이기로 한 거예요. 그리스도 안에서 살지만 여전히 우리 안에 두 개의 법이 산다는, 이것은 어쩔 수 없구나! ok! 내 모습 그대로 받아들이자. 내가 설령 죄의 법을 선택하는 엄청난 실수를 거푸 거푸 할지라도 예수 그리스도가 나를 지지하지 않는가! 나를 돕는 우군이 계시구나!
바울은, "예수 안에 있는 나는, 나를 정죄하지 않겠습니다."라고 선언하고는 툭툭 털고 일어났습니다.

> "우리 주 예수 그리스도로 말미암아 하나님께 감사하리로다 그런즉 내 자신이 마음으로는 하

나님의 법을 육신으로는 죄의 법을 섬기노라 그러므로 이제 그리스도 예수 안에 있는 자에게는 결코 정죄함이 없나니 이는 그리스도 예수 안에 있는 생명의 성령의 법이 죄와 사망의 법에서 너를 해방하였음이라" 롬 8:25, 8:1~2.

십계명에는 이미 '용서'라는 안전장치가 있습니다(신 4:41~44, 5:1~22참고). 하나님은 인간을 완전한 존재로 지으시지 않으셨기에. 그리고 이 사실을 누구보다도 하나님이 잘 아십니다.

"방향 잡기"로 내면의 힘을 기르십시오.

십계명은 하나님의 존재가 내뿜는 정신적 프리즘과 같습니다. 예수의 빛 십계명으로 내면의 근력을 강화시키려면 2년에 한 번 씩 십계명을 다시 배우세요. 일곱 번을 배우세요. 평생을 배우세요. 소중한 원칙을 점검하고 방향을 다시 잡아 보세요. 구원의 은혜의 깊이와 넓이를 알면 아는 만큼 죄를 이길 면역력이 높아집니다.

자녀에게 삶의 원칙을 만들어 주기 전에 먼저 부모 원칙을 작성해 보세요. "나는 내 아이에게 어떻게 지시하고 가르칠 것인가?" 보다는 "부모인 나 자신의 마음을 어떻게 통제하고 다스릴 것인가?"를 생각하는 것입니다. 아이에게 해서는 안 되는 일이라고 가르쳤다면 부모 자신도 해서는 안 됩니다. 엄마가 방향을 바로잡으면 아이 행동에 교정이 일어납니다. 실패할 적마다 외치십시오.

"이는 힘으로 되지 아니하며 능력으로 되지 아니하고 오직 여호와의 영으로 되느니라" 슥 4:6.

"그리스도 예수 안에 있는 나에게 결코 정죄함이 없다!"라고 지금 외쳐 보세요. 10년 후 아이가 회상하는 "나의 어머니" 에서 이런 글이 나온다면?
"나의 어머니의 두 손은 십계명 두 돌판을 닮았습니다."

※ 히브리어에서 윤리를 뜻하는 "musar"의 문헌을 인용한 라핀은, "다르게 행동하라"가 아니라 "다르게 존재하는 법"을 가르치면 다시 방향을 잡을 수 있다고 말합니다.(D. Lapin. p98,107). *십계명 총서 2권 9부 Q&A 36. 참고.

contents

contents

1부.. 십계명을 배우러 오세요

십계명은 이스라엘 민족에 국한시켜야 한다는 주장을 무시하고 현재는 유대교, 이슬람교, 기독교의 고유한 가치가 되었고 세상은 십계명의 윤리적 토대 위에 세워져 있으며 십계명의 일부는 세계의 보편적 가치가 되어 있습니다. 세상을 올바로 보는 방식을 구체화시켜 주는 십계명을 세상에 사는 날 동안 배우고 또 배우라고 하셨습니다(신 6:2~9참고).

> "네가 호렙 산에서 네 하나님 여호와 앞에 섰던 날에 여호와께서 내게 이르시기를 나에게 백성을 모으라 내가 그들에게 내 말을 들려주어 그들이 세상에 사는 날 동안 나를 경외함을 배우게 하며 그 자녀에게 가르치게 하리라 하시매" 신4:10.

＊내 말(my words) =십계명 (총서 2권 1부 3장 14번 참고).

1장
다르게 사는 법 가르치기

십계명은 세상과 선민을 구별합니다.

하나님이 십계명을 선포하실 때,

"이 모든 말씀으로 말씀하여 이르시되"(출 20:1)라고 시작하셨으니

그분의 모든 말씀이 십계명에 모여 있습니다.

그러한 십계명이 구원받은 '나'와 어떤 관련이 있는가? 라는 물음에는

인간의 자기 이해를 필요로 합니다. 십계명은 "나는 죄인이라"는 이 분명한 사실을

끊임없이 일깨워서 그분의 자녀다운 사람으로 세워줍니다.

하나님이 그 입으로 선포하시고 손가락으로 새겨 쓰신 것은

'반복'을 학습의 기본원리로 하는 견본입니다.

일관성 있는 반복은 십계명의 세속화를 위한 선행(先行) 작업이 됩니다.

1. 다른 존재로 사는 법 가르치기

종의 집에서 탈출한 이스라엘 선민은 자유인으로 살아가는 존재가 되었습니다. 참 자유인이 되려면 그들의 사고방식과 의식 수준부터 달라져야 했습니다. 하나님의 존재로 사는 법을 가르쳐 주는 십계명은 선민을 위해서 존재하는 생활문서입니다. 이러한 십계명은 하나님이 선포하셔서 진리입니다.

"진리를 알지니 진리가 너희를 자유롭게 하리라" 요 8:32.
"하나님이 이 모든 말씀(words)을 말씀(speak)하여 이르시되(say) 나는 너를 애굽 땅, 종 되었던
집에서 인도하여 낸 네 하나님 여호와니라" 출 20:1, 2.

노예란 옛사람을 상징합니다. 십계명은 애굽에서 나온 새 사람에게 주셨으니 새롭고, 노예의 집에서 나와 구별되었으니 인간을 새로운, 다른 존재를 만듭니다. 그중에서 크고 첫째 되는 계명에 해당되는 1계명~ 4계명은 창조주이며 구원자로 유일무이하신 하나님(예슈아)을 경외하는 법을 가르쳐 줍니다.

"너는 나 외에는 다른 신들을 네게 두지 말라" 출 20:3.
"너를 위하여 새긴 우상을 만들지 말라" 출 20:4요약.
"너는 네 하나님 여호와의 이름을 망령되게 부르지 말라" 출 20:7요약.
"안식일을 기억하여 거룩하게 지키라" 출 20:8요약.

제5계명부터 제10계명까지는 부모, 가족, 친척, 이웃과 관계를 맺으면서 확장되는 세계관의 초석이 됩니다. 이 계명들을 통해서 사람과 자연과 어떤 관계를 맺으며 살아야 하는지를 배울 수 있습니다.

"네 부모를 공경하라" 출 20:12요약.
"살인하지 말라" 출 20:13.
"간음하지 말라" 출 20:14.
"도둑질하지 말라" 출 20:15.
"네 이웃에 대하여 거짓 증거하지 말라" 출 20:16.
"네 이웃의 집을 탐내지 말라" 출 20:17요약.

십계명은 우리가 거듭난 새로운 피조물임을 알게하고 하나님의 자녀답게 사는 길을 열어 줍니다.
"죄를 범하는 자마다 죄의 종이라" 요8:34요약.
"그러므로 아들이 너희를 자유롭게 하면 너희가 참으로 자유로우리라" 요 8:36.

2. 예수께서 삶과 죽음으로 지켜내신 십계명

"내가 아버지의 계명을 지켜 그의 사랑 안에 거하는 것 같이" 요 15:10 앞부분 말씀.

"바리새인들이 나가서 곧 헤롯당과 함께 어떻게 하여 예수를 죽일까 의논하니라" 막 3:6.

기독교윤리의 관점에서 볼 때 십계명은 예수님이 그 삶으로 살아내신 윤리입니다. "내가 아버지의 계명을 지켜 그의 사랑안에 거했다"고 하셨으니 우리가 "그리스도의 장성한 분량"이 충만하고(엡 4:13), "그리스도를 본받는 자"(고전 11:1)가 되려면 예수께서 삶으로 살아내신 십계명을 지키는 것입니다. 십계명을 신학의 관점에서 볼 때 예수님은 십계명을 온전하게 지키시다가 죽기까지 하셨습니다. 예수께서는 죽어도 십계명을 지키셨습니다(마 12, 마 9:3, 26:65, 막 3:1~6 참고).

신약의 시내 산 십계명
산상보훈은 예수께서 하신 십계명 강론입니다. "옛사람"들에 의해 왜곡된 십계명을 원래대로 바로 잡으시고 설명해 주셨습니다. 마치 이 장면은 하나님이 십계명을 선포하실 때의 모습과 흡사합니다. "예수께서 산에 올라가 앉으사 제자들과 대면하고 입을 열어 가르쳐(teach) 이르시되(saying)" 선포하신 십계명의 그 산은 그래서 "신약의 시내 산"이라고 할 수 있겠습니다. "내가 네게 분부한 모든 것을 가르쳐 지키게 하라"라고 하신 모든 것 중에 가장 유명한 산상수훈은 십계명의 본뜻을 해석하신 말씀이고, 한 마디로 요약한 "서로 사랑하라"는 이 사랑도 십계명에 들어 있기 때문입니다.

예수님의 교육명령의 핵심인 십계명
예수께서 베드로에게 하신 "나를 더 사랑하니?"라는 질문은 1계명의 물음입니다. 신 6:5의 "나를 사랑하라"는 명령과 동일 개념입니다. 예수님은 똑같은 질문을 세 차례나 반복하셔서 그 분의 마음을 전달하셨습니다. 반석 위에 집을 짓는 예를 들어서 반복의 중요성을 설명하셨던 것 처럼요(요 21:15, 16, 17 참고). 이러한 반복적 질문은 청자의 생각을 재생시키고 각성케 합니다. 예수께서 끊임없이 반복해서 가르치신 내용은 직접, 간접적으로 십계명과 관련이 있다는 점, 또한 주목해 보셨나요? 살인, 간음, 도둑, 토색, 위선, 공경들에 대해서 얼마나 많이 언급하셨나요? 사람의 마음에서 나오는 악한 것들이 계명을 어긴 것입니다(막 7:21~23).

첫째는 하나님을 사랑하고 둘째는 이웃을 네 자신처럼 사랑하는 것이 모든 율법의 핵심 곧 율법과 선지자의 글 곧 성경의 강령이라고 가르치셨으니(마 22:37-40, 눅 10:25 참고) 유대교의 율법을 십계명으로 요약하시고 십계명을 2 대지로 요약하시고 이것을 "서로 사랑하라"는 한 마디로 요약하신 것입니다(요이 4-6참고). 예수께서는 "나의 멍에를 메고 내게 배우라"고 하셨는데(마 11:29 요약), 그 은혜가 "값싼 은총(cheap grace)"이 되지 않으려면 십계명이라는 멍에를 메고 배워야 합니다.

3. 네 자녀에게 부지런히 십계명을 가르치라

> "당신이 필요한 것을 보는 데에는 십계명보다 더 좋은 거울이 없다. 무엇이 부족하고 무엇을 구해야 하는지
> 를 여기서 알게 될 것이다. 아버지들은 가정에서 자녀에게 반드시 십계명을 가르쳐야 한다." -M. 루터. [1]

가정은 이래저래 누가 뭐래도 복습하기에 가장 좋은 학습장입니다. 십계명은 주제가 분명하니까요. 가정에서 자녀에게 십계명을 가르칠 때 우선 선포(낭송, 소리 내어 읽기)하세요. 성경이 가르쳐 준 원리대로 하면 쉽습니다. 발달에 따른 교육 연령에 맞게 교육원리와 방법을 잘 정리한 성경이 신 64~9인데 반복의 타임까지도 제시되어 있습니다.

> 4절. 이스라엘아 들으라 우리 하나님 여호와는 오직 유일한 여호와이시니
> 5절. 너는 마음을 다하고 뜻을 다하고 힘을 다하여 네 하나님 여호와를 사랑하라
> 6절. 오늘 내가 네게 명하는 "이 말씀"을 너는 마음에 새기고
> 7절. 네 자녀에게 부지런히 가르치며 집에 앉았을 때에든지 길을 갈 때에든지
>   누워 있을 때에든지 일어날 때에든지 이 말씀을 강론할 것이며
> 8절. 너는 또 그것을 네 손목에 매어 기호를 삼으며 네 미간에 붙여 표로 삼고
> 9절. 또 네 집 문설주와 바깥 문에 기록할지니라 " 신 6:4~9.

"집에 앉았을 때, 길을 갈 때, 누워 있을 때, 일어날 때에"란 반복의 중요성을 언급합니다. "가르치라"는 히브리어 "쉬나템"은 teaching이 아니라 training을 뜻합니다. niv 영어성경은 impress(각인)로 번역했습니다. 히브리어에서 교육을 뜻하는 "히누크(train)" 는 "반복"이라는 뜻입니다.

"이 말씀"

앉으나 서나 자나 깨나 가르쳐야 하는 '이 말씀'이란 십계명을 뜻합니다(신5장 참고). 히브리어 성경과 영어 성경들은 "이 말씀들"이라고 해서 복수명사를 사용했습니다. 유대전통에서 '말씀'이 복수 인 때는 십계명으로 읽는다는 것, 총서2권의 1부 3장14에서 자세히 설명했습니다.

그렇다면 가족 중에 누가 제일 반복학습 지도를 잘할까요?
'너는, 너는' '네, 네, 네게' 주신 자녀교육 사역자는 조부모(신4:9, 6:2)와 부모입니다. 영양가 없는 잔소리꾼은 스트레스를 줍니다만 신실한 어른의 말은 위엄이 있고 그들은 반복하는 습관도 지니고 있습니다. 이 말씀이 선포 될 무렵은 조부모의 최고령자가 60세 안팎의 연령이었습니다. 엄연히 부모가 있는

---

1) Martin Luther. 1983. "루터선집 9권 : 세계를 위한 목회자편" 감수 편집. 지원용. pp. 77. 서울: 컨콜디아사. 원제명: *Luther's Works*.

데 조부모에게 교육사역의 특권을 부여한 것은 교육은 교육자의 권위가 중요하다는 뜻입니다. 성경시대의 어른들은 가문과 사회를 이끌어가는 원로들이고 젊은이들은 그들을 자문위원으로 모시고 어른 대접을 했습니다. 그들의 서너 마디 교훈은 위력이 있고 넉넉한 시간을 손 자녀에게 줄 수 있었습니다.

3 무(無) 시대의 학습장

신 6장의 가정교육 명령은 가나안을 목전에 두고서 광야에서 받은 명령으로, 이때는 학교, 교사, 교재를 갖춘 공교육 시스템이 없던 시대입니다. 교육조건이 갖춰지지 않은 광야라서 가정교육이 필요했다고 오해하지 마십시오. 지금 우리가 사는 시대는 교육 조건이 충분히 갖춰져 있지만 어느 곳에서도 공식적인 신앙교육을 허용하지 않습니다. 영적 차원에서 볼 때 현대도 광야입니다.

그들이 가나안에 정착하면 법과 질서가 필요한 사회제도에 편승해서 살 텐데 이를 미리 보며 복습시킨 것은 교육의 선행학습이 중요하다는 점입니다. 교육시스템이 어느 정도 체계화된 가나안에서도 부모 역할은 여전히 중요하다는 것을 강조하기 위한 것입니다. 이러한 점들은 십계명을 언제, 어디서, 누가, 어떻게 교육해야 하는가의 중요한 단서를 줍니다. 부모가 바쁘면 1일 방문교사의 성경 과외로 십계명을 가르쳐야 합니다.

십계명 조기교육 학습장

"집에 앉았을 때에(앉으나), 길을 갈 때에(서나), 누워 있을 때에(자나), 일어날 때에(깨나)" 가르치기 가장 쉬운 시기는 태아기입니다. 태아기는 신앙교육의 골든타임입니다. 그리고 분리불안, 애착이 강한 영 유아기를 놓치지 말라는 조기교육 명령입니다. 이때는 반복을 가장 좋아하는 시기예요. 달라붙는 학생이 얼마나 좋습니까? 교육의 골든time, 골든age를 놓치지 말아야 합니다.

*교회와 가정, 어린이집과 가정교사로서의 부모역할에 관한 구체적이고 자세한 시간표와 활동의 실제들은 이 책 3부 예수의 빛 축복의 아기학교(1~4세), 그리고 토라학교 안내서에 있습니다.

2장
십계명 교육원리

하나님에 대한 경외, 인간에 대한 사랑.

성경에서 "교육"이라는 단어가 최초로 발견되는 곳이 창 4:17입니다. 성경 히브리어에서 교육을 뜻하는 '히누크'라는 단어는 '훈련'(train)을 말하는데 이 어원은 가인의 아들 에녹(하노크)에서 유래했습니다. 가인은 자식의 이름을 남기기 위해 기념관을 지어서 사람들의 기억에 남깁니다. 사람들의 기억에 남기는 것, 이것이 교육이라는 것이지요. 교육은 뇌에 새기는 것입니다.

21c두뇌, Ai 인공 칩도 실상은 엄청난 정보를 새겨 넣은 원리에 의한 것입니다.

훈련은 오감 + 영의 감감을 통해서 반복합니다.

"태초부터 있는 생명의 말씀에 관하여는 우리가 들은 바요(청각) 눈으로 본 바요(시각) 자세히 보고(관찰) 우리의 손으로 만진 바라(촉감, 터취)" 요일 1:1.

1. 반복과 일관성

"모세가 다시 한번 백성들에게 하나님의 규례와 법도를 일깨워 주었다" 신 1:5 참고.

- 목표 설정은 딱! 한 개의 주제에 초점을 맞출 것.
- 반복의 기본은 4번. 패턴을 바꿔가며 7번 반복할 것.
- 일관된 반복 사이클은 암송- 이야기- 토론 – 손작업- 스포츠 –이미지(색채, 예전, 게임) –노래!

십계명은 간결하고 쉬운 문체와 상식적인 단어들로 짜여 있습니다. 이 짧은 열개의 문장 속에 하나님이 하고 싶은 말이 다 들어 있다니, 놀라워요. 하나님이 한 차례는 연설로, 그다음에는 한번 쓰고, 또 쓰고 자꾸 쓰셔서 네 차례나 쓰셨습니다. 돌판이 무려 네 개나 필요했습니다. 그런데 한번 배워서 다 안다면 당신은 하나님인가요? 이렇게 같은 주제의 말씀을 동일하게 반복하신 이유가 뭘까요? 시내 산에서 한 번 선포하시면 됐지, 왜 두 돌판에 동일한 문장을 반복하셨는가 말입니다. 모세가 두 장을 깨뜨리는 바람에요?

신학자 김이곤은, 하나님은 인간의 구원에 필요한 것은 단 한 번의 계시로 만족하시지 않고, 항상 그것을 우리들의 기억 가운데서 일깨우시며, 인간들의 가슴속에 새겨두시고자 본을 보이셨다는 말을 합니다. 하나님이 이미 선포하신 것을 모세가 쉼 없이 백성들에게 일관되게 일깨워 준 사실도 그러합니다. "모세가 다시 한번." 신 1:1-4참고.

하나님은 그의 백성을 불완전하게 가르치신 다든지, 모호하고 불충분한 교훈을 제시하는 분이 결코 아니십니다. 우리도 확실하게 배워야 합니다. 적어도 4번은 배우세요(전 4:12,딤후 3:15~17, 요일 1:1 참고). 성경에서 '네 번'은 훈련을 상징합니다. 온전한 사람이 되라는 성경교육은 teaching이 아니라 일관적인 반복 training입니다. 신6:4~9에 나오는 "네 때 교육명령" 아시지요? 딤후3:16을 영어성경으로 읽고 네 가지 반복학습을 찾아보세요.

아마추어와 프로의 차이

아마추어는 이것저것을 웬 만큼은 합니다. 그저 취미생활로 하지요. 프로는 한 가지에 매달려서 수 백, 수천 번 반복해서 전문가가 됩니다. 교회에는 신앙을 취미생활로 하는 아마추어 교인이 많습니다. 여기저기서 조금씩, 얄팍하게 아는 교수법은 이사야 선지자가 말했듯이 "뒤로 넘어져 부러지며 걸리며 붙잡히게 되는" 교육입니다.[2] 예수께서도 이 점을 우려하셨습니다. "더러는 흙이 얕은 돌밭에 떨어지매 흙이 깊지 아니하므로 곧 싹이 나오나 해가 돋은 후에 타서 뿌리가 없으므로 말랐다"고 하셨습니다 (마 13:5~6). 교육을 건축에 비유하자면 모래 위에 집 짓는 식의 쉬운 방식도 있습니다. 하지만 예수께

---

2) "대저 경계에 경계를 더하며 경계에 경계를 더하며 교훈에 교훈을 더하며 교훈에 교훈을 더하되 여기서도 조금, 저기서도 조금 하는구나" 사28:10. 이영희, 유대인의 공부법, "공부습관 세 살부터 확실히 잡아라." p86~88에 유대인의 십계명 공부법이 있다.

서 주신 교육원리는 주초를 깊이 파고 반석 위에 집 짓는 반복의 양식입니다.

> "여호와께서 그들에게 말씀하시되 경계에 경계를 더하며 경계에 경계를 더하며 교훈에 교훈
> 을 더하며 교훈에 교훈을 더하고 여기서도 조금, 저기서도 조금 하사 그들이 가다가 뒤로 넘어
> 져 부러지며 걸리며 붙잡히게 하시리라" 사 28:13.

유대 교육과 기독교교육의 차이를 한마디로 말하자면, 기독교 교육이 teaching을 한다면 유대 교육은
training을 합니다. 기독교 교육이 아마추어 교인을 만든다면 유대 교육은 프로 교인을 만듭니다. 십계
명은 13세 이전까지 적어도 4번은 반복해서 배워야 합니다.

쌤, 질문 있어요!
성경교육에 시청각, 동영상, ppt, 멀티 기술을 도입해도 되나요?
예수님과 바리새인들의 차이점이 바로 이런 점이었어요.

> "나는 내 아버지에게서 본 것을 말하고 너희는 너희 아비에게서 들은 것을 행하느니라" 요
> 8:38.

새로운 기술로 업그레이드된 전자제품을 구입하면 설명서 읽고 조립하는 것과 조립한 샘플 보고 하는
것, 어떤 것이 쉬우세요? 설명을 듣는 것과 견본을 눈으로 보는 것의 차이는? 고전 13:12참고.
인류 최초의 멀티 프레젠테이션을 시도하신 분이 여호와이십니다(단 5:5참고). 예수께서는 봐야 믿겠
다는 도마에게는 보여주시고 만져보게 하셨습니다(요 20:25, 27참고). 하나님은 성막제작을 명령하실
때 모세에게 설명서만 주시고서 "이대로 만들라" 고 하지 않았습니다. 실물을 보이시고 "네가 보는 이
패턴대로 만들라" 고 하셨습니다. 설명을 들어도 이해가 안 되는 것은 보여주는 것입니다.

> "네가 눈으로 본 그 일을 잊어버리지 말라" 신 4:9요약.
> "무릇 내가 네게 보이는 모양대로(pattern I will show you) 장막을 짓고 기구들도 그 모양을 따
> 라 지을지니라" 출 25:9
> "너는 삼가 이 산에서 네게 보인 양식(pattern shown you)대로 할지니라" 출 25:40.
> "너는 산에서 보인 양식(plan shown you)대로 성막을 세울지니라" 출 26:30.

유대교육에 "듣는 것보다 보는 것, 보는 것 보다 만져 보는 것, 만져 보는 것 보다 맛보는 것이 더 좋은
교육이다."라는 말이 있습니다. 백문이 불여일견이죠. 사도요한도 이러한 교육을 지향했습니다.

유대랍비 텔러스킨이 말하는 교사의 자질 7가지

(R. Telluskin. *you shall be holy* 에서 "좋은 교사의 일곱 가지 자질."(p.517-520 참고).

1. 학생들이 좋아하는 방법으로 가르칩니까?

2. 여유와 유머가 있나요?

3. 학생들의 관심 분야가 무엇인지 알고 있습니까?

4. 학생에게 감사하는 마음을 가지는가?

5. 학생을 차별없이 진심으로 사랑합니까?

6. 학생의 인격을 존중하고 자존심을 세워 줍니까?

7. 인내심이 얼마나 있습니까?

2. 십계명과 뇌 발달

"명상이나 기도를 할 때 맨 처음에 일어나는 반응은 전두엽의 활동이 크게 증가한다는 점이다."

("뇌, 신을 훔치다"p63.73).

세상에 일어나는 끔찍한 현상을 놓고 인문, 사회과학에서는 도덕적 해이와 무지, 호르몬과 전두엽 뇌의 문제, 환경의 원인을 들며 그 해결책으로 명상을 주장합니다. 2015년, KBS 제작진이 "뇌, 신을 훔치다." (2015. 인물과 사상사)는 주제로 발표한 실험에서 자아성찰을 위한 명상이나 기도가 뇌를 변화시킨다는 사실을 밝혀냈습니다.

뇌를 안정시키자

하버드 의대의 허버트 벤슨은 기독교, 불교, 이슬람교 등의 종교들이 기도나 주문을 계속 반복하는 방법으로 스트레스를 해소하는 이완반응을 일으켜서 뇌를 안정시키고 건강에 도움이 된다는 발표를 했습니다. "학교에서 명상을 가르치라"라고 주장하는 머덕(Iris Murdoch), 레벳(Gina Levete), 밀러(J. Miller)는 폭력의 원인과 그 해결책으로 뇌를 안정시키는 명상에서 찾으려고 합니다. 명상을 통한 자기성찰, 내면의 소리를 듣는 이런 것은 성경에서 누누이 강조해 온 것입니다. 사회학에서 말하는 폭력을 성경은 '악(죄)'으로 정의했고(창 6:13), 이사야는 폭력의 근본 원인을 영의 문제로 보았고(사 5:11~23 참고), 이에 대한 대책으로 성경의 사람들은 십계명으로 내면의 힘을 강화시키고, 죄로부터 인간을 자유하게 하고 '굽은 길'에서 돌아섰습니다(레 22:31, 느 9:22, 렘 35:15, 훗 4:1-4, 사 45:22참고). 십계명이 죄와 심판이 반복되는 악순환의 고리를 끊은 것입니다. 선지자들의 가르침이 십계명에 기초했습니다.

"알 것은 이것이니 율법은 옳은 사람을 위하여 세운 것이 아니요 오직 불법한 자와 복종하지 아니하는 자와 경건하지 아니한 자와 죄인과 거룩하지 아니한 자와 망령된 자와 아버지를 죽이는 자와 어머니를 죽이는 자와 살인하는 자며 음행하는 자와 남색하는 자와 인신 매매를 하는 자와 거짓말하는 자와 거짓맹세하는 자와 기타 바른 교훈을 거스르는 자를 위함이니" 딤전 1:9~10. "이같은 자들에게서 네가 돌아서라" 딤후 2:5하반절.

"여호와께서 이와 같이 말씀하시되 너희는 길에 서서 보며 옛적 길 곧 선한 길이 어디인지 알아보고" 렘 6:16요약.
"그러므로 어디서 떨어졌는지를 생각하고 회개하여 처음 사랑, 처음 행위를 가지라" 계 2:4, 5 요약 참고.

성경은 "옛적 길 곧 선한 길"을 찾으라고 일러줍니다. 우리가 잃어버린 옛적 길, 첫사랑의 언약인 십계명의 빛이 세포를 수선하고 마음을 정화시키는 작업을 합니다(히 4:12참고). 판단과 분별의 표준이 되는 십계명이 이성과 감성을 훈련합니다. 의식의 흐름에 관한 과학이론은 정신이 개인의 육체에 국한된다고 하는 과거의 이론을 뛰어넘은 지 이미 오래되었습니다. 메시지 주입을 통해서 인간 의식이 육체의 한계를 벗어나 외부로 미칠 수 있다는 이 '뇌파'의 엄청난 위력은 과학으로도 입증이 되었습니다.
'로고스'란 하나님의 생기에서 나온 이성과 말의 통일체라는 것을 기억하시지요? 현상학에서 보자면 십계명은 하나님의 영(뇌)에서 나온 파동(波動) 곧, 빛 에너지입니다 (총서 2권 2부 2장 29번 참고). 흑암 가운데, 불 가운데 선포하신 그 말씀은 여호와의 광선입니다.

"맑은 물을 너희에게 뿌려서 너희로 정결하게 하되 곧 너희 모든 더러운 것에서 너희를 정결하게 할 것이며 또 새 영을 너희 속에 두고 새 마음을 너희에게 주되 너희 육신에서 굳은 마음을 제거하고 부드러운 마음을 줄 것이며 또 내 영을 너희 속에 두어 너희로 내 율례를 행하게 하리니 너희가 내 규례를 지켜 행할지라" 겔 36:25~27요약.

"내 영을 너희 속에 두어." 하나님의 영으로 새겨진 십계명을 '뇌'관점에서 보자면 선악의 인식능력과 선한 양심으로의 복귀하고, 어둠을 몰아내는 정화(회개)의 역할을 하는 이 빛이 뇌의 세 영역을 관통한다고 상상해 보세요.

a. 신체지능 Sensorimotor Intelligence (Back) = 몸(body)
b. 감성지능 Emotional Intelligence (Right)= 마음(heart)
c. 인지지능Intellectual Intelligence (Left)= 정신(mind)

a. 신체 감각 운동 지능(感覺運動 知能 sensorimotor intelligence)

발달 미분화기의 영유아는 우뇌와 좌뇌를 연결하는 기초 발달인 신체발달과 신체 감각자극 운동이 가장 중요합니다. 감각운동 지능이란 신체운동 지능이라고도 하는데 이것은 대뇌피질과 시신경, 소뇌에서 관장합니다. 사람의 경우 왼쪽 두뇌가 몸의 움직임을 조절하는 것으로 밝혀졌습니다. 왼쪽 두뇌(좌뇌)는 언어를 관장하는데 신체운동과 언어지능은 상호 관련을 맺고 발달합니다. 먹고, 잘 때, 십계명을 들려주세요(선포). 청각을 통한 소근육 자극은 잠자는 뇌를 깨웁니다. 사물을 감각으로 터득하는 촉감, 피부 마사지로 뇌세포를 정교하게 발달시키는 이 시기에 들려주는 교훈과 가르침은 뇌의 주름을 꼼꼼하게 잡아주어고 뇌의 용량을 넓혀줍니다. 열 손가락 꼼지락거리기, 쥐기, 펴기, 노래, 율동, 선포, 신체활동으로 십계명을 각성시켜주십시오. 열 살까지 부지런히 해주세요.

*유아의 뇌 발달은 이영희, "아기를 천재로 발달시키는 영아부 교육" (카도쉬북. 2018)을 참고하세요. 십계명 총서 32~39권은 신체, 감성, 인지, 영혼 양육 프로그램의 실제적인 활동 집입니다.

b. 전두엽의 우측 뇌 (Emotional Intelligence)

예배, 기도, 찬양, 부모의 사랑이 인성, 감성을 담당하는 우뇌 발달과 주의집중력에 가장 도움이 됩니다. 유아기(생후 1개월~4세)에는 기도, 감사와 찬양, 예배의 요소들이 전두엽 우측 뇌에 맞는 좋은 학습입니다. 특히 하나님의 추상적 이미지는 상상과 창의의 동력이 됩니다. 하나님의 목소리와 마사지(손가락)로 쓰여진 십계명이므로 우뇌 발달 기의 유년 초기 아이들은 십계명 쓰기, 읽고 선포하는 수업만으로도 영(spirit)을 터치해서 신앙의 싹을 티웁니다. 십계명은 예수그리스도로 말미암아 사랑의 계명으로 완성된 것으로 하나님(신의 개념)으로 시작해서 나, 부모, 가족, 이웃, 자연, 세상으로 확대되는 인성과 신성의 기초학습으로 좋은 교재입니다. 총서32~39권의 십계명 활동 집으로 이야기, 만들기, 창작놀이 프로그램을 짜 보세요.

c. 전두엽의 좌측 뇌(Intellectual Intelligence)

유 소년기(9 ~10세)는 인지능력을 관장하는 전두엽 뇌가 가장 발달합니다. 이때 가치 관 교육을 놓치면 도덕성과 판단력이 크게 떨어집니다. 십계명을 통한 가치 관 정립이 매우 중요한 시기로 십계명을 반드시 다뤄야 합니다. 특히 10세~12세는 총체적 뇌 발달 시기로서 측두엽 (언어 발달 뇌)과 두정엽(일명, 아인슈타인의 과학의 뇌)이 발달합니다. 측두엽은 제2 외국어 학습능력을 발달시키는 뇌이기도 합니다. 이는 탁월한 기억능력의 시기임을 의미합니다. 이것은 헬라어로 된 신약성서가 말하는 '교육'이라는 용어 '디다스 칼로스(받아들이게 한다)'와 '에듀 카레(꺼낸다)'라는 두 개념이 동시에 융합하는 시기이기 때문입니다. 십계명 토론, 관련 성구를 암송하는 훈련이 매우 중요합니다. 십계명 교육으로 균형 잡힌 뇌 발달을 정리하면 다음과 같습니다.

Holy Spirit power (S.Q) 츄우바 기도문으로 하나님께 돌이키는 기도와 묵상		
mind	heart (mind control)	body
지성	감성	감각
IQ(인지지능) ; 좌뇌	EQ(정서지능) ; 우뇌	SSQ(감각지능) ; 신경뇌 (소뇌)
전두엽, 두정엽, 측두엽좌	전두엽, 두정엽, 측두엽우	기저핵, 대뇌피질, 시신경
기억, 분석, 종합, 통찰	자존감, 감정조절, 인성, 창의	감각통합, 신체의 균형
강론, 토론, 게임, 퀴즈	스토리텔링(B.S), 미드라쉬동화(M.S), 역할극 (Role playing), 노래, 댄스 , 이미지(색채, 예전).	대근육 스포츠, 춤(악기,스카프). 소(손)근육 finger play, 손작업 크레 프츠
암송(읽기+쓰기+색칠+노래)		
기초석 = 예수께서 해석해 주신 새 계명의 십계명(출 20:1~17, 마 5~7장).		

알고가기

선악을 아는 것은 거의 하나님의 수준에 오르는 것입니다(창 3:22참고). 십계명이 우리를 지혜롭고 순결하게 합니다. "보라 내가 너희를 보냄이 양을 이리 가운데로 보냄과 같다 그러므로 너희는 뱀 같이 지혜롭고 비둘기 같이 순결하라!(마 10 :16).

예수님에게는 뱀도 혐오대상이 아닙니다. 그의 장점을 보셨습니다. 이리에게 먹히지 않기 위해서입니다.

하나님은 죄인들에게 얼마나 친절하신가?

권위 있는 성경으로 인정받는 kjv성경(king James version)은 폭음, 이혼경력, 부도덕성, 심지어 동성애 의심을 받는 제임스 1세에 의해 완성되었습니다. 그의 박해를 견디지 못한 청교도인들은 메이플라워호를 타고 영국을 떠나야 했습니다. 나쁜 인간? 아이러니하게도 kjv는 그러한 경력 소지자가 47명의 학자들을 동원해서 편찬되었습니다.

3. 반복교육의 사례

십계명이 전달된 이야기

하나님이 모세에게 말씀을 주셨습니다.

   모세의 형 아론이 모세의 집에 갑니다.

한번   모세가 하나님께 배운 모든 것을 아론에게 가르쳐 주었습니다.

   아론의 아들 엘리에셀과 이사말이 모세의 집에 갑니다.

두 번   모세는 그들에게 가르쳤습니다. 그때 아론은 거기에 앉아서

   그것을 다시 들었습니다.

   연세 드신 분(70명의 장로들)이 모세의 집에 갑니다.

세 번   모세는 그들에게 가르쳤습니다.

   아론과 그의 아들들은 거기 앉아서 그것을 다시 들었습니다.

   끝으로 이스라엘 백성들이 모였습니다.

네 번   모세는 하나님으로부터 들은 계명을 가르쳤습니다.

모세가 가르쳤습니다. -------------------------------------**한번**

지금 모세는 없습니다.

아론이 일어나서 그 당시 있었던 사람들에게 가르쳤습니다. -----**두 번**

그리고 아론도 떠났습니다.

그 후에 엘리에셀과 이다말이 계명을 복습시켰습니다. -------- **세 번**

그리고 그들도 떠났습니다.

70인 장로들이 사람들에게 한 번 더 가르쳤습니다 ------------ **네 번**

이런 방법으로 모든 유대인은 4번 배웁니다(Little Midrash. p147. 이영희. 2018. p88재인용).

암송

유대의 전통교육은 아기가 강보에 쌓여 있을 때부터 하나님의 이야기를 들려주고 아이들이 말을 하기 시작하면 쉐마를 외우게 하고 아침저녁으로 그것을 반복하게 했답니다. 어린이가 말뜻을 이해하지도 못하는데 계속 이야기를 들려주고 반복시키는 것은 하나님과 토라의 이미지를 아주 어려서부터 심어 주기 위한 목적이 있었지만 그러한 방법을 통해서 어린이의 언어 및 인지 발달을 촉진시켜 준 효과를 낳았기 때문이라고 합니다.

"예수와 어린이"라는 글을 쓴 '한스 루디 웨버'는 예수님이 12세 되었을 때 예루살렘 랍비들과 성경 토론에서 어떻게 어린 소년이 성경에 그리도 박식할까를 놓고 당시의 유대 교육을 연구했는데 어린이가

말할 수 있을 때 아버지는 토라를 가르쳐서 쉐마를 읽도록 하며 암송시키고 아침저녁으로 그것을 외우게 했다는군요. 예수께서 적절히 성서를 인용하시어 말씀하시던 것을 우리는 종종 신약에서 발견합니다. 교사 외에는 책을 가진 사람이 거의 없던 시절이어서 암기 학습은 아마 지금보다도 훨씬 더 엄격했겠으나 유대인들이 아주 어린아이에게도 암송을 시키는 데는 나름대로의 이유가 있습니다. 그들이 풀이한 미드라쉬에 보면 하나님께서 율법을 주셨을 때 그의 음성이 인간이 사용하는 70개 언어에 따라서 70개 음성으로 전 세계에 들려졌다는 전설이 있습니다. "하나님의 음성은 각 개인의 능력에 비례하여 개인의 능력에 따라 성인, 청소년, 어린이들 갓난아이, 심지어 태아에게도 적합하게 전달하실 수 있다."는 것이 유대인들의 믿음 때문에 유대인의 어머니들은 갓난아기에게도 하나님의 말씀을 들려줍니다.

윌리엄 바클레이(W.Baclay)가 쓴 "고대 세계의 교육사상"에 의하면 4c의 제롬(Jerome)은 "유대의 어린이들은 알파벳을 앞에서 거꾸로 다 외울 뿐 아니라 어휘를 완전히 암기하고 있어서 아담으로부터 스룹바벨에 이르기까지의 세대들을 다 암송할 수 있었다. 마치 그들이 자신들의 이름을 쉽게 말할 수 있는 것처럼 그것을 정확히 그리고 능란한 솜씨로 외 울 수 있었나"고 증언합니다.

세종대 교수 홍익희는 "뇌신경학자들에 의하면, 암송을 반복할 때 뇌는 대상 자체를 모방하는 것이 아니라 그 안에 들어있는 정신의 패턴을 모방한다"면서 무조건 외우는 암송이 창의성의 산실이라는 현대 이론을 유대 교육으로 전개하기도 했습니다.

암송법

"그러므로 너희는 이 노래를 써서 이스라엘 자손에게 가르쳐서 그 입으로 부르게 하여 이 노래로 나를 위하여 이스라엘 자손에게 증거가 되게 하라" 신 31:19.

"옛날을 기억하라 역대의 연대를 생각하라 네 아비에게 물으라 그가 네게 설명 할 것이요 네 어른에게 물으라 그가 네게 이르리로다" 신 32:7.

"그 입으로 부르게 한다"는 챈트식 암송입니다. 하나님은 자신의 이름을 그 백성의 기억에서 "대대로 기억할 나의 표호"(출 3:15)라고 하셨습니다. 기억하라, 역대의 연대를 생각하라, 물으라, 설명하라, 물으라, 답변하라(신 32:7). 단지 기계적으로 외우는 게 아니라 기억하고(=외우고, 이해하고), 생각하고(= 묵상), 묻고 설명하고, 묻고 답변해서(반복) 삶 속에서 하나님의 모습을 새기라는 뜻입니다.

3장
십계명 교육방법

아이들은 제각기 다른 소질과 재능, 지능을 갖고 태어납니다.

저 마다 다른 뇌를 가지고 있습니다. 어떤 아이는 암기를 잘하는데

어떤 아이는 말재주가 탁월해서 토론을 잘합니다.

십계명의 다양한 교육방법은 개인차를 존중하고 잠재능력과 숨겨진 가능성을

찾아서 개발시키는데 기여합니다.

암송

스토리텔링

토론

손작업

스포츠

이미지(color, ritual, game)

노래.

어떻게?

1. 반복사이클(cycle)과 교사의 기본기

1. 교육방법 7

교사의 가르침은 찌르는 채찍 같고 잘 박힌 못과 같다(전 12:11참고)는 이 말은 복습이 중요하다는 뜻입니다. 네 권의 책을 한번 읽는 것보다 한 권의 책을 네 번 읽는 것이 공부의 비법이라는 것, 아시지요? 십계명 교육은 한 가지 주제(계명)를 7개의 다양한 방법으로 반복하도록 했습니다.

암송- 이야기- 토론- 손작업- 스포츠 - 이미지- 노래!
왕하 13:19, 왕상 18:33~34, 시 12:6, 119:164, 잠 24:16, 9:1, 26:25 참고.

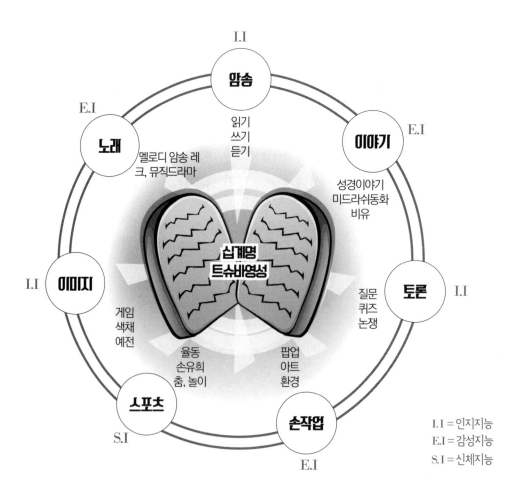

2. 교사의 기본기

신명기 6:4~9절이 교사에게 주는 메시지를 정리하면 다음과 같습니다.

1) 교사(부모)가 교과목 내용을 확실히 마음에 새기고 있나요?

내용이 이해되도록 완독 하세요. 자신이 뭘 가르치는지 모르는 사람에게 배우면 안 됩니다.

2) 교육의 골든타임을 놓치지 마세요.

앉으나 서나 자나 깨나 가르칠 수 있는 황금시간대는 태아기와 영유아기입니다. 영아부가 없는 교회는 미래가 없는 곳이니 영아부가 있는 교회를 다니세요. 없으면 여러분이 만드세요.

3) 자녀를 가르치세요

학생 모집 1순위는 자기 자녀입니다. 만약 자녀가 없으면 남의 아이라도 가르치세요.

4) 작은 일에 신실해야 합니다.

교사의 기본자세는 착한 충성입니다. 학생보다 늦게 나타나는 교사에게 배우면 안 됩니다.

5) 윽박지르지 말고 대화하세요.

주입시키려 들지 않고 강론(Talk about) 하는 교사를 찾아가세요.

6) 미간과 손목에 매듯이 솔선 수범 하세요

이념(미간)과 행동(손)이 일치하는 교사를 찾기란 쉽지 않습니다. 그들도 인간이니까요.

7) 문설주와 바깥문

문설주 교육, 바깥문 교육은 시청각을 뜻합니다. 동영상, ppt 등 멀티 시청각 교구를 개발하세요.

2. 십계명교육 1년 프로젝트

십계명을 1년 동안 배워요? 예!! 지혜의 옹달샘은 퍼 마시면 마실수록 맑은 샘 물이 퐁, 퐁, 퐁! 솟듯이 십계명이 그렇답니다. 모세는 집중탐구 40일 낮밤 + 40일 낮밤 = 1,920시간 공부했어요. 모세의 학생들은 물샘 12, 종려 70주 아래서 워밍업 단체수업이 있었답니다. 그럼, 시작해 볼까요?

얘들아,
남산에 올라가면 그때 점심을 먹을 거야.

지금은 사탕을 줄게, 알았지?

예에~~

정상에 오르면 점심을 먹게 될 것이라고 미리 예고하고 간식을 주는 것과 아무런 예고 없이 간식만 줄 때 아이들의 반응에는 어떤 차이가 있을까요? 히브리대학의 구약학 교수이자 고고학자였던 카스토의 말을 들어보세요.

> "시내 산에 오기 전에 있던 모든 주제들은 십계명을 위해 준비한 것이며 십계명을 위해 따라온 것이고 그것
> 에 대한 보충이며 그 모든 것의 결과가 십계명이다!" [3]

자. 그럼 오늘의 주제를 시작하겠습니다.

십계명을 받으러 시내 산으로 가는 길에 그들은 마라에서 점심을 먹기로 한 모양입니다. 그런데, 물이? 써요! 하나님은 먼저 쓴 맛을 보게 하셨어요. 쓴 물 다음에 단물을 주셨습니다. 그러고 나서 장막 치고 휴식을 취했습니다. 이 순서, 기억하세요.

쓴 물(쓴맛)

단 물(단맛)

장막(단잠)

율법이 쓴 물이라면

복음은 단물입니다.

장막은 안식입니다.

기독교가 율법을 받아들이기 어려워하는 것은 단맛을 먼저 보았기 때문이에요. 하나님은 먼저 쓴 물을 맛보게 하신 후 달콤한 순서로 교육하셨습니다. 십계명을 주시기 전에 마라에서 십계명 받을 준비의 워밍업 수업을 시키셨습니다. 마치 준비찬양처럼요. 호기심을 유발하는 힌트는 좋은 교수법입니다. 여호와의 말, 법도, 율례, 계명, 단어 공부! 단어에 익숙해진 다음에 학습을 지도하는 노련한 교수법이지요.

> "여호와께서 그들을 위하여 법도와 율례decree and a law를 정하시고 그들을 시험하실새 이르
> 시되 너희가 너희 하나님 나 여호와의 말을 들어 the voice of the Lord 순종하고 내가 보기에 의

---

3) U. Cassuto. 1987. *A Commentary on The Book of Exodus*. p.235. Translated from The Hebrew by Israel Abrahams. Jerusalem: Magnes Press. the Hebrew University. Jerusalem : The Hebrew University : The Magnes Press.

를 행하며 내 계명commands에 귀를 기울이며 내 모든 규례 decrees를 지키면 내가 애굽 사람에게 내린 모든 질병 중 하나도 너희에게 내리지 아니하리니 나는 너희를 치료하는 여호와임이라 그들이 엘림에 이르니 거기에 물 샘 열둘과 종려나무 일흔 그루가 있는지라 거기서 그들이 그 물 곁에 장막을 치니라" 출 15:25~27.

여호와의 목소리? 계명? 법도? 율례? 그게 뭐지? 이 같이 호기심 프레젠테이션 수업을 마친 후 그들은 물샘 12, 종려 70주가 있는 엘림에서 휴식을 취했습니다. 이 방법대로 십계명 교육 1년 프로젝트를 설계해서 가르쳐 보십시오.
*마라는 물(water)이고, 엘림의 물은 샘(spring)이라고 표현한 점, 수상하지요? 히브리 사상에서 샘(에인)은 지혜(호크마)를 뜻하는 상징언어예요. 이해력(비나)은 강을, 지혜를 샘이라고 하는 히브리식 표현법입니다. 전두엽 뇌에 지혜의 샘을 파세요. 뇌 세포에 저장시킨 십계명은 지혜의 샘이요, 지혜를 퍼 나르는 열개의 두레박입니다.

알고가기

> 수업 전에, 준비운동(워밍업)이 중요하다는것, 기억하세요! 십계명을 받기 전에, 그들은 광야에서 길을 잃고 방황했어요 십계명을 받은 이후로는 그런 일이 일어나지 않았답니다. 십계명을 담은 언약궤의 인도를 받기 시작했거든요. 십계명은 인생의 나침판이라는 사실, 이것도 기억하세요!

1. 12개월 12 주제 ; 물샘 열둘 교육

서문은 1, 2로 나누고, 1~10계명의 열 개의 주제를 12개월 동안 가르칩니다. 십계명을 1년 동안 배웁니다. 서문은 두 달, 1~10계명은 매 한 달에 한 계명씩, 진도를 나갑니다. 십계명 10개는 지혜의 샘!

2. seven 사이클 ; 종려 70주, 7개의 가지 교육(Edu- Branch)

십계명 전문을 1년(12개월)에 걸쳐 가르치는데 매월 한 계명(주제)을 7가지 방법(일곱branch; 가지교육)[4]으로 4번(한 달 4주) 반복합니다.[5] 이 원리와 방법은 신 6:4~9에 있는 교육명령을 따른 것입니다. 한 개의 계명을 한 달(4주) 동안 7가지 방법으로 가르쳐서 다지세요.

---

4) 암송(쓰기, 읽기), 이야기(성경과 미드라쉬동화), 토론, 손작업, 스포츠(대소근육,율동,춤,신체활동), 이미지 (게임, 색채), 노래(멜로디암송).

5) 주일학교는 한 달에 매 주일 (4주) 수업하면 4회 반복수업이 된다. 방과 후 주중학교는 한 계명을 1주일에 4번 반복, 한 달(4주)이면 16번 반복수업을 할 수 있다. 교육자료는 충분히 준비되어 있다. 십계명총서 7~38권이 현장에서 필요한 자료집이다.

ex.

1월	공통과목(1~5주)	주	내 용	가정학습
1계명	쯔다카 실천하기, 성경이야기 테슈바 중보기도	1	1계명 설교, 노래, 스포츠	읽기, 쓰기 관련성경구절 암송하기 색채 이미지게임
		2	1계명 동화	
		3	1계명 손작업	
		4	1계명 토론	
		5	1계명 퀴즈 & 수업 발표회	

*쯔다카(구제)는 나무가 튼튼히 자라서 열매를 맺게 하는 밑거름과 같습니다

*츄우바(회개; 하나님께 돌이킴)는 뿌리를 썩지 않게 합니다.

3. 축복의 텐트

12개월은 물 샘 열 둘, 교육 방법 7은 종려 70그루를 상징합니다. 거기서 율례와 법도, 계명 등의 단어 공부 레슨을 받은 후 장막치고 안식했듯이 우선 십계명 단어 학습장을 만들고 축복의 텐트를 차트로 만드세요. 출 15:25~27을 다시 읽어보세요.

"그들이 엘림에 이르니 거기에 물 샘 열둘과 종려나무 일흔 그루가 있는지라 거기서 그들이 그 물 곁에 장막을 치니라" 출15:27.

축복의 텐트

월	계명	주제 들			텐트색깔
1	1	하나님 제일사랑	GOD First!	I love God the most!	파란색
2	2	우상은 노! 예수님 믿으세요	Idol no!	Against idol	빨간색
3	3	이름 존경합니다	Respect God's Name	God's name is holiness	노란색
4	4	축복의 주일 달려오는 발	keep Sabbath Holy	happy & holy day. or happy & Best Day	검정과 하양
5	5	부모님공경 순종훈련	Honour your parents	Respect Mom and Dad	연두
6	6	용서와 화해 맑은 눈!	Do not Murder	forgive others don't hate each other	분홍

7	7	깨끗한 몸과 마음 !	Don't Commit Adultery	Our body is temple of God. Pure in mind	보라
8	8	근면한 손 yes!	Don't Steal	Let's not be a thief	남색
9	9	정직한 입 yes!	Don't Lie	Be an honest man	회색
10	10	절제의 마음 yes!	Don't Covet	self-sufficiency	주황색
11	서문1	듣는 귀! Exodus 탈출!	Exodus 1	your savior	연두, 검정, 빨강, 하양, 노랑.
12	서문2	나의 구원자!	Exodus 2	from servant to children	

매월 새로운 색깔의 텐트를 치세요!

종려 70주에 비유되는 교육 사이클 ; 암송 -이야기- 토론 - 손작업 -팡팡 스포츠 - 이미지 -노래!

 *츄우바 기도문은 별도의 기도 책이 있습니다. 쯔다카(구제)통도 있습니다. www.holyi.com.

*'텐트'란 교실(학습장)을 뜻하는 상징언어예요. 계명이 바뀔 적마다 계명의 색깔로 환경장식을 하세요.

4. 질문으로 배우기

파란 텐트, 빨간 텐트.. 12색 텐트 안에 누워서 교육도구 없이 오손도손 대화로 기초를 배울 수 있습니다. 오늘 공과공부는 실제 텐트를 치든지, 매트리스나 요를 깔고, 누워서 해 보세요.

* 부록의 질문을 참고하세요. 강의안 집(총서 3~6권)에 단어 해석이 있어요. 학생들과 휴대폰으로 단어 찾기를 해보세요.

서문 (출 20:1~2)

서문에 나오는 단어를 익히고 아래의 질문으로 대화하기

우리의 구원자는 누구지? 어떻게 그분의 자녀가 되었지?(요 1:12)

노예(옛사람)였는데 자유인이 된 새 사람에게 주신 것이 무엇이지?

십계명을 주신 분이 누구지? 예수님이 하신 일이 뭐지? (빌 2:6-8)

죄를 지으면 예수님이 너를 떠나실까?(히 13:5하)

하나님의 자녀는 어떻게 살라고 하셨지? (레 11: 45)

1계명 (출 20:3)

1계명에 나오는 단어를 익히고 아래의 질문으로 대화하기

이 세상의 주인이 누구시지? (창 1:1)

왜, 다른 신들을 섬기면 안 되지? (행 4:12)

예수 = '여호와'와 '구원'이 합쳐져서 된 이름이야. "여호와가 구원하신다" 라는 뜻이야. 그러면 1계명에 나타나신 "나 여호와는" 누구를 말하는 거지?

2계명 (출 20:4~6)

2계명에 나오는 단어를 익히고 아래의 질문으로 대화하기

가장 심각한 죄가 무엇이지? 예수님을 믿지 않는 것이지? (요 16:9).

왜, 우상을 숭배하지 말아야지? 그럼, 누구를 믿어야 하지? 왜, 예수님이 세상에 오셨지? (마 1:21).

예수님이 누구시지?(요 3:16).

3계명 (출 20:7)

3계명에 나오는 단어를 익히고 아래의 질문으로 대화하기

하나님의 이름을 망령되게 하지 말라는 건 무슨 뜻이지? 무죄한 하나님을 욕먹게 해서 하나님을 피해자로 만드는 것이지? 다른 사람이 죄를 짓는 것을 볼 때 어떻게 해야 하지? (겔 18:23, 눅 15:10, 눅 17:3).

4계명 (출 20:8~11)

4계명에 나오는 단어를 익히고 아래의 질문으로 대화하기

안식일은 하나님을 예찬하는 날이지? 이날 뭘 기억해야 하지? 거룩하게 지키려면 어디로 가야 하지?

안식일은 누가 주인이지? '주일성수'라는 말은 몇 계명에서 유래했지?

하나님의 자녀는 주일에 무얼 하지?(출 20:8~11)

5계명 (출 20:1~2)

5계명에 나오는 단어를 익히고 아래의 질문으로 대화하기

부모란, 어떤 사람들을 의미하지?(출 20:12, 엡 6:1-4참고).

부모를 공경하면 복을 주신다고 할 만큼 이것이 중요하다면 말, 태도, 생각을 어떻게 해야 복을 받지?

어떤 복을 약속 받았지?

6계명 (출 20:1~2)

6계명에 나오는 단어를 익히고 아래의 질문으로 대화하기

하나님의 자녀는 왜 사람을 사랑해야 하지?

강아지와 사람 중에 누구를 먼저 사랑해야 하지?

미움을 지우는 지우개가 있을까? (마 5:21~24, 엡 4:26-27참고).

7계명 (출 20:1~2)

7계명에 나오는 단어를 익히고 아래의 질문으로 대화하기

창조주 하나님이 남자의 갈비대 몇 개로 여자를 만드셨지?

왜, 단 한 남자에게서 단 한 여자가 나오게 하셨을까?

남자와 여자 외에 또 다른 성이 있을까? 예수님은 뭐라고 가르치셨지?(마 5:27~32, 19:4,5 참고).

8계명 (출 20:15)

8계명에 나오는 단어를 익히고 아래의 질문으로 대화하기

교실에 떨어진 물건을 보면 어떻게 해야 하지?(엡 4:28참고).

길에서 떨어진 지갑을 발견하면 어떻게 해야하지?

부모님의 지갑에서 돈을 꺼내어 불우이웃돕기에 보내도 될까?

9계명 (출 20:16)

9계명에 나오는 단어를 익히고 아래의 질문으로 대화하기

친구를 돕기 위한 거짓말은 해도 될까?

꾸지람이나 매 맞을까봐 거짓말을 해도 될까?

소문을 퍼뜨리는 것이 나쁠까?

10계명(출 20:17)

10계명에 나오는 단어를 익히고 아래의 질문으로 대화하기

친구가 100점 받으면 넌 어떻게 하니?

똑같은 물건이 너에게 몇 개 있니?

물건 관리를 잘못하고 똑같은 물건을 자꾸 산다면 여분의 물건을 어떻게 하지?

정기적으로 가난한 이웃을 돕는 통장이 있니?

5. 결속의 힘

산소를 마셔야 삽니다. 왜요?

그냥!

그럼, 이산화 탄소 마실래요?

인간은 산소와 깊이 결속되어서 분리될 수 없는 관계입니다. 무의식적으로 산소를 마시듯이 대부분이 생명과 관련된 일들은 '그냥' 합니다. 중환자가 아닌 이상 심각하게 생각하며 마시지 않습니다. 산소? 화장실? 그냥요! 가야 되니까요.

우리는 산소, 밥, 잠, 화장실과 결속되어 있습니다. 결속에 관한 주제에 히브리인들의 사상을 통해서 선을 이해하려고 한 신학자는 뮐렌버그입니다.[6] 그는 "이스라엘은 선(善)에 대한 선 이해(先理解)란 있지도 않으며 의무나 권리에 대한 천성적 감각도 없었고 덕과 고상한 삶에 대한 이상도 없었다"는 말을 합니다. 마치 판단이 없는 어린애가 생각 없이 부모의 지시를 따르듯이 말입니다.

히브리인들에게 있어서는 하나님께 순종하는 것이 선이요, 하나님을 거역하는 불순종이 악이라는 것에 아무런 거부감이 없습니다. 그들은 그 어떤 추상적 윤리의 틀 속에 갇혀 살도록 부름 받은 게 아니라 큰 전통의 틀에서 말씀하시는 그분에게 "말씀을 받은 자"로 이미 깊이 결속 된 때문입니다.

하나님과 인간은 계명에 의해서 분리될 수 없는 관계로 설정됩니다. 시내 산에서의 그 장엄하고 충격적인 체험으로 단단하게 결속되었습니다. 유대인들은 인간을 상대로 선(善)이나 진리의 본질에 대해서 연구할 의미조차 갖고 있지 않습니다. 그 분이 말한 것이니까 '그냥'입니다.

하나님과 결속되면 이성은 그 자리를 내드리고 침범하지 않습니다. 십계명을 두 기둥으로 해서 이스라엘 사회는 하나님의 자녀로 훈련되었습니다.[7] 이를 테면, banding 효과!

신앙 발달론자 파울러는 하나님에 대한 '선 이미지(pre-images)'는 양육자와의 관계를 통해 형성된다고 합니다. 어린이는 한 가지 주의(ism)에 고정되는 경향이 있다는 것이 그의 주장입니다. 생각이 일단 고정되면 모든 판단의 기준이 된대요. 코메니우스는, 초기에 물들인 양의 털이 제일 오래 간답니다.

뮐렌버그, 파울러, 코메니우스 쌤!, 질문 있어요!

하나님과 함께 사는 삶의 구조가 강제적 규칙들의 결합이라니, 싫어요! 인간은 생각 없는 마루타가 아니잖아요. 하나님이 주신 절대 표준(moral absolutes)이며 그래서 참되다 해도 인간의 자율성은 보장받아야 하지 않나요?

---

6) James Muilenburg, *The way of Israel -Biblical Faith and Ethics.* 김이곤 옮김, 1978. "이스라엘의 길 –성서적 신앙과 윤리" 컨콜디아사. 결속에 대한 뇌발달, 교육학적 관점은 이영희. 2018. "아기를 천재로 발달시키는 영아부교육" 참고.카도쉬북.

7) 한국기독교윤리학회 편. 2005. "기독교윤리학개론" p.37. 서울: 대한기독교서회.

맞아요! 율법은 움직이는 것(paedagogisch)이라야 해요. 그런데 기독교의 실존은 완성된 것이 아니라 되어가는 진행 속에 있으므로 율법의 규범적(normativ) 기능은 여전히 남아서 존재해야 한다는 사실도 아시기를 바랍니다(홍순원. 2000. p196). 빨간 신호등에서 왜 멈추십니까? 밥은 왜 먹고 숨은 왜 쉬나요? 모든 인간은 전적으로 부패한 'non-being'의 존재이기에, 생명과 직결된 합의된 원리를 신뢰하면 그냥 믿고 따르는 것이 현명합니다.

6. 십계명의 교육 특징 7

칼 바르트와 함께 20세기 개신교의 조직신학에 영향을 끼친 에밀 브루너(E. Brunner)는 십계명을 좋아하지 않은 신학자였음에도 "십계명은 실로 가장 뛰어난 배열과 충실한 내용으로 표현되었기 때문에 언제든지 기독교 교육의 과제가 되어 왔다"라고 치하했습니다. 십계명은 완벽하게 잘 짜여진 교과라는 것을 인정한 것입니다.

1. 주제가 분명한 교과목

십계명은 하나님이 말하시고(생방송), 친히 손으로 새겨 써 주신 자필 교과서로서 교과목이 주제별로 분명하고 완벽합니다. 출 24:12, 31:18, 34:1, 35:15~16, 신 4:13, 5:22, 9:10참고.

2. 현장체험학습

하나님은 시내 산이라는 교육현장을 가지셨습니다. 지구의 삶의 자리를 교육관으로 정하시고 강사가 직접 강림하셔서 얼굴과 얼굴을 대면하여 모든 회중을 상대로 교육하셨습니다. 이를테면 사이버강좌가 아니라는 뜻이에요. 십계명은 교사와 학생이 얼굴 마주 보고 배우는 현장학습이 중요합니다. 대면 학습자의 뇌는 세로토닌을 더 많이 생산한답니다. 출 19:11, 18~20, 31:18, 신 4:6~8참고.

3. 교양이나 선택강좌 아닙니다. 필수!

시내 산 재학생은 출애굽 전회중입니다. 그중에는 태아, 어린 아기로부터 노년에 이르기까지 남녀노소, 전 세대가 대상이었습니다. 이것은 십계명이 선택이나 교양강좌가 아니라 전 세대 기독교인의 정체성과 가치관을 심어주는 완벽한 필수임을 뜻합니다. 필수과목이 뭘 의미하는지 아시지요? 스무 살이 되기 전에 배우면 제일 좋고요. 늦으면 늦은 대로, 빠를수록 좋습니다. 신 5:22참고.

4. 신(God)의 성품교육

하나님의 지문, 형상, 성품이 담아진 십계명은 인성회복을 넘어 신의 형상을 회복하는 최 상품, 극상품의 품질을 내는 교육입니다. 신 9:10, 출 15:26참고.

"땅을 파서 돌을 제하고 극상품 포도나무를 심었도다 그 중에 망대를 세웠고 또 그 안에 술틀을 팠도다" 사 5:2참고.

5. 축복

십계명은 토라의 빛이요(4계명), 축복이 약속된 계명입니다(출 20:12, 신 10:13, 신 28:1, 12). 공부 잘 하면 분명히 수료식 때 상 주신다는데 뭘 ,망서리십니까?

6. 태아~100세까지 일관성 있는 공통교과

한번 쓰고 버리는 교과가 아니라 전 세대를 위한 교육입니다. 십계명 저자가 예수이시며 저작권도 영원합니다(마 5:18 참고). 교육에는 공통주제를 가진 일관성이 중요합니다.

7. 분명한 명분

예수께서 위임하신 "내가 네게 가르쳐 분부한 모든 것을 가르쳐 지키게 하라"고 하신 '모든 것' 중에서 십계명은 그 핵심이고 예수님의 지상명령입니다(마 28:20상 참고).

"십계명 배우는데 무슨 1년이나 걸려요? 1일 캠프하면 다 뗄 수 있는 거 아니에요?" 라고 물으시는 분께 묻습니다. 하나님은 몇 번 쓰셨다고 했죠? 모세는 40일 공부해서 받은 거예요.

7. 십계명 교육의 탁월한 장점 3

1. 십계명의 세속화

성경은 성경의 문화 권내에 제한되지만 인류의 보편가치가 있는 십계명은 기독교인과 세상 윤리의 근간이 되어 교회와 세상을 연결합니다. 십계명의 보편 가치(5~10계명)는 교회와 세상이 공통적으로 지향하는 가치입니다. 고유한 가치(1~4계명)는 세상을 그리스도의 나라로 확대할 수 있습니다.

2. 교육의 field(장)가 넓습니다

십계명은 1) 교회 2) 가정 3) 교회 밖의 사람들을 아우르는 넓은 field를 제공합니다. 교회의 주일교육과 주중교육, 기독교 가정교육 뿐 아니라 5~10계명은 교회 밖 사람들을 위한 교육(유치원, 어린이집)으로도 가능합니다.

3. 접근성이 좋습니다

교육에 있어서 검증된 좋은 모델이 있다는 것은 큰 장점입니다. 유대 교육의 핵심인 토라와 이스라엘 영재교육은 세계의 공인된 검증을 마친 교육입니다. 수천 년에 걸쳐 실험을 거친 유대인들의 토라 공교육 프로그램과 그들의 영재교육은 우수한 재료라는 정평이 나있습니다.

카도쉬 십계명 교육은 "유대인은 십계명을 어떻게 가르치는가?"의 연구와 실습을 이미 마쳤습니다. 십계명의 원산지라고 할 수 있는 유대인들의 노하우에 직접 참여하고 연구했습니다. 그리고 이것을 기독교 신학과 성경에 맞게 재단해서 새 계명으로 풀어낸 것입니다. 영재, 재능교육을 중심으로 하는 인간 만능시대가 가져 온 이 윤리적 재난 앞에서 영재 프로그램으로 개발된 보편윤리(5~10계명)는 비신자들에게 혐오감 없이 다가가기에 적합한 교육입니다. 기독교는 싫어해도 유대인의 탁월한 교육은 호감을 갖기 때문입니다.

사랑, 지혜, 성결, 축복을 모토로 한 카도쉬의 십계명 교육정신은 기독교인과 교회에 대한 사회인식을 새롭게 할뿐더러 교회 밖 세상을 아우르고 세상으로 확대되는 기독교 교육이 됩니다.

8. 십계명 교육목표와 목적

1. 교육목표

1) 구원 - **예수복음**영접으로 구원받은 자녀(서문)
2) 믿음 - **예수(야훼)**믿음으로 축복받은 삶 (1~4)
3) 생활 - **예수사랑으로** 거룩한 삶(5~10)

목표에 대한 결실
4) 성령의 열매인 사랑, 그리고 지혜, 성결, 축복
5) 하나님과 동행하는 선한 삶

2. 목적

오늘날의 교육은 인본주의로 대표되는 서구의 교육철학과 신본주의를 표방하는 기독교 또는 이스라엘의 교육 철학으로 양분되어 있을 뿐입니다. 아브라함을 보면 신본주의 부모교육이란 무엇인지를 알 수 있습니다. 그 목적을 잘 정리해 주기 때문입니다. 아브라함을 부르신 목적이 그로 그 자식과 권속에게 여호와의 도를 지켜 의와 공도(선행)를 행하게 하려고 그를 택하셨다고 하셨습니다(창 18:19참고). 그렇다면 우리를 부르신 목적과 우리가 성경을 배우는 목적도 "선한 일"을 위해서 부르심을 받은 존재입니다.

"모든 성경은 하나님의 감동으로 된 것으로 교훈과 책망과 바르게 함과 의로 교육하기에 유익하니 이는 하나님의 사람으로 온전하게 하며 모든 선한 일을 행할 능력을 갖추게 하려 함이라" 딤후 3:16, 17.

"그가 우리를 대신하여 자신을 주심은 모든 불법에서 우리를 속량하시고 우리를 깨끗하게 하사 선한 일을 열심히 하는 자기 백성이 되게 하려 하심이라" 딛 2:14.

예수께서는 선하신 하나님이 주신 계명이므로 십계명은 **선한 일**이라고 하셨습니다(마 19:16~19). 예수께서 아버지의 계명을 지키시므로 그의 사랑 안에 거하셨듯이(요 15:10, 막 10:21참고), 계명은 하나님의 완전한 사랑안에서 오늘도 하나님과 걷습니다. 이 명령은 어려운 것이 아니라고 하셨어요(신 30:14).

"오직 그 말씀이 네게 심히 가까 와서 네 입에 있으며 네 마음에 있은즉 네가 이를 행할 수 있느니라" 신 30:14.

3. 한번 읽고 곧장 다음 과제로 가지 말고 하나의 주제를 집중 반복하세요.

이렇게 하지 마세요!

"For it is: Do and do, do and do, rule on rule, rule on rule ; a little here, a little there."

"그들이 이르기를 그가 누구에게 지식을 가르치며 누구에게 도를 전하여 깨닫게 하려는가 젖 떨어져 품을 떠난 자들에게 하려는가 대저 경계에 경계를 더하며 경계에 경계를 더하며 교훈에 교훈을 더하며 교훈에 교훈을 더하되 여기서도 조금, 저기서도 조금 하는구나 하는도다" 사 28:9~10.

"여호와께서 그들에게 말씀하시되 경계에 경계를 더하며 경계에 경계를 더하며 교훈에 교훈을 더하며 교훈에 교훈을 더하고 여기서도 조금, 저기서도 조금 하사 그들이 가다가 뒤로 넘어져 부러지며 걸리며 붙잡히게 하시리라" 사 28:13.

이렇게 하세요!

"화살들을 집으소서 곧 집으매 엘리사가 또 이스라엘 왕에게 이르되 땅을 치소서 하는지라 이에 세 번 치고 그친지라 하나님의 사람이 노하여 이르되 왕이 대여섯 번을 칠 것이니이다 그리하였더면 왕이 아람을 진멸하기까지 쳤으리이다 그런즉 이제는 왕이 아람을 세 번만 치리이다 하니라" 왕하 13:14-19.

"그러므로 누구든지 나의 이 말을 듣고 행하는 자는 그 집을 반석 위에 지은 지혜로운 사람 같으리니 비가 내리고 창수가 나고 바람이 불어 그 집에 부딪치되 무너지지 아니하나니 이는 주추를 반석 위에 놓은 까닭이다" 마 7:24-25.

4. 모여서 같이하기

공부는 그룹핑(grouping)이 중요합니다. 교회공동체에 가입하세요. 주일학교에 빠지지 말고 나오세요. 좋아하는 사람끼리는 눈을 마주치고만 있어도 뇌에서 학업 성취도를 높여 주는 세로토닌(serotonin)과 행복감을 주는 옥시토신(oxytocin)이라는 호르몬이 나온다고 합니다. 정서적 교감을 나눌 때 좋은 호르몬이 나와서 하나님을 경외하고 사람을 사랑하는 마음이 풍선처럼 부풀어 올라서 기쁨이 빵! 터지며 그 순간 지혜가 샘물처럼 퐁, 퐁, 쏟아집니다.

9. 이미지

"기호(symbol)로 삼으며 표(symbol)로 삼고" 신 6:8.

십계명은 각 계명마다 계명의 주제를 7번 다양하게 반복한다고 이미 말씀 드렸습니다(1부 1장 3, 4). 여기서는 그중에 이미지, 토론, 이야기 교육을 소개드리겠습니다.

토라의 빛 이미지

십계명은 색(color)! 시내 산 교육장이 흑암, 불꽃, 구름으로 칼라풀했다는 것 기억하시지요? 색은 빛입니다! 십계명의 각 계명에 색깔을 주어서 빛, 즉 색채로 가르치는 구체적인 내용은 워낙 광대해서 이 책 6부 십계명 색채이론이라는 제목으로 해서 따로 실었습니다. 여기서는 개요만 설명드리겠습니다.

하나님은 빛이십니다. 예수께서는 '너희는 세상의 빛이라'고 하셨습니다. 우리도, 빛입니다. 빛은 색깔입니다. 그래서 우리는 노란색을 노란 빛, 색깔을 빛깔이라고 말합니다. 빛, 즉 색은 언어입니다. 기독교는 이미 색으로 복음을 전하고 있습니다(글 없는 책의 색을 아시지요?).

십계명을 색채 화한 빛 이미지로 가르쳐 보십시오. 1, 2, 3, 4, 5계명에 사용된 파, 빨, 노, (흰, 검정), 초록 칼라는 빛의 3 원색과 색의 3 원색, 즉 원색을 사용했습니다. 이 기본 색은 하나님(계명)에서 나와 이웃으로 반사되어 퍼져 나갑니다. 서문은 복음의 상징 칼라인 초록, 검정, 빨강, 하양, 노랑이 기본색이고 서문의 바탕색은 갈색입니다. 복음의 기본색인 5색(연두, 검정, 빨강, 하양, 노랑)을 모으면 갈색 빛이 나옵니다.

1계명은 파란빛
2계명은 빨간빛
3계명은 노란빛
4계명은 검정(그리스도 고난)과 하얀빛(부활)
5계명은 초록(연두) 빛.

서문~4계명의 빛색은 하나님으로부터 나와 이웃에게로 향합니다. 따라서 이웃 사랑에 관련된 색채는 빛이신 하나님 계명의 원색을 혼합한 색입니다.

6계명 분홍빛(빨강+ 하양) = 2계명+4계명의 색.
7계명 보랏빛 (빨강+ 파랑)= 2계명+1계명의 색.
8계명 남빛(파랑+ 깜장)= 1계명+4계명의 색.
9계명 회색빛(검정+ 하양)= 4계명의 색.
10계명 주황빛(빨강+노랑)= 2계명+3계명의 색.

이렇게 해서 십계명은 12색의 빛깔이 됩니다. 말씀을 아이들에게 빛깔로 가르치면 세상이 온통 말씀으로 보입니다. 이 책의 6부 십계명 색채이론을 읽으셨으면 다음 주제(10번)를 따라 오세요.

10. 토론

토론이 어려운 이유는 사람마다 생각이 다르고 고정되지 않기 때문입니다. 토론은 주입식처럼 고여 있는 저수지가 아니라 생각세포라는 샘이 마치 수 많은 지류를 만들며 대지를 흘러 적시는 강줄기 같습니다. 토론은 다양한 관점으로 접근해야 합니다. 생각 쑥쑥, 지혜팡팡! 그럼, 토론학교로 여러분을 안내하겠습니다.

1. 강론(talk about it)

토론은 여러 사람이 각자의 의견을 말하며 논의하는 중에 판단력과 분별력이 증진하고 사고의 폭이 넓어집니다. 뇌의 용량이 커진다는 얘기죠. 십계명 토론은, 성경이 왜 이런 말씀을 하셨을까? 라는 의문을 주고 현실문제를 성경의 도움으로 풀어갑니다.

2. 십계명 토론 교육방식의 장점

하나, 기독교인이 세상을 보는 방식을 구체화시켜 줍니다.

둘, 토론에 참여한 서로가 서로를 변화시킬 수 있습니다.

셋, 다른 사람의 의견을 경청함으로써 고립된 개인이 아니라 공감하는 능력이 발달합니다.

넷, 이성적으로 자기 한계를 알면 절대자의 권위 앞에서 겸손해집니다.

3. 이성을 통한 도덕적 판단능력의 한계

1960년대 도덕 발달 단계를 체계화 한 하버드대 심리학과의 콜버그 교수는 인간의 도덕적 이성 즉, 판단능력을 증진시킬 목적으로 토론을 주장하였습니다. 그는 도덕 교육의 실패 원인을 덕목들 (예를 들면 기독교의 십계명) 이 들어있는 주머니를 하나 씩 꺼내어 학생들에게 주면 되는 걸로 생각한 것이 실수였다고 지적했습니다. 그래서 그는 덕목을 폐기하고 피아제의 인지 이론에 기초한 도덕적 이성을 새 주머니에 담습니다. 도덕적 이성이란 지적 능력의 일부이며 교육을 통해 길러져야 한다는 것이 그의 학문적 기초이론입니다. 콜버그는 가상적인 딜레마를 주고 이성에 입각한 토론으로 도덕적 판단 능력을 키워주는데 역점을 두었습니다. 개인의 이성에 도덕 개념을 맡긴 것이지요. 이것은 '내가 옳다고 주장하는 것"이 옳은 사회를 만들었습니다. 그의 이론대로 라면 지적인 사람일수록 도덕적이라야 하는데 결과는 그 반대 현상으로 끝나 버렸습니다. 인간의 자유로운 이성에 맡긴 결과 지능적인 고등 범죄는 더 늘어났고 사람들은 나쁜 줄 알면서도 합법적인 구실을 만들어 냅니다. 판단 능력이 부족해서가 아니라 알면서도 비윤리적인 행동을 하게 된 것이지요. 판단기준을 치워 버렸더니 인간은 자기에게 유리한 덕목 주머니를 만들고 자기 소견에 옳은 대로 삽니다. 이것이 토론의 치명적 함정입니다. 인간은 믿을 만한 존재가 아닙니다.

4. 토론 교육의 성경의 근거들

1) "너희 자녀가 묻거든 가르치라" 출 12:26.

2) "옛날을 기억하라 역대의 연대를 생각하라 네 아비에게 물으라.
   그가 네게 설명할 것이요, 네 어른들에게 물으라 네게 이르리라" 신 32:7.

3) "강론(Talk about it) 할 것이며" 신 6:7.

4) "우리가 변론하자(let us reason together)" 사 1:18.

5) 예수님이 받으신 토론식 성경공부. 눅 2:46.

6) 예수님이 토론식으로 가르치신 성경공부. "네 생각은 어떠하냐?" 눅 14:3, 눅 10:36.

7) 바울의 토론식 성경공부. 행 19:8-10.

5. 십계명 토론방법

좋은 것이 좋고, 옳은 것은 더 좋고, 하나님이 옳다고 하시는 것이 가장 좋고 옳습니다. 결론을 성경에서 찾는 것이 지혜입니다. 십계명 토론은 답의 결론이 이미 정해져 있습니다. 그 답을 찾으려고 토론하는 것입니다. "하나님은 왜 이렇게 하셨을까요?" "성경은 왜 이렇게 말할까요?"라는 물음으로 하나님을 개입시키고 참여하는 토론입니다. 문제를 출제한 저자(하나님)가 나와서 직강을 하고 설명해주는 것(성경책)이 최고 좋은 수업이에요. 토론은 상대방을 설득 할 수 있도록 말하기 전에 타자의 의견을 경청해야 하듯이 하나님의 말에도 경청해야 합니다.

1) 토론진행순서

　　1단계; 토론주제를 귀담아 듣거나 읽기(집중)

　　2단계; 질문 만들기와 묻기(호기심)

　　3단계; 상상토론하기(창의)

　　4단계 ; 적용토론하기(판단)

　　5단계; 마음 다지기(암송과 결단)

2) 토론규칙을 미리 알려줍니다.

　　(1) 다른 사람이 말할 때 끝까지 잘 들어봅니다.

　　　　- 빨리 대답하지 못한다고 재촉하거나 대신 대답하려 들지 마세요.

　　　　- 다른 사람이 말할 때 끼어 들지 않습니다.

　　(2) 침착하게 자기 의견을 말하는 습관을 들입니다.

　　(3) 알지 못하거나 이해되지 않으면 질문 하세요.

　　(4) 친구의 의견을 존중해줍니다. "그럴 수도 있겠다." That's good idea.

　　　　- 친구가 엉뚱한 대답을 할 때 비난하지 않습니다.

　　(5) 상대방이 말할 때 조용히 잘 듣는 습관은 매우 중요해요.

　　　　- 친구의 좋은 의견을 들으면 아이디어가 떠오릅니다.

6. 효과적인 토론을 위한 기술적 방법

1) 토론의 유형은 다양합니다.

(1) 소그룹 토론 : 3~4명의 소그룹으로 토론을 진행합니다.

(2) 전체 토론 : 전체가 다 참여해서 각자 의견을 자유로이 제시합니다 (시간제한 약 1분-3분)

(3) 2인조 토론 : 두 명 씩 조를 짜서 상대방을 설득하는 논쟁식 토론방식입니다.

잠깐! 2인조 토론은 머리가 둘, 4인조 토론은? 머리가 넷, 머리가 많이 모일수록 사고의 폭이 풍성하고 넓어집니 다.

2) 토론하기 전에 쯔다카를 하세요.

(1) 쯔다카 하는 통을 각자 한 개씩 자기 곁에 놓으세요.

(2) 10원, 50원, 100원 동전을 여러 개 준비하세요.

(3) 좋은 아이디어를 제시한 사람에게 100원을 그렇지 않으면 10원이나 50원을 통에 넣어주세요.

(4) 토론을 마치고 나면 동전이 얼마나 모였는지 세어 보세요.

(5) 이 토론을 모두 마치고 나서 모인 돈의 일부를 어디에 보낼 것인지 토론하고 실제적으로 착한 일을 하세요. 돈의 일부는 본인이 즐겁게 쓰세요.

3) 생각을 표현하는 교구는 생각할 틈을 줍니다.

(1) 영 유아~유년

ㄱ. 색종이

이것은 토론이 미리 내 준 의견을 '찬반 투표하기'에 사용합니다. 색종이를 주고 찬성에 동그라미, 반대 의견에는 x표 그리기, 잘 모른다면 세모 그리기를 하도록 해서 생각을 도형이나 그림으로 표현하게 하세요. 유아기는 사고가 단순하므로 예상되는 결과를 둘 내 지, 세 개를 주고 하나를 선택하도록 한 후, 왜 그것을 찬성했는지 생각을 들어보는 방법이 좋습니다.

ㄴ. 가면 만들기

교사들이 가면을 쓰고 토론 내용을 역할극으로 보여주세요. 이것은 어린이들의 이해를 돕기 위한 방법입니다. 아이들은 옳다고 판단한 가면으로 가서 줄을 섭니다. 이렇게 하여 동일한 생각을 가진 어린이들끼리 모으면 어린이들의 생각을 파악해 내기 쉽습니다. 소극적인 어린이들은 같은 생각을 하는 친구들이 있다는 사실에서 용기를 얻고 자신있게 생각을 발표합니다.

ㄷ. 딩크 패드(think pad) ; 헝겊이나 천으로 만든 삼종 칼라 세트(빨강, 노랑, 파란색)

손수건 크기의 빨강, 노랑, 파란 천이 토론자들의 숫자만큼 필요합니다. 자신이 옳다고 생각한 색깔의 천을 흔들어서 의사 표현을 하게 합니다.

색종이, 나무젓가락에 붙인 작은 삼각 깃발을 만들어서 사용해도 좋습니다 (대구 동신교회 윤명숙 전도사의 실습 아이디어다).

ㄹ. 생각 바다 (think sea) ; 파란천 (가로 50cm, 세로 150cm 정도)

파란 천이나 부직포를 바닥에 깔거나 벽에 걸어 둡니다. 토론 질문에 따라 두 개, 또는 세 개도 될 수 있습니다. 어린이에게 색종이 한 장씩 나눠주고 종이배를 접게 하세요. 배에는 어린이의 이름을 쓰도록 합니다. 토론 내용을 들려준 후 어린이 자신의 생각과 일치하는 바다에 자기의 종이배를 올려놓도록 합니다. 종이배 대신 어린이들에게 물고기 그림을 주고 물고기를 '생각 바다'에 붙이는 방법도 있습니다. 이런 손작업 과정은 토론 주제에 대해 생각할 시간을 주며 작업 활동은 두뇌를 증진시킵니다.

* 유년 어린이 경우는 종이배를 접기 전에 자신의 생각을 글로 종이에 적은 후 배를 접게 합니다. 인도자는 접은 배를 펴서 내용을 읽어주며 진행하세요.

ㅁ. 생각하늘(think sky)

이것은 ㄹ이 제시한 방법과 동일합니다. 하늘을 상징하는 파란색 천을 펴 놓고 자신의 생각을 풍선 그림이나 구름, 또는 종 이 비행기를 접어서 붙이면 교사가 떼어서 읽고 왜 그렇게 생각했는지 본인에게 묻고 발표하게 합니다.

ㅂ. 대형 훌라후프 (hula hoop)

훌라우프, 문제 해결방이라고 쓴 작은 방

토론이 제시한 문항에 따라 훌라후프를 몇 개 사용할지 결정합니다. 예를 들면 yes, no, I don't know 라는 세 문항이 있으면 세 개의 훌라후프가 필요합니다. 교사가 세 개의 훌라후프를 잡고 서 있습니다. 자신의 견해와 일치하는 훌라후프를 통과해서 문제 해결의 방으로 들어갑니다. 이것은 같은 생각을 가진 사람들을 한 곳에 모으는 방법입니다. 같은 판단을 내렸어도 왜 그런 판단을 내렸는지는 각자 다를 수 있으므로 교사의 진행에 따라 생각을 발표하게 합니다 (훌라후프 대신 신문지를 바닥에 깔고 사용할 수 있습니다).

* 이 외에 생각 나무, 생각 멜로디, 자신의 생각을 적은 쪽지 붙이기, 생각 박스에 자신의 생각 쪽지를 넣기 등이 있습니다. 어린이들이 이러한 작업을 하는 동안 생각할 시간을 갖게 됩니다. 그리고 토론을 좀 더 적극적이고 재미있게 참여하도록 이끌어줍니다.

4~7세 유아들은 홀리맨, 딩크 맨이 필요해요!

언어발달과 표현력이 부족하지만 호기심이 많은 이 시기 어린이들은 무엇이든지 물어봅니다. 만져보고, 해 보고, 묻고, 나서기를 좋아합니다. 어린이들의 적극적인 참여를 위해 토론을 돕는 교사 홀리맨과 딩크 맨이 항상 대기하고 있습니다.

ㄱ. 홀리 맨

진행자가 토론 틈틈이 "홀리 맨! 도와주세요. 홀리맨 출동!"하면 홀리맨 모자나 명찰, 또는 특이한 복장을 한 교사(= 홀리맨)가 나와서 진행자를 돕습니다. 어린이들이 쪽지 접는 일, 카드나 생각 쪽지를 통에 넣는 일들을 언제든지 도 와 주십니다.

"친구들아 안녕? 우리는 홀리 맨이야, 쪽지 나눠주는 일, 생각을 그려서 게시판에 붙이는 일 등을 도와
줄게, 어디서나 불러줘
'나는 한글 말이 서툴러요'
'글을 읽지 못해요' '나는 못해요 못해요.'
그런 친구들은 '홀리 쌤!'하고 나를 찾으세요."

ㄴ. 딩크 맘

토론에 참여한 어린이들의 토론을 돕는 역할입니다. 어린이들이 토론 중 생각나지 않을 때 "think mom 도와주세요!"라고 요청하면 think 맘이 나와서 토론에 대한 힌트를 주십니다. 딩크 맘은 토론 1회에 한 번만 나올 수 있습니다. 어린이가 스스로 생각하고 문제를 해결하는 것이 토론의 목적입니다.

"친구들아 안녕?
나는 think mom이야 너희들이 "think mom 도와주세요!"라고 요청하면 내가 짠! 하고 나타나지.
내가 힌트를 줄게, 나를 불러, 하지만 한 토론에서 나는 딱 한번밖에 출연할 수 없어요."

●칭찬과 격려는 듬뿍 주세요

ㄱ. 이 토론에는 생각을 표현하는 카드, 또는 쪽지, 생각을 담는 통, 또는 게시판이 있어요. 이러한 교구는 생각할 시간과 여유를 줍니다. 사고의 전달은 언어 뿐 아니라 신체 감각, 글, 다양한 표현 방식이 있음을 알려줍니다.

ㄴ. 어린이들은 어른들에게 인정받을 때 매우 큰 보람을 느끼고 자신감이 충만해집니다. 토론에 참여한 어린이들을 격려해 주시고 틈틈이 '뽀뽀상'을 주세요.

(2) 초등- 청소년부

ㄱ. 생각 박스

작은 쇼핑백이나 네모상자를 만드세요. 자신의 생각을 종이에 써서 생각 박스에 넣습니다. 인도자가 한 장씩 꺼내어 읽어주고 왜, 그렇게 생각했는지도 들어봅니다. 이것은 자신의 생각을 일어서서 말하기 쑥스러워 하는 십 대에게 적합한 방법입니다.

ㄴ. o, x 원을 그리기

바닥에 커다란 두 개의 원을 그려놓고 각자 찬성하는 원 안에 들어가기입니다. 방법은 ㄴ과 동일합니다.

ㄷ. 우리 몸이 교구예요

토론자들이 토론 내용을 단막의 역할극으로 해 보도록 합니다. 이때 팀을 나눠서 몇 차례 시도해 봅니다. 토론 내용을 충분히 이해하는데 도움이 됩니다.

이러한 방법들은 자신의 의견을 말하는데 용기를 주고 흥미를 유발하게 합니다. 여러분의 아이디어로 이외의 다양한 방법으로 토론을 진행할 수 있습니다.

* 토론의 실제적인 사례는 이 책의 부록에 따로 실었습니다. 십계명 총서 17부터 26권은 십계명 토론의 실제적인 사례집입니다. 연령별로 된 이 토론 북을 참고하세요.

 알고가기

> 토론을 히브리어로 비쿠아흐(debate), 디윤(discuss), 이무트(argue)가 있는데 비쿠아흐는 학교에서, 디윤은 회사에서 많이 씁니다. 탈무드가 가르치는 유대인들의 토론법에는 이런 내용이 있어요. "만나는 모든 사람에게서 무언가를 배울 수 있는 사람은 세상에서 가장 현명한 사람이다." 현명한 사람이 되는 일곱 가지 조건을 들어 보세요.
> 1. 자기보다 현명한 사람 앞에서는 침묵을 지킬 것.
> 2. 나이가 많은 사람이 먼저 말하게 할 것(나이가 많은 사람이란 학식이 풍부한 사람을 의미합니다).
> 3. 남의 말을 중간에 가로채거나 중단시키지 말 것.
> 4. 대답할 때는 서두르지 말 것.
> 5. 언제나 핵심을 찌르는 질문을 하고 조리가 서는 대답을 할 것.
> 6. 자신이 모를 때는 그것을 솔직히 인정할 것.
> 7. 진실만을 인정할 것.

11. 이야기

모여라! 21세기의 트렌드는 Story!

성경의 인물, 사건

성경의 메타포 (상징, 비유)

이스라엘 십계명 동화

드라마 (ex:겔 4:1-12, 5:1-4, 렘 13:1-10).

1. 이야기 윤리의 특징과 장점

특징

콜버그 이론이 이성적에 맞추었다면 여기에 맞선 것이 길리건의 감성 윤리입니다. 덕목 주머니를 치운 콜버그의 실패에 대한 해결책으로 보살핌의 윤리를 들고 나온 대표적인 학자입니다. 그는 이성에만 의존한 결과 잠재적 가치가 스스로 해결해 줄 수 있는 방법을 무시한 것이 실패의 이유라고 지적했습니다. 그는 옳으냐, 그르냐를 따지는 수준을 넘어서자는 제안을 했습니다. 예를 들면, 낙태하라, 하지 말라, 이것이 옳으냐, 그르냐를 따지기 전에 아이를 낳으면 어떤 상황에 부딪히는지 그 상황 속에서 최선의 결정과 보살핌을 통해 처방을 제시해야 한다는 것입니다.

왕따는 나쁜 것이다. 다 안다. 그러므로 "해서는 안 된다"가 아니라 "왕따 당할 때 어떤 상처를 입을 수 있겠니? 너의 기분이 어떻니? 어떻게 해결할 수 있니?"라고 감성에 호소해서 상상하게 하고 가상적 토론으로 아이들이 스스로 결단하도록 하자. – 길리건.

인간의 상상력이나 체험과 경험을 중시하는 것으로 남을 내 입장에서 바라보고 이해하는데 초점을 둔 것이 감성 윤리입니다. 간접적인 경험 이야기는 상상력을 끌어내는데 좋은 방법이 됩니다.

장점

하나, 이야기를 듣고서, "아, 나도 저런 사람이 되어야 겠다"또는, "저런 사람이 되서는 안 된다"는 교훈을 스스로 얻고 성품을 교정하고, 윤리적으로 행동할 수 있습니다.

둘, 원리나 규칙을 강요하지 않고도 상상하게 해서 결과를 얻어냅니다.

셋, 간접체험의 경험은 주제파악과 현실문제를 이해할 수 있는 능력이 자라게 합니다.

거스탑슨은 윤리적인 판단은 성서와 신학 뿐 아니라 사회학, 자연과학과 같은 세속적인 학문과도 적절한 대화가 필요하다는 말을 합니다.[8] 이런 주장에 걸맞게 아리스토텔레스의 도덕 발달론에서 방법론을 찾은 사람은 멕린타이어(Alasdair Mclntyre)입니다. 도덕교육은 반드시 감성의 훈련을 수반해야 한다는 아리스토텔레스는 "내 이야기와 다른 사람의 이야기"의 대화를 통해 도덕성이 형성된다고 했습니다. 이야기(story), 은유(metaphore), 비유들(tropes)는 서로 간의 대화나 협조를 위한 공동의 장을 마련해줍니다. 멕린타이어의 역사 이해와 덕성을 기르는 방법으로 시작한 이야기 작업은 기독교 윤리학의 방법론을 제시해주었습니다.[9] 그는 본질적으로 인간은 이야기하는 습성을 지닌 동물(a-story telling animal)이라고 하였는데[10] 이야기는 감성을 훈련시키고 덕성을 함양시키는 중요한 도구가 된다는 것이지요. 이야기는 그 자체로도 윤리적 패러다임을 제시합니다. 윤리를 이야기 방법으로 끌어낸 젠첸Janzen, 뮈렌버그Muilenburg, 버치 Bruce Birch는 구약성서를 이야기로 본 대표적인 윤리학자들입니다.

젠첸은 "십계명이 구약성서에 나오는 율법 조항을 모두 다 포괄하는 규범이 아니라 그 계약 안에서 순종하는 삶에 대한 견본(sample)이 되는 규범이라"고 말합니다.[11] 십계명을 지키라고 강요하기 보다는 계명을 잘 지키는 예를 보여 준다는데 관심을 기울인 것이지요. 십계명이라는 보편적 원리가 내포된 성서의 이야기를 들을 때 사람들은 직접적으로 행동을 하게 된다는 것이 그의 주장입니다. 그는 이스라엘 사람들은 원리나 규칙이 명령에 의해 윤리적으로 행동하지 않았고 모델이 되는 인물에 대한 이야기를 듣고 윤리적으로 행동했다고 합니다.[12]

감정이입, 공감능력

성서의 이야기는 기독교인이 세상을 보는 방식을 구체화시키는데 도움이 됩니다. 분석적인 논의가 아니라 시간과 장소와 사람의 구체적이고 실제적인 체험(historical model) 상황이 전개되기 때문입니다.[13] 성서의 사람들이 살며 일어나는 사건들을 들려주는 것만으로도 기독교인이나 교회 공동체, 더 나아가 일반인에게까지도 도덕적인 성품을 형성시켜 주는데 중요한 역할을 할 수

---

8) James M.Gustafson은 성서를 윤리에 활용하는 네 가지 방법을 성서에 계시된 도덕률, 도덕적 이상,유추적 적용, 거대한 다양성(great variety)으로 분류했다. "거대한 다양성"은 거스탑슨 자신이 취하는 입장인데 성서안에 도덕적 규범과 가치 그리고 원칙과 유비(analogy)를 모두 가지고 있다는 포괄적 주장이다. 한기채, 2012."기독교윤리와 이야기" p 56. 한기채. 1999. "기독교 윤리에 있어서 성서의 권위"『교수논총』.10집. 부천: 서울신학대학교.

9) 그는 윤리학자는 아니지만 이야기에서 역사이해 방법론을 찾은 사람이다. 이야기는 감성을 훈련시키고 덕성을 함양시키는 도구라는 아리스토텔레스의 윤리적 경험을 헤겔적인 통찰에 접목시켰다. 한국기독교윤리학회 편, "기독교 윤리학개론," 앞책, 1부 제 1장. 한기채, "기독교윤리와 이야기." 앞 책. p236.

10) 한국기독교윤리학회편, "기독교 윤리학개론" 앞책. p236.

11) 젠첸이 십계명을 견본이라고 말하는 이유는 십계명이 구약성서에 등장하는 율법의 정점에 서 있지만 나머지 모든 율법들을 포괄하지 않기 때문이다. 십계명은 구약성서에 나오는 율법들 중에 하나로 그는 이해했다. Waldmar Janzen, *Old Testament Ethics: A paradigmatic Approach.* p.92. 오정현, 1999. "유월절 규례와 십계명에 대한 윤리학적 분석." 박사논문. 연세대학교 대학원.재인용 p.23-24.

12) 오정현, 앞 책. p31.

13) Bruce Birch, op. cit., p79. 한기채, 앞 책 p.62. 재인용.

있습니다.[14] 이와 비슷한 주장을 하는 학자들은 와톤(J.Wharton)과 바아(J.Barr)가 있는데 그들은 규범을 이야기 모델(story model)로 바꾸어야 한다고 까지 했습니다. 리출(D.Rischl)은 구약성경이 세부적인 이야기로 만들어진 메타 이야기(meta-story)라고 했습니다.

*십계명 총서 7~16권에 성경이야기 500여편, 총서 27~30권은 이스라엘 동화가 계명 별로 총 120편이 있습니다.

2. 이야기 윤리와 성품

신학자들은 성경 이야기가 어떻게 도덕적 성품을 형성하는가를 계속해서 탐구했습니다.[15] 성품과 이야기 윤리의 대표적인 신학자로 하우어워스(Stanly Hauerwas)는 공동체를 위한 성서의 권위를 주장할 때, "성서는 공동체의 자기 정체성뿐 아니라 그 구성원들의 성품을 교육하고 개선하는 데 도움을 준다."[16]고 했습니다. 그는 도덕적 행위자의 성품을 이야기와 규범이라는 두 가지로 발전시킨 것입니다. 아리스토텔레스나 토마스 아퀴나스의 덕에 대한 이해를 발전시켜 윤리적 행위자의 "됨(reflective enterprise of ethics ; being)"을 "함(practical enterprise of moral ; doing)"보다 선행되는 것이 성품의 과제라고 본 그는[17] 성서의 이야기가 주는 간접경험을 통해서 기독교인의 "성품"과 공동체의 정체성을 형성해 준다고 본 것입니다.[18]

하우어워스는 윤리에서 이야기, 공동체, 성품(덕)을 강요했듯이 버치와 라스무센도 이야기를 통한 성품 형성에 강조점을 두었습니다. 그들은 "기독교 윤리에서 성서의 가장 유용하고 중요한 영향력은 기독교인과 교회의 도덕적인 정체성을 만드는 것"인데 그것은 이야기라는 것이지요.[19] 그에 의하면 특정한 도덕적 이슈에 대해서 결단과 행동도 중요하지만 사람들은 성서의 이야기를 들으면서 행위자 자신의 도덕적 성품이 먼저 형성된다고 말합니다.

맥페그(Mcfague)는 이야기 윤리와 기억형성 관계에서 이야기가 우리 삶을 이해하는데 은유와 같은 역할을 한다고 말합니다. 그는 "은유적인 의미는 순간적이거나 정지되어 있는 것이 아니다. 이야기처럼 여기에서 저기로, 즉 '무엇이냐'에서 '무엇이 되어야 하느냐'로 옮겨간다. 그러므로 비유는 도덕적 논리를 제공함으로써가 아니라 기억력과 상상력에 호소하므로 힘을 부여하는 것이라"[20]고 했습니다. 그는 이스라엘 삶 속에 차지하는 기억의 이슈, 기억의 신학적 문제, 그것이 가

14) 한기채, 앞 책 p62.

15) 하우어워스(Hauerwas)나 맥페그(McFague)같은 신학자는 이야기가 기독교 윤리의 열쇠라고 말하고 있다.

16) Stanley Hauerwas, *The Moral Authority of Scripture : The Politics and Ethics of Remembering in Reading Moral Theology.* no.4. p244-245. 한기채, 앞 책. p60. 재인용.

17) Richard Niebuhr는 됨과 함은 윤리안에서 동시에 발견된다고 말한다 "기독교 윤리학개론" 앞 책 p.244.

18) 한기채, 앞 책 p61.

19) Birch and Rasmussen (1976), op.cit., p.104. 한기채, 앞 책. p61.재인용.

20) Sallie McFague, *Speaking in parables.* Philadelpia : Fortress Press,1975, p57. 한기채, 앞 책 p60. 재인용.

지는 전승과 관계를 언급하므로 [21] 이야기 외에 기억을 위한 그 어떤 가능성의 문을 열어두었습니다. 이야기의 한계를 말한 것이지요.

3. 이야기 윤리의 한계와 대안

이야기의 단점은 전달자에 의해 자유로이 조종되어 성경의 규범성을 약화시키고 변형시킬 위험이 있다는 점입니다. 성경은 셰익스피어나 오늘날 우리가 읽는 식의 호머나 삼국지와는 분명 다른 것입니다.

십계명 화법의 수사적 양식(修辭的 樣式)은 설(?)이 아니라 조건 절과 귀결 절을 갖고 있습니다. 이 것이냐 저것이냐의 양자택일, 즉 듣느냐 듣지 않느냐, 복종하느냐 복종 않느냐, 예, 아니오에 직면입니다.

십계명은 하나님의 의지의 선언이므로 이야기를 들려주고 내가 판단할 간단한 문제가 아니다. 하나님의 말을 듣는 것이 선이요 듣지 않는 것이 악이라는 것이 성경이 이미 정해 놓은 답이다. 미가 6:8 참고.

이스라엘인은 이성에 대한 선험적 긍정과 함께 출발한 것이 아니라 신앙적 답에서 출발했습니다. 십계명은 계약에 의해 "말씀을 주신 자" 와 "받은 자"가 깊이 결속되었습니다. 하나님은 그의 백성에게 "내 소리를 들으라." "기억하라." 는 기본 명령들에 직면하도록 하십니다. 뮐렌버그 (James Muilenburg)가 본 히브리적 사유방식에 있어서 중요한 역할은 기억이었습니다. "기억한다"는 동사는 생생한 현재로 활성화되는 것으로, 현재적 결단과 행동에 영향을 줄 수 있도록 과거를 현재화하는 것입니다.

4. 이야기로 접근하는 십계명 교육방법

성경본문을 그대로 읽으세요. 생소한 단어를 자료박스에 담고 연구하세요. 그런 다음에 각색이 필요합니다.

1) 성경 이야기 전문을 그대로 읽기
2) 단어, 문맥을 조사하고 이해하기
3) 이야기로 엮어보기
4) 역할극으로 해보기
5) 핵심되는 말씀 암송하기(대사외우기)

---

21) 차일즈도 기억이라는 주제를 다룬다. 기억의 주제는 Childs 의 *"Memory and Tradition in Israel"* London, SCM.1962.에 있다. 김이곤, 1998. *"구약성서의 신앙과 신학"* p61참고. 서울: 한신대출판부.

소 꽁무니를 졸졸 따라다니며 소가 뿌지직~~ 똥을 싸면 그 똥을 모아서 빈대떡 부치듯이 넓적하게 펴서 햇빛에 널어 말리는 사람이 있었어요. 한 개, 두 개, 세 개,... 390개! 에스겔 선생님, 뭐하시는 거예요? 응? 내가 왜 이러는지 들어 봐!

에스겔!

예 하나님.

너 똥 싸지? 네 똥에 빵을 구워서 먹어라.

예에? 더러운 걸 난, 입에 댄 적 없어요. 못해요!

네 말 맞다. 너는 더러운 거 안 먹지. 그럼, 소똥에 구워 먹어라.

소똥요?

(왜 놀래니? 그럼 염소 똥으로 할까? 소똥을 말리면 지푸라기가 남아요. 그것은 연료가 됩니다. 똥에 들어있는 메탄가스가 타다닥, 타다닥, 불꽃을 일으킵니다).

방귀 냄새나는 빵을 며칠 먹으라고 했지요? 390일! (5살이 6살 될 때까지 먹어야 해요).

하나님, 내가 왜 이렇게 해야 하나요?

곧 전쟁과 전염병이 나돌 것이다.

그러면 식량난, 연료난으로 소똥에 거친 가루의 빵을 구워 먹는 신세가 된단다.

어떻게 하면 방귀 냄새나는 빵을 안 먹게 되나요?

계명을 어긴 그들이 회개하면 산다. 십계명을 사람들에게 알려줘서 살길을 찾게 해 줘라

예, 하나님.

방귀 냄새나는 빵을 먹을래요? 고운 빵을 먹을래요? 어떤 사람이 고운 빵을 먹을 수 있을까요? 에스겔이 평소 더러운 걸 먹었으면 "너, 평소에 뭐 먹는지 알아. 그런데 내가 먹으라는 것은 안 먹니? 나 한테 반항하니?"라고 하셨을 걸요. 에스겔은 하나님께 자신의 의견을 제시했어요. 하나님은 좋다고 하셨어요. 예수님은 죄인들을 구원하시려고 죄인들이 먹는 음식을 드셨어요. (마 9:10~11참고).

12. 암송

유대인들은 말씀낭송을 "신과 대화하기"라고 합니다. 그들에게 "윤리"를 뜻하는 "무사르(musar)"프로그램이 있는데 단어, 문장을 만트라처럼 반복하면 자아통제가 이루어진다는 확신을 가지고 있습

니다. 낭송을 하다보면 메시지가 안으로 흡수되고 습관을 형성하고 자아완성에 이른다는 거예요. 그들의 암기노하우가 있습니다.

1. 입과 마음의 관계

"오늘 네게 명령한 이 명령은 네게 어려운 것도 아니요 먼 것도 아니라 하늘에 있는 것이 아니라"
"오직 그 말씀이 네게 매우 가까워서 네 입에 있으며 네 마음에 있은즉 네가 이를 행할 수 있느니라" 신 30:11,14.

암송은 입으로 하는 학습, 즉 목소리 수업입니다. 선포입니다. 입으로 소리내어 낭송을 하면 귀가 듣고 마음의 소리가 됩니다. 매일 낭독하여 이것을 습관으로 만드는 것입니다

2. 암기교육의 특징

하나, 주입식은 논리적이고 분석적인 능력을 발전시킵니다
둘, 생각 없이 규범을 따르다 보면 창의성이 소멸될 수 있습니다
셋, 규범을 문자대로 보존하고 원석에서 벗어나지 않습니다.
넷, 자신에게 엄격하다 보면 남을 정죄하기 쉽습니다.

3. 암기교육 한계와 반론

십계명은 군더더기 없이 간결한 규범만 있지, 이야기가 없습니다. 1930년도 윤리의 고전 연구가인 하츠와 메이의 "도덕적 행동을 교리로 가르치거나 주입식으로 가르치는 것은 교육적 성과가 크지 못하다"는 연구가 발표된 이후 서방세계는 윤리적 실천을 부르짖는 사람들의 언행이 남보다 나을게 없다는 지적을 받게 되고 도덕교육이 따로 없게 되었습니다. 하츠와 메이 같은 학자들은 "가정에서 부모가 도덕실천을 강조하거나 교회학교나 소년단에 가서 윤리행동 강령을 배워도 실천과는 무관하다. 그 대신 생활 속에서 규범의 본을 보이고 도덕적 판단 능력을 길러 주는 것이 중요하다"고 강조했으나 부모 이혼율이 절반 수위를 넘는 현실에서 생활의 본 조차 사라졌습니다.

규범을 다시 들고 나온 차일즈, 와이스(M. Weiss), 스텐달(K. Stendahl)은[22] 성경을 이야기로 읽는 것이 충분치 않다며 성경의 규범적 성격을 강조하였습니다. 이야기 모델은 정경을 희미하게 만들며 하나님은 모호하고 불완전한 교훈을 제시하는 분이 아니라는 점을 듭니다.

요한은 "더하거나 제하여 버리지 말라" 고 경고했고(계 22:18,19) , 예수께서는 "계명 중의 지극히

---

22) "이스라엘 백성이 요단강 가까이에 이르러, 아모리 족속의 시혼왕(Sihon King of the Amorites)과 그 이웃 바산의 옥왕(Og King of Bashan)을 쳐서 멸한 후, 모세가 다시 한 번 백성들에게 하나님의 규례와 법도를 일깨워 주더라."신 1:4,5 참고.

작은 것 하나라도 버리고 또 그같이 사람을 가르치는 자"를 경고하셨습니다(마5:19).

4. 암기와 창의력을 병행하는 십계명 묵상

암기란, 뇌에 넣는 것이라면 창의는 뇌가 만들어서 밖으로 내 보내는 것입니다. 창의력은 외부에서 들어온 재료로 새로운 것을 창출합니다. 재료에 따라서 파괴적 창조자가 되거나 건설적인 창조자가 됩니다. 말씀을 암기가 아니라 암송(暗誦)이라고 하는 것은 재미있는 표현입니다. 암송은 우리 몸과 뇌가 좋아합니다.

몸을 앞뒤로 흔들며 소리 내어 읽기
쓰기와 중심 단어 기억하기
문장 암기하기
노래로 외우기

말씀을 음악화, 시각화한 창의적 암송의 역사는 매우 깁니다. 하나님이 그 분의 생각을 글로 옮겨 적는데 유대인들을 동원하셨습니다. 하나님이 인간사회에 오셨고, 신이 육화 되셨듯이 우리가 성화되려면 말씀이 우리 안에 들어와야 하는데 암송 민족이 집필기간 1,600여 년이 걸려서 된 책이 "하나님의 감동으로 된 성경" 입니다. '감동'을 niv 성경은 God-breathed(숨)로, kjv 는 inspiration(영감) of God이라고 했습니다. 이 말은 '살아있는 이야기'라는 뜻입니다. "혼이 들어있는 시공" 처럼 십계명은 하나님의 영혼이 들어 있는 것으로, 그분이 혼신(?)을 다해 쓰시려고 세상에 내려오시기까지 하셨습니다(출 19:16~19). 하나님은 저작의 권위와 그 영광을 모세, 그리고 유대 민족과 함께 나누셨습니다.

"그런즉 유대인의 나음이 무엇이며 할례의 유익이 무엇이냐 범사에 많으니 우선은 그들이 하나님의 말씀을 맡았음이니라" 롬 3:1~2.

유대인들의 창의적 성경 암송법 몇 가지를 소개 드리겠습니다.

1) '기메트리아' 암송법(=숫자를 이야기로 만들기)
　　알렙=1, 베트=2, /ㄱ=1, ㄴ=2,
　　알파벳 22자에 숫자가 있다.
　　마지막 타브 = 400
　　장절을 자꾸 까먹고 햇갈리지요? 신 6:4~9절은 바브, 달렛 ~ 테트등의 형식처럼.

649 = 육군 사관학교에 구령소리= 숫자는 이야기가 되어 두뇌에 저장됩니다.

*세계에서 암기 왕, 기억력 보유 일인자인 유대인 '에란카츠'는 기메트리아 암송법에서 아이디어를 얻었다고 합니다.

2) 이미지 암송 법(글자를 그림이나 기호로 만들기)

글자, 그림, 기호는 상상이 필요합니다. 청각 중추를 통해서 뇌 속에 넣은 재료(암기문)를 상상, 생각 뇌가 밖으로 내 보낸 것이 그림, 노래, 역할극들입니다. 아래의 문장을 시각화해보세요.

"너는 또 그것을 네 손목에 매어 Tie 기호 symbols를 삼으며 네 미간 foreheads에 붙여 bind 표로 삼고 또 네 집 문설주 doorframes 와 바깥 문 gates에 기록 할지니라" 신 6:8, 9.

3) 두음 암송 법

여호와는 나의 목자 ㅇ ㅎ ㅇ ㄴ ㄴ ㅇ ㅁ ㅈ.

4) 터치 법 (5감 동원 암송 법)

"태초부터 있는 생명의 말씀에 관하여는 우리가 1) 귀로 들은 바요 2) 눈으로 본 바요 3) 자세히 보고 우리의 4) 손으로 만진 바라" 요일 1:1.

암기할 글자를 손으로 만지며 읽기

오른손 검지 끝 부분으로 글자를 드래그하며 암송하기

손과 뇌는 밀접한 관계를 가지고 있습니다. 뇌는 운동 중추신경과 피부 점막, 눈(시각), 귀(청각) 혀(미각)를 관장하는 감각 중추 신경이 있습니다. 시각, 청각 피부 감각 중에 손가락 끝의 감각은 몸 전체, 팔, 다리를 맡은 뇌의 영역보다 훨씬 커다란 부위를 차지하고 있습니다. 손 감각 만으로도 지적인 활동이 가능합니다(예를 들면 헬런켈러).

5) 주제 별 암송 법

야후를 무너뜨린 구굴 서제스트의 창시자 '요엘 마르크'라고 하는 유대인은 그들이 전통적으로 해온 주제별 암송 법에서 아이디어를 얻었답니다. 예를 들어서 유대인들은 성경을 읽을 때 책의 목차 순서를 무시하고 문맥을 연결해서 읽습니다. 1계명을 외울 때 1계명과 관련이 있는 구절들을 모아서 암송합니다.

6) 멜로디 암송 법

노래암송 법은 하나님의 명령입니다(신 31:19, 21~22). 노래는 입, 혀, 발성기관, 배, 심폐 기능까지 동원되어야 하는 아주 복잡한 뇌 활동입니다. 노래는 감각 중추의 발달을 돕는 중대한 학습입니다. 음악이 나오면 어린이가 즉각적으로 반응을 나타내며 몸을 흔들고 손뼉을 칩니다. 찬양은 영적으로 성장하는 계기가 됩니다. 예수께서는 아이들의 찬양을 적극 지지하셨습니다(마 21:15~16, 시 8:2 참고). 몸을 움직이면 뇌의 혈류를 활발하게 만듭니다.

5. 암송은 몇 살부터 가능할까요?

기억을 담당하는 기억 중추 '해마'는 3세 무렵부터 발달합니다. 3세 이전의 일을 기억 못 하는 것은 해마가 발달하지 않은 때문인데 단지, 공포는 3세 이전에도 기억하는데 감정을 관여하는 편도체 때문입니다. 해마 곁에 있는 아몬드 크기의 작은 편도체는 공포에 대한 학습자입니다. 태아기에 경험한 공포가 태어나서도 영향을 주는 것은 편도체 때문이라는 것이 뇌 과학이론입니다.

그런데 성경은 뇌의 해마에 기억을 의존하는 것이 아니라 영(spirit)이 '기억 소'라고 말씀합니다. 최근에는 마음, 심상, 그리고 근육에도 뇌의 기능이 있음을 과학이 밝혀 냈습니다. 영혼에도 뇌의 기능이 있습니다. 말씀암송은 '영의 사역'입니다. 갓난아기에게도 말씀을 들려주는 것은 영의 기억 소에 저장되기 때문입니다. "어린이와 젖먹이들을 모으며"요엘 2:16 .

" 그렇다 어린 아기와 젖먹이들의 입에서 나오는 찬미를 온전하게 하셨나이다 함을 너희가 읽어 본 일이 없느냐 하시고" 마 21:15~16 .
"그들의 행위가 그들로 자기 하나님에게 돌아가지 못하게 하나니 이는 음란한 마음(=영)이 그속에 있어 여호와를 알지 못하는 까닭이라" 홋 5:4.

6. 왜 우리 시대에 암송이 중요할까요?

현대는 하나님을 일부러 잊으려 하는 세대요, 기억에서 하나님을 지우려는 세대입니다. AI지능, 인공지능 칩(chip)을 뇌에 이식하면 인간관계를 파괴하는 나쁜 습관들도 싹 지울 수 있습니다. 암송이란 바로 인공지능 칩처럼 심는(주입) 원리입니다. "내가 나의 법을 그들의 속에 두며 그들의 마음에 기록하라"(렘 31:33요약). 암송을 하면 흡수된 메시지의 지시대로 자아통제가 이루어집니다. 생명과 직결되는 절대가치, 표준진리는 주입시킵니다. 세상에 어떤 부모가 자기 자녀에게 "3 x 8 =30"이라고 가르칩니까? 영어능력을 향상한다는 것을 알기에 달달 외우지 않습니까? 많은 직업이 암기에 의존합니다.

7. 암송의 약점 보완하기

암기(암송)는 자신 만의 독특한 생각이나 개성이 개입될 여지가 없습니다. 생각 없이 믿고 생각없이 따라 하기가 쉽습니다. 무작정 외우기만 하면 생각이 틀 속에 갇혀 버립니다. 암송하며 물어야 합니다. 예수께서는 늘 "너희 생각은 어떠하뇨?"라고 묻곤 하셨습니다.

8. 말씀암송이 인체에 끼치는 효능

과학문화 연구소장인 이 인식 박사는 고혈압, 위궤양, 류머티즘 관절염, 궤양성 대장염들은 기도나 주문을 반복하면 스트레스 호르몬이 줄고 혈압이 낮아집니다. 기도와 성경암송은 이완 반응을 일으키고 치유에 현저한 유익을 줍니다. 뇌파란 마음속에서 투사되는 독특한 뇌 신호를 말하는데 호주 UTS 대학의 애슐리 크레이그 박사팀에 의하면 사람이 눈을 감고 있을 때 가장 신뢰할 만하고 판독 가능한 뇌파가 발생한답니다.

단순 암송자들이 '주머니'만 가졌다면 콜버그는 주머니라는 덕목을 치우고 이성을 주워 담았고, 길리건은 낡고 뜯어진 주머니를 깁고 싸맸다면, 우리는 사랑의 십계명이라는 덕목을 치울 것이 아니라 재해석하면 됩니다. 십계명은 짧은 문장으로 되어 있어서 관련 성구들을 함께 암송하는 것이 좋습니다. 십계명 총서 37은 십계명과 관련 암송 말씀을 노래로 암송하는 음반입니다.

 알고가기

스탠퍼드대학의 교육심리학자를 지낸 젠센은 미국 사회 유대인의 성공 비결이 높은 도덕적 수준이라며 그 원인이 신명기 28장 1절에 근거했음을 밝힌 바 있습니다. "네가 네 하나님 여호와의 말씀을 삼가 듣고 내가 오늘 네게 명령하는 그의 모든 명령을 지켜 행하면 네 하나님 여호와께서 너를 세계 모든 민족 위에 뛰어나게 하실 것이라." 그들은 뛰어나기 위해서 그 모든 명령에 순종한 것이 아닌데 높은 윤리적 가치를 지닌 민족이 되었습니다. '그의 모든 명령'을 유대인들은 모세오경에서 613 항목으로 정리했고 그것을 요약한 것이 십계명입니다.
기독교인으로서의 인격 형성에 관심을 가진 성경 윤리학자 버치, 라스무센, 하워스는 성경의 가장 유용하고 중요한 영향력은 기독교인과 교회의 도덕적인 정체성을 만드는 것이라고 말했는데 성서 중에 십계명이 그 대표적이라고 할 수 있습니다. 하나님은 자신이 계시하신 모든 윤리적 명령을 지켜 행할 수 있도록 돕기 위해서 성령님을 보내셨습니다. 성령의 빛이 들어오면 악은 물러납니다.
한국 교회는 성령을 못 받아서 윤리적으로 타락했을까요? 한국인은 이성보다 감성이 앞서는 민족인데 여기에 은혜가 들어가니까 넘치는 은혜를 제어할 율법이 필요한데도 계명을 간과했습니다. 이런 현상에 대해 바울은 "그런즉 어찌 하리요 우리가 법 아래에 있지 아니하고 은혜 아래에 있으니 죄를 지으리요 그럴 수 없다"고 했습니다(롬 6:14-15). 예수 그리스도를 깊이 알면 주님을 사랑하게 되고 주님을 사랑하면 스스로 죄를 멀리합니다. 그래서 바울은 주 예수 그리스도를 아는 지식이 세상에서 가장 고상하다고 했습니다(빌 3:8). 고상함의 척도가 십계명 전문에 있습니다.

13. 암송과 이야기 견본

다음은 규범과 이야기 자료박스입니다. 상세한 활용자료는 십계명총서 7~16, 36, 37권에 있습니다. 총서 자료집에 ppt그림자료, 음반이 있습니다.

십계명번호	십계명	예수의 할라카	관련암송성구	성경 이야기사례
서문1	출 20:1~2 신 5:6	마 5:1~12	고전 5:7, 8 롬 8:28~30	홍해사건(출 14장) 열재앙(출 4~12장)
서문2	출 20:1~2 신 5:6	마 2:15	눅 2:7, 40 마 1:21	구유의 예수(마 1, 2장, 눅 2장) 부자와 나사로(눅 16장)
1계명	출 20:3 신 5:7	마 5:24, 6:33	행 4:12 요 14:6	여호사밧(왕상 22장) 바알살리사의 농부(왕하 4장)
2계명	출 20:4~6 신 8:8~10	마 5:33~37 6:24, 23:16	요일 5:21 고전 10:20, 21	가이사랴빌립보(마 16장) 아데미신전(행19장)
3계명	출 20:7 신 5:11	마 5:33~37 마 6:9, 7:21	롬 2:23, 24 마 5:16	슬로밋의 손자(레 24장) 스게와와 일곱아들(행 19장)
4계명	출 20:8~11 신 5:12~15	마 12:1~13	창 2:1~3 마 12:12	느헤미야의 개혁운동 (느 13:15, 3:1~6) 아브라함의 딸(눅 13장)
5계명	출 20:12 신 5:17	마 5:45, 6:14, 7:9~11	엡 6:1~3 골 3:20	르우벤의 효심(창 30장) 예수의 어린시절 (눅 2:50~52)
6계명	출 20:13 신 5:19	마 5:21~26, 마 5:38~44	창 9:6 마 5:22	가인과 아벨(창 4장) 마르다와 마리아(눅10장)
7계명	출 20:14 신 6:19	마 5:21~22 마 19:28, 마 26:52	고전 6:9 히 13:4	다말 (삼하 13장) 간음한 여인(요 8장)
8계명	출 20:15 신 5:19	마 6:1~4, 19~21	롬 13:9 엡 4:28	미가엄마(삿 18장) 마음을 훔친 압살롬(삼하 15장)
9계명	출 20:16 신 5:20	마 5:37, 7:15	시 51:10 요일 2:4, 5	헤롯(마 2장) 바후림의 우물(삼하 17장)
10계명	출 20:17 신 5:21	마 6:25~33	눅 12:15 약 1:14, 15	아합과 이세벨(왕상 21:1~19) 상속논쟁(눅 12장)

14. 가정을 종교적인 분위기로 채우기

잠재적인 커리큘럼(hidden curri)

부쉬넬(H.Bushnell)이라는 기독교 교육자는 "타조는 알을 까면 길 가에 버린다. 태양에, 자동차에, 사람의 발에 밟혀서 살면 살고, 죽으면 죽고, 요즘 부모들이 타조와 같다"면서 현대교육에서 중요한 가정의 분위기(이미지)를 강조하였습니다. 문이나 벽, 거실을 종교 분위기로 채우면 배운다는 것이지요. 에릭슨도 역시 교육 환경을 중요하게 말했는데 그에 의해서 '교육'이란 '가르침'이 아니라 '양육'이라는 용어를 쓰기 시작했습니다. 가정의 영적 분위기가 실제적으로는 엄청난 배움이 이루어지는 잠재적 커리큘럼이 될 수 있습니다.

이미지 교육
- 색채(창 9:13~16)
글 없는 책의 복음 칼라
십계명의 12 칼라
십계명 돌판 형상

-삶의 통과 의례로서 예전(출 12:24-27, 수 4:4~8)
밥상(ritual), 절기, 표징(sign).

-게임
십계명 브레이니 게임
색채 게임

종교적 의미를 부여한 여호와의 절기 교육, 내 삶의 중요한 생일, 돌, 입학, 결혼, 집을 떠나는 의식, 임신, 유산 등 삶의 경험에 어떻게 종교적 의미를 부여하는가에 초점을 맞추다 보면 하나하나가 중요한 사건(event)입니다. 종교의식(예배)을 담은 삶의 통과 의례의 삶 자체가 분위기(이미지)를 통한 교육입니다. 예를 들면 교회 식당에서 여 교우들이 요리하고 설거지하는 것을 보며 자란 어린이들은 교회의 부엌 일은 여 교우 들만 하는 일이라는 개념이 고정화될 것입니다. 누가 가르친 것이 아닌데 남자는 부엌에 들어가서 일하는 것은 잘못되었다고 생각할 수 있습니다.

출20:1~17의 십계명을 눈 감고 순서대로 펠 수 있나요? 석봉 엄마 부럽잖게!

오늘 밤에는 불을 끌고 여기에 십계명 전문을 써 보세요. 현관 문에 붙여 두세요.

2부.. 내 백성아 돌아오라

버리고, 돌아오라!

"악인은 그의 길을, 불의한 자는 그의 생각을 버리고 여호와께로 돌아오라 그리하면 그가 긍휼히 여기시리라 우리 하나님께로 돌아오라 그가 너그럽게 용서하시리라" 사 55:7

"그러므로 너는 그들에게 말하기를 만군의 여호와께서 이처럼 이르시되 너희는 내게로 돌아오라 만군의 여호와의 말이니라 그리하면 내가 너희에게로 돌아가리라 만군의 여호와의 말이니라....너희가 악한 길, 악한 행위를 떠나서 돌아오라" 슥 1:3, 4요약.

십계명은 여호와를 받아들이는 수업입니다. 예수께서는 십계명을 "선한 일"이라고 하셨으니 계명을 거부하는 것이 "악"입니다.

1장
십계명 예배와 츄우바(회개)

사도 신경, 주기도문, 십계명을 신자의 3대 표준문서라고 말합니다.

사도신경으로 우리 믿음을, 주기도문으로 우리의 바라는 소망을 드립니다.

사도신경과 주기도문이 인간이 하나님께 올려 드리는 믿음과 간구라면 십계명은

하나님이 인간에게 내려 주신 사랑의 명령입니다. 하나님께서 우리를 들어주시기

원하는 만큼 우리도 하나님이 내려주신 그분의 말씀을 들어야 하지 않겠습니까?

공 예배 시간에 주기도문과 사도신경을 낭송하듯이 이 장(章))에서는 십계명으로

하는 츄우바(참회의 고백) 교독문을 소개했습니다.

*히브리어 "츄우바"는 "하나님께 답이 있다, 답을 찾았다"는 뜻으로 회개를 의미합니다.

*1부 1장 5. "뇌 발달"을 읽고 오세요.

십계명 예배와 츄우바 교독문

1. 십계명으로 드리는 예배형식(worship formating)

ex) 영 유아 유년 1계명 예배. S. S= 신체지능 sensorimotor.

1부 10분	십계명 스포츠 예배 S.S.신체놀이	십계명 리듬체조, 스카프, 리본체조, 태권체조 악기, 사도신경 댄스, 주기도문 행진곡, 혼자놀기	음반, 악기, 스카프, 막대리본
2부 7~10분	인터미션 예배 티. 명상음악	손 씻기, 머리카락 손질하기, 허리 꼿꼿이 펴고 방석에 앉기	음반, 머리카락 손질 빗 물티슈, 방석
3부 20분	1계명 축복예배	1계명 츄우바 교독문 교독하기 인도자 ; 1계명! 너는 나 외에는 다른 신들을 네게 두지 말라 　　　　　다른 신들 숭배금지! 어린이; 믿습니다. 믿습니다. 나는 한 분 하나님을 믿습니다 인도자; 우리는 하나님보다 더 많이 사랑한 것이 있습니다. 어린이; 회개합니다. 회개합니다. 우리는 회개합니다. 인도자; 오직 하나님 한분을 사랑할 힘을 주옵소서! 　　　　　우리를 축복하소서, 축복하소서. 예수님의 이름으로 다같이; 아멘! 축복의 1계명 말씀 듣기; 설교자(설교집) 봉헌과 축복기도; 설교자 마치는 송영; 다같이(빌4:20영광송) *3계명 악보집11번.

하루 일정을 다 마치고 집으로 돌아가기 전 '예수의 빛 토라의 축복식'이 있습니다.

* 축복식의 축복기도문

000가 성경을 배울 때에

　　학창시절에서 현명한 스승과 동료를,

　　학업을 마치고 직업을 갖게 될 때에,

　　혼인을 할 때에 하나님의 인도를 받게 하소서.

2. 영아부의 부모, 중, 고, 대, 청장년의 츄우바 기도문

인도자 | 서문, 우리의 구원자; 나는 네 하나님 여호와니라

회 중 | 나는 회개합니다. 나의 죄를 씻어주옵소서. 밤낮 죄의 종노릇하고 만 가지 은혜를 거절한 어리석음을 회개합니다. 사망에서 생명으로, 종에서 자유로운 자녀로 이끌어 주시고 어제도 오늘도 영원히 살아계신 주요, 다시 오실 성 3위 하나님을 나는 믿습니다. 예수 그리스도로 말미암아 속죄되고 구원받아 하나님의 자녀가 된 것을 내가 믿사오니

다같이 | 1. 여호와 나의 하나님이여, 내 생애에서 당신의 은혜를 영원히 기억하게 하옵소서.
　　　　　 2. 믿음의 주요 우리를 온전케 하시는 주 만 바라며 살게 하옵소서 아멘.

인도자 | 1계명, 다른 신들 금지; 너는 나 외에는 다른 신들을 네게 두지 말라

회 중 | 나는 회개합니다. 나의 죄를 씻어 주옵소서. 내 열정과 혈기와 힘과 시간을 세상 즐거움에 쏟고 내 삶의 모든 시작과 끝에서 하나님을 신뢰하지 못한 불신앙을 회개합니다.

다같이 | 1. 내 생각과 삶의 중심에 주님이 주인 되옵소서.
　　　　　 2. 범사에 주님 뜻에 온전히 순종할 믿음을 주옵소서 아멘.

인도자 | 2계명 우상숭배 금지; 우상을 만들지 말고 절하지 말고 섬기지 말라

회 중 | 나는 회개합니다. 나의 죄를 씻어 주옵소서. 우상숭배자들의 영혼구원에 무관심하고 두 마음을 품은 죄를 회개합니다. 하나님을 사랑하고 계명대로 살기를 소원하오니

다같이 | 1. 하나님을 온전히 사랑하고 계명에 순종할 능력을 주옵소서.
　　　　　 2. 우상 숭배자들이 주께로 돌아와 천대까지 은혜를 누리게 하옵소서 아멘.

인도자 | 3계명 신성모독 금지; 하나님 이름을 망령되게 하지 말라

회 중 | 나는 회개합니다. 나의 죄를 씻어 주옵소서. 무지로 인해서 성령의 역사를 훼방했거나 경건의 본을 보이지 못한 위선을 회개하오니

다같이 | 1. 선한 행실의 열매로 하나님의 나라와 이름이 거룩히 여김을 받으옵소서.
　　　　　 2. 내 안에 신의 성품을 회복시켜 주옵소서 아멘.

인도자 | 4계명 주일성수; 주일을 기억하고 거룩히 지키라

회 중 | 나는 회개합니다. 나의 죄를 씻어 주옵소서. 엿새를 허송세월한 게으름을 회개합니다. 창조를 기념하는 이 거룩한 날에 자연을 훼손하고 부활을 기념하는 이 기쁜 날에 화내어 평화를 깨뜨리고 안식을 기념하는 이 복된 날에 축복을 거절하고 쾌락과 짝한 어리석음을 회개합니다. 나는, 내가 시간의 주인이 아님을 고백하오니

다같이 | 1. 내게 주신 엿새 동안 근면 성실해서 땅의 부를 창출할 건강과 지혜를 주옵소서.

　　　　2. 주일예배공동체에 연합하고 친교하고 섬길 때에 경건의 능력을 회복시켜 주옵소서. 아멘.

인도자 | 5계명 부모 공경; 네 부모를 공경하라

회　중 | 나는 회개합니다. 나의 죄를 씻어 주옵소서. 은혜를 악으로 갚고 부모님께 드리는 시간과 물질에 인색하고 불친절한 대접과 배은망덕한 나의 언행심사를 회개합니다. 부모님의 장점을 더 많이 기억하고 은혜에 보답하겠사오니

다같이 | 1.사람 도리하며 살 수 있도록 내게 부와 생명을 주옵소서.

　　　　2.제 부모님 OOO, OOO님께 건강과 재물과 영생의 복을 주옵소서. 아멘.

인도자 | 6계명 미움 금지; 살인하지말라

회　중 | 나는 회개합니다. 내 죄를 씻어 주옵소서. 하나님의 형상으로 지음 받은 사람의 면상에서 포악을 떨고, 차별하고, 무정하고, 원한맺고, 모함하고, 비방한 만 가지 악을 회개합니다. 미움보다 사랑을, 증오보다 용서를, 보복보다 관용을 베푸는 사람이 되기를 간절히 원하오니

다같이 | 1. 내 과오로 동료에게 상처를 주었다면 먼저 사과하고 용서를 빌 용기를 주옵소서.

　　　　2. 주의 사랑과 회개의 영을 나에게 충만히 부어 주옵소서. 아멘.

인도자 | 7계명 음란 금지; 간음하지말라

회　중 | 나는 회개합니다. 내 죄를 씻어 주옵소서. 마음에 음란을 품고 육신의 정욕과 안목의 정욕과 이생의 자랑에 치심한 어리석음을 회개합니다. 세상 유혹을 경계하고 하나님의 성전 된 거룩한 내 몸과 내 가정을 지키기 원하오니

다같이 | 1. 주여 나를 떠나지 마옵소서.

　　　　2. 그리스도의 지체인 나의 몸과 영혼을 날마다 주 보혈로 씻어 성결케 해 주옵소서 아멘.

인도자 | 8계명 도벽 금지: 도둑이 되지 말라

회　중 | 나는 회개 합니다. 나의 죄를 씻어 주옵소서. 하나님의 것, 공공의 것을 토색하고 노략하고 마음으로 남의 것을 흠모한 도둑 심보를 회개합니다. 부지런하고 정직하게 모은 재물로 가난한 이웃을 돌아보기를 열망하오니

다같이 | 1. 나를 가난하게 마옵시고 꾸러 다니지 않게 하옵시고 부족함이 없게 하옵소서.

　　　　2. 하늘에 쌓아 둔 내 구제와 선행을 기억 하옵소서. 아멘.

인도자 | 9계명 거짓증거금지; 네 이웃에 대하여 거짓증거하지말라

회　중 | 나는 회개합니다. 나의 죄를 씻어 주옵소서. 내 영과 마음을 살피시고 행실을 달아보시는 주여, 나의 위선과 가증한 입술, 혀가 범한 모든 악독으로 인해 병들고 성한 곳이 없사오니

다같이 | 1. 나를 고쳐주시고 내 속에 정한 마음을 창조해 주옵소서.
　　　　2. 내 안에 정직한 영을 새롭게 하소서. 아멘.

인도자 | 10계명 탐심금지; 네 이웃의 소유를 탐내지말라

회　중 | 나는 회개합니다. 나의 죄를 씻어 주옵소서. 나에게도, 남에게도 인색했던 욕심을 회개합니다. 이웃이 가진 재능, 돈, 명예를 부러워하여 분수에 지나치게 사치했습니다. 이제 내게 주신 것으로 자족하고 감사하며 나를 발전시켜서 얻은 이익의 일부를 이웃과 즐겁게 쓰겠사오니

다같이 | 1. 성령이여, 나를 붙드사 절제의 열매를 맺게 하옵소서.
　　　　2. 내게 주신 재능과 부를 가지고 하나님과 인류를 섬기려는 열정이 식지 않게 하옵소서. 아멘.

3. 유치부 어린이들의 츄우바 기도문

인도자 | 서문! 나는 네 하나님 여호와니라

어린이 | 예수님은 나의 구원자! 감사, 감사! 예수님 은혜 감사!

인도자 | 예배 시간에 떠들고 방해해서 축복을 거절한 우리의 죄를 회개합니다.

어린이 | 회개합니다. 회개합니다. 우리는 회개합니다.

인도자 | 우리 예배와 찬양을 받으옵소서! 우리 구원자, 예수님의 이름으로

다같이 | 아멘!

인도자 | 1계명! 너는 나 외에는 다른 신들을 네게 두지 말라

어린이 | 다른 신들 숭배금지! 믿습니다. 믿습니다. 한분 하나님만 믿습니다!

인도자 | 우리는 하나님보다 다른 것들을 더 많이 사랑했습니다. 우리의 믿음 없음을 회개합　니다.

어린이 | 회개합니다. 회개합니다. 우리는 회개합니다.

인도자 | 오직 한 분 하나님을 믿습니다. 오직 한분, 오직 한 분 예수님의 이름으로

다같이 | 아멘!

인도자 | 2계명! 우상을 만들지 말고 절하지 말고 섬기지 말라

어린이 | 우상숭배 금지! 사랑, 사랑! 예수 사랑!

인도자 | 예수 믿지 않으면 지옥 가는 걸 알면서 예수 믿으라! 전하지 못한 무관심과 여호와를 사랑하고
계명을 지키지 못한 죄를 회개합니다.

어린이 | 회개합니다. 회개합니다. 우리는 회개합니다.
우상숭배 죄를 회개합니다.

인도자 | 우상숭배자들이 어서 속히 예수 믿게 하옵소서.
주 예수님을 사랑하고 계명을 지킬 힘을 주옵소서. 살아계신 예수님 이름으로

다같이 | 아멘!

인도자 | 3계명! 하나님 이름을 망령되게 하지말라

어린이 | 신성모독금지! 예수이름, 이름존경!

인도자 | 빛, 빛, 빛! 착한 행실의 빛! 우리의 악한 말과 행동으로 하나님의 영광을 가린 죄를 회개합니다.

어린이 | 회개합니다. 회개합니다. 우리는 회개합니다.

인도자 | 여호와 하나님의 이름이 거룩히 여김을 받으시옵소서! 영광 받으실 예수님 이름으로

다같이 | 아멘!

인도자 | 4계명! 엿새는 힘써 일하고 주일을 기억하고 거룩히 지키라

어린이; | 근면, 성실! 주일, 성수!

인도자 | 엿새는, 땅의 복을 위해서

어린이 | 근면 성실합니다.

인도자 | 만물창조를 기념하는 이 복되고 거룩한 날에

어린이 | 하나님이 지으신 모든 창조물을 보호합니다.

인도자 | 부활을 기념하는 이 기쁜 날에

어린이 | 기쁨으로 경배와 찬양을 드립니다.

인도자 | 평화를 기념하는 이 안식의 날에

어린이 | 다투거나 화내지 않습니다.

인도자 | 주 예수님이 부활하신 이 승리의 날에

어린이 | 하나님의 집에 와서 예배드립니다.

인도자 | 우리의 게으름과 예배를 소홀히 한 죄를 회개합니다.

어린이 | 회개합니다. 회개합니다. 우리는 회개합니다. 우리 죄를 회개합니다.

인도자 | 엿새는 일하고 주일에 모인 우리에게 복을 주옵소서 거룩하신 예수님 이름으로

다같이 | 아멘!

인도자 | 5계명! 네 부모를 공경하라

어린이 | 공경, 공경, 공경! 부모님공경!

인도자 | 아빠와 엄마와 어른들에게 대들고 불순종한 죄를 회개합니다.

어린이 | 회개합니다. 회개합니다. 우리는 회개합니다.

인도자 | 보살펴주시는 어르신들께 건강과 재물을 주옵소서. 생명의 주인이신 예수님의 이름으로

다같이 | 아멘!

인도자 | 6계명! 살인하지말라

어린이 | 미움 금지! 사랑! 사랑! 용서합니다. 용서합니다.

인도자 | 사랑합니다. 사랑합니다.

어린이 | 화해합니다. 화해합니다.

인도자 | 하나님 형상을 받은 사람을 미워하고 예의 없이 불친절한 태도를 회개합니다.

어린이 | 회개합니다. 회개합니다. 우리는 회개합니다.

인도자 | 하나님과 사람을 사랑하고 나를 사랑하는 마음을 주옵소서, 사랑의 예수님의 이름으로

다같이 | 아멘!

인도자 | 7계명! 간음하지 말라

어린이 | 순결, 순결! 간음 금지!

인도자 | 한 남자와 한 여자를 지으신 창조의 질서를 우리가 파괴했습니다.

어린이 | 회개합니다. 회개합니다. 우리는 회개합니다.

인도자 | 몸을 깨끗이 씻고 옷을 단정하게 입겠습니다. 어른 될 때까지 순결하게 살겠습니다. 성인이 되어 결
혼해서 아이 많이 낳고 행복하게 사는 축복을 주옵소서! 우리 몸의 주인이신 예수님의 이름으로

다같이 | 아멘!

인도자 | 8계명! 도둑이 되지 말라

어린이 | 금지, 금지! 도벽 금지! 근면, 나눔!

인도자 | 우리가 도둑입니다.
가난한 이웃을 외면한 우리는 도둑입니다.
남의 물건을 허락없이 가진 우리는 도둑입니다.

어린이 | 회개합니다. 회개합니다. 우리는 회개합니다.

인도자 | 여기 모인 주님 자녀들에게 건강과 지혜를 주옵소서. 가난하지 않게 하옵소서. 예수님이름으로

다같이 | 아멘!

인도자 | 9계명! 네 이웃에 대하여 거짓증거하지말라

어린이 | 금지, 금지, 거짓금지! 정직, 신실!

인도자 | 더럽습니다. 더럽습니다.

　　　　 거짓말한 우리 입이 더럽습니다. 눈속임한 우리 눈이 더럽습니다.

어린이 | 입, 입, 입! 입이 지은 죄를 회개합니다.

　　　　 눈, 눈, 눈! 눈이 지은 죄를 회개합니다.

인도자 | 우리 안에 정직한 영을 새롭게 해 주옵소서 신실하신 예수님의 이름으로

다같이 | 아멘!

인도자 | 10계명! 네 이웃의 소유를 탐내지말라

어린이 | 탐심 금지! 감사, 절제!

인도자 | 나만 위하고 나밖에 모른 온갖 욕심을 회개합니다.

어린이 | 회개 합니다. 회개합니다. 우리는 회개합니다.

인도자 | 사나 죽으나 하나님과 사람을 섬기는 열정을 주옵소서. 예수님의 이름으로

다같이 | 아멘!

4. 유년, 초등 어린이들의 츄우바 기도문

인도자 | 서문, 나는 네 하나님 여호와니라.

어린이 | 예수! 나의 구원자! 믿습니다. 믿습니다. 나는 믿습니다.

　　　　 예수 믿음으로 구원받아 천국 백성 된 것을 나는 믿습니다.

인도자 | 감사합니다. 찬양합니다. 우리 구세주를 찬양합니다.

어린이 | 감사합니다. 감사합니다. 나를 구원하신 예수님께 감사 찬양 드립니다.

다같이 | 우리는 회개 합니다. 예배에 진저리를 내고, 만 가지 축복을 거절한 어리석은 죄를 회개합니다.

　　　　 신실한 예배자가 되게 하옵소서! 예수님의 이름으로 아멘!

인도자 | 1계명, 너는 나 외에는 다른 신들을 네게 두지 말라.

어린이 | 다른 신들 금지! 믿습니다. 믿습니다. 나는 믿습니다. 삼위일체 하나님은 유일하신 창조주요 구

　　　　 원자요, 장차오실 심판주이심을 나는 믿습니다.

다같이 | 우리는 회개합니다. 우리 죄를 씻어 주옵소서. 우리는 세상을 더 믿고 신뢰 했습니다. 하나님을 기억에서 지우고 화를 가져다주는 음란과 쾌락과 폭력게임에게 마음과 몸과 영혼을 바친 어리석음을 회개합니다. 주님만이 우리 생각과 삶의 주인이 되옵소서. 예수 이름으로 아멘!

인도자| 2계명, 우상을 만들지 말고 숭배하지말라.
어린이 | 우상숭배금지! 우리는 돈, 재능, 게임을 사랑하고 주님의 계명을 마음에서 지운 죄를 고백합니다.
다같이 | 우리는 회개 합니다. 우리 죄를 씻어 주옵소서. 예수님을 믿지 않으면 지옥 간다는 것을 알면서 불신자들에게 전도하지 않은 무관심을 회개합니다. 주 하나님을 경배하고 예배합니다. 세계와 민족이 우상 숭배하는 어리석음과 무지에서 속히 돌아와서 하나님만을 예배하게 하옵소서. 예수님의 이름으로 아멘!

인도자 | 3계명, 하나님 이름을 망령되게 부르지 말라.
어린이 | 신성모독금지! 거룩하신 주, 여호와의 이름을 경외합니다.
다같이 | 우리는 회개 합니다. 죄를 씻어 주옵소서. 생각없이 주기도문을 외운 경솔함을 회개합니다. 하나님 여호와의 거룩하신 이름을 생각 없이 부르고 믿지 않는 사람들에게 손가락질 받게 한 말과 태도를 회개합니다. 하나님이름이 거룩히 여김을 받으소서 예수님의 이름으로 아멘!

인도자 | 4계명, 엿새는 힘써 일하고 주일을 기억하고 거룩하게 지키라
어린이 | 근면성실, 주일성수! 육의 복을 창출하는 엿새 동안 게으름 피운죄를 회개합니다.
인도자 | 창조를 기념하는 이 거룩한 날에
어린이 | 하나님이 지으신 창조물과 생태계를 파괴했습이다.
인도자 | 부활을 기념하는 이 기쁜 날에
어린이 | 울고, 불고, 다투고 화내고 내 이익을 위해 일했습이다.
인도자 | 평화와 안식을 기념하는 이 복되고 거룩한 날에
어린이 | 복을 거절하고 가인처럼 마지못한 예배를 드렸습이다.
인도자 | 회개합니다. 회개합니다. 우리 가슴 치며 회개합니다.
어린이 | 돌이킵니다. 돌이킵니다. 악한 길에서 돌이키겠습니다.
인도자 | 엿새는 학업에 전념하고 주일은 영을 살리고 몸을 쉬게 해 주겠습니다.
다같이 | 우리의 날에 하늘의 복과 땅의 복을 주옵소서 예수님의 이름으로 아멘!

인도자 | 5계명, 네 부모를 공경하라.
어린이 | 부모님, 어른공경! 주안에서 순종합니다. 낳아 주신 은혜, 길러주시는 은혜를 기억합니다.

다같이 | 우리는 회개합니다. 우리 죄를 씻어 주옵소서. 먹이고, 입히고, 공부시켜 주시고 밤낮으로 돌봐
주시는 부모님(노부모님)의 은혜를 악으로 갚은 죄를 회개합니다. 부모님(노부모님)이 행복하
게 오래 사시도록 하나님은 우리 집에 장수의 복을 주옵소서. 예수님의 이름으로 아멘!

인도자 | 6계명, 살인하지말라.
어린이 | 미움금지! 용서합니다. 용서합니다. 나를 용서합니다.
인도자 | 사랑합니다. 사랑합니다. 사람을 사랑합니다.
어린이 | 사랑합니다. 사랑합니다. 사람을 사랑합니다.
　　　　화해합니다. 화해합니다. 서로 화해합니다.
다같이 | 우리는 회개합니다. 우리 죄를 씻어 주옵소서 하나님의 형상으로 지음 받은 나를 미워하고 사
람을 증오하고 성급하고 예의 없이 대한 불손한 죄를 회개합니다. 사람을 사랑하는 마음을 부
어주옵소서. 예수님의 이름으로 아멘!

인도자 | 7계명, 간음하지말라.
어린이 | 간음, 음행금지! 우리도 가담했습니다. 우리도 이 죄에 가담했습니다.
다같이 | 우리는 회개합니다. 우리 죄를 씻어 주옵소서. 이 땅을 파괴시키는 무서운 음란죄를 회개합니
다. 우리는 몸을 깨끗이 씻겠습니다. 옷을 단정하게 입겠습니다. 어른이 되면 에비해 두신 배필
을 짝지어 주옵소서! 한 남자는 한 여자와, 한 여자는 한 남자와 혼인해서 자녀들을 많이 낳고
행복하게 살게 해 주옵소서 예수님의 이름으로 아멘!

인도자 | 8계명, 도둑이 되지 말라.
어린이 | 도벽금지! 우리는 도둑입니다. 십일조와 헌금에 인색하고, 공공의 기물을 파손하고, 이웃에게
　　　　인색했으니 우리는 도둑입니다.
다같이 | 우리는 회개합니다. 우리 죄를 씻어 주옵소서. 남의 물건에 손댄 죄를 회개합니다. 이제 선한
일을 하는 선한 이웃이 되겠습니다. 건강하고, 부지런하고 지혜롭게 살아서 많은 사람을 먹여
살리는 부자 되게 해 주옵소서. 예수님의 이름으로 아멘!

인도자 | 9계명, 네 이웃에 대하여 거짓증거하지말라.
어린이 | 거짓증거 금지! 더럽습니다. 더럽습니다. 우리 입이 더럽습니다. 우리 눈이 더럽습니다.
다같이 | 우리는 회개합니다. 우리 죄를 씻어 주옵소서. 눈속임, 악풀, 형제의 허물 들추기, 모함, 허풍, 가
증한 입술의 죄를 회개합니다. 정직한 영을 새롭게 해 주옵소서. 예수님의 이름으로 아멘!

인도자 | 10계명, 네 이웃의 소유를 탐내지말라

어린이 | 탐심금지! 감사합니다. 자족합니다. 제게 주신 모든 것에 감사합니다. 절제합니다. 절제합니다. 나를 절제합니다.

다같이 | 우리는 회개합니다. 우리 죄를 씻어 주옵소서. 원망, 불평, 사치, 허영심에 가득차서 나만 알고 남에게는 인색했던 욕심을 회개합니다. 하나님과 인류를 섬기는 현명한 사람이 되고자 하오니 욕심 대신에 선한 열정이 에덴의 맑은 샘처럼 마르지 않고 내 속에서 솟아 넘치게 하옵소서. 예수님의 이름으로 아멘!

알고가기

> 창의적인 뇌
> 예수께서 갈릴리에 오셔서 하나님의 복음을 외치실 때의 첫 번 주제도 회개입니다.
> "때가 찼고 하나님의 나라가 가까이 왔으니 회개하고 복음을 믿으라 하시더라"(막1:14,15.요약. 마4:17참고).
> 선하신 하나님이 말씀하셨으므로 계명은 선한 것이요 선악을 식별하는 트슈바의 능력은 "선한 양심"을 일깨워서 파괴된 형상을 하나님의 형상으로 회복시켜줍니다.

회개했는지, 아니 했는지 어떻게 알 수 있을까요?

"똑같은 죄를 저지를 기회가 두 번 있었는데 두 번 다 죄를 짓지 않았다면 그 사람은 진실로 회개한 사람이다.

자신이 이전에 죄를 지었던 상황과 똑같은 상황을 맞았고 다시 죄를 지을 수 있는 능력이 있음에도 죄를 짓지 않았다면 회개한 사람이다."

J.Teluskin 의 책에서.

정답! 나, 답을 찾았어! 이 얼마나 기쁜가? 츄우바(회개)란 "답을 찾았다" 입니다.

1계명의 기쁨 (너는 나 외에 다른 신들을 네게 두지 말라)

1. 햇과일, 새 옷, 첫 하루, 새 달, 첫 소득을 드릴 힘이 있어서 나는 감사합니다.
2. 하루를 지내고 잠자리에 들게 하시니 나는 감사합니다.
3. 아침에 눈을 뜨게 하시고 생명의 하나님이 종일 동행해 주시니 나는 감사합니다.

2계명의 기쁨(우상 숭배 하지 말라)

1. 우상 앞에서 신발 끈을 묶거나 떨어진 돈을 줍기 위해 엎드리지 않는 믿음 주셔서 나는 감사합니다.
2. 죽은 사람에게 절하거나 제사하지 않고 예수 믿는 가문 되게 하시니 나는 감사합니다.
3. 사술의 죄와 같은 완고한 고집과 불순종을 꺾어주시는 주님께 나는 감사합니다.

3계명의 기쁨 (하나님 이름을 망령되게 부르지 말라)

1. 성경책 위에 물건을 올려 두지 않고 경외하는 마음 주시니 나는 감사합니다.
2. 착한 일을 하고서 하나님께 영광 드리니 나는 감사합니다.
3. 하나님이름을 함부로 사용하지 않는 것을 배웠으니 나는 감사합니다.

4계명의 기쁨(주일을 기억하고 거룩히 지키라)

1. 예배시간 전에 도착하고, 헌금은 미리 준비할 수 있게 하시니 나는 감사합니다.
2. 주일은 주님의 가족들과 함께 밥을 먹으며 교제하고 봉사하게 하시니 나는 감사합니다.
3. 엿새는 부지런히 일하고 주일에는 똑같은 생활에서 탈피하게 하시니 나는 감사합니다.

5계명의 기쁨(부모를 공경하라)

1. 부모님 방에 들어갈 때 노크하는 예의바른 사람 되게 하시니 나는 감사합니다.
2. 어른을 공경하고 일어서서 맞이하고 문을 열어 맞게 건강주시니 나는 감사합니다.
3. 공경하고 존경할 아버지와 어머니(어른들을)를 주셔서 나는 감사합니다.

6계명의 기쁨 (살인하지 말라)

1. 잘못을 사과하고 용서를 청할 용기주시니 나는 감사합니다.

2. 사과를 받아 주는 너그러운 마음 주시니 나는 감사합니다.

3. 오늘의 분노는 오늘로 끝내는 잊음을 주시니 나는 감사합니다.

7계명의 기쁨 (간음하지 말라)

1. 몸을 씻을 맑은 물을 주시니 나는 감사합니다.

2. 입이 더럽고, 눈이 게슴츠레하고 생각이 방탕한 이웃 앞에서 위엄 있게 세워주시니 나는 감사합니다.

3. 성인 남자와 여자가 만나서 1부1처로 살라는 말씀에 순종할 힘주시니 나는 감사합니다.

4. 오늘의 운세나 점집에 내 운명을 맡기지 않는 믿음과 담대함 주시니 나는 감사합니다.

8계명의 기쁨 (도둑이 되지 말라)

1. 가족의 물건이나 공공의 물건에 조심하게 하시니 나는 감사합니다.

2. 지불금은 미루지 않으며 있으면서 다시 오라고 하지 않는 여유 있는 생활주시니 나는 감사합니다.

3. 내 소유의 일부를 가난한 자에게 주고 돈으로부터 자유하게 하시니 나는 감사합니다.

9계명의 기쁨 (거짓증거하지 말라)

1. 재미삼아, 장난삼아하는 농담도 삼가게 입을 지켜 주시니 나는 감사합니다.

2. 불 확실한 소문 듣고, 험담하고 퍼뜨리는 가벼운 사람 되지 않게 하시니 나는 감사합니다.

3. 시뮬레이션, 오버액션으로 경솔하게 눈속임하지 않는 깨끗한 눈, 귀, 입을 주시니 나는 감사합니다.

10계명의 기쁨 (탐내지 말라)

1. 부자의 부를 부러워하지 않고 내게 주신 것에 자족하게 하시니 나는 감사합니다.

2. 주신 내 것을 발전시켜서 얻은 이익을 이웃과 나누며 영향력 있는 사람 되게 하시니 나는 감사합니다.

3. 수입의 일부는 나를 위해 즐겁게 쓸 수 있는 기쁨 주셔서 나는 감사합니다.

 알고가기

츄우바(회개)는 긍정적인 자아상을 갖게 합니다. 거룩하고 쓸모있는 사람이 됩니다. 창의적인 사람이 됩니다.
회개를 뜻하는 '츄우바'란, 정답이라는 뜻입니다 "하나님께 답이 있다. 그러니까 하나님께로 돌아가자" 입니다.

"남자가 죄를 지을 수 없을 때 죄 짓는 것을 자제하는 것은 죄에게 버림 받은 것이지, 자신이 죄를 버린 것은

아니다." 어거스틴. (J. Telluskin. 2010. p403. 재인용).

반(反)기독교주의는 기독교인들에게 회개의 기폭제 역할을 하는 경우가 많다는 것이 역사의 교훈이다. 만약, 세상이 기독교와 교회를 박해한다면 세상이 기독교에게 회개의 기회를 주는 것이다.

자동차 게이지(gage)에 적립되는 주행거리는 차량의 가격을 결정하는 중요한 단서가 되곤 합니다. 새 자동차는 게이지 제로(zero)에서 시작에서 주행거리가 올라 갈수록 자동차의 수명은 짧아지지요. 죄의 트랙을 입력하는 게이지가 있다면, 나의 주행거리는 지금 얼마나 될까요? 어떻게 하면 우리가 마치 오늘 출고된 새 차처럼 게이지 제로의 새 사람이 될 수 있을까요?

만약, 우리가 1년 동안 쌓아 둔 죄를 제로로 돌리는 날이 있다면, 해마다 새사람이 되겠지요. 하나님께서는 1년에 한 번 속죄절이라는 명절을 주시고 이 날 모든 죄의 주행거리를 제로로 하신답니다. 매년 새해가 되면 게이지 0으로 새로 시작하는 거지요. 유대 사상가 대니얼 라핀(D.Lapin)은 대속죄 절은 죄의 주행거리를 제로를 만드는 의미 있는 날이라고 하더군요.

속죄절을 생략한 기독교는 그 대신에 오순절에 태어난 성령강림절에 츄우바를 했으면 좋겠습니다. 오순절은 십계명을 받은 날과 밀 타작을 하고서 감사하는 추수절기예요. 보리추수를 한 초실절 명절 후 약 50일이면 밀이 익습니다. 두 번째 추수감사 절기인 오순절의 밀알이 마치 십계명 두 돌판처럼 생기지 않았습니까? 밀 보리밥을 먹으면 두 돌판이 떠오르게 하셨습니다. 이 날, 우리는 지혜의 성령을 받기 위해 1 밤을 했으면 합니다. 하나님은 그분의 절기에 특별한 선물을 주십니다. 성령 강림절은 십계명 두 돌판과 유사한 밀 보리밥을 먹으며 회개, 감사, 기쁨의 단을 거두는 열매의 계절입니다. 유대인들은 오순절 첫날 밤은 하늘이 열리고 지혜가 쏟아진다면서 이 날 밤은 잠을 자지 않습니다. 학업성적이 나쁘거나 머리가 아둔한 아이들도 이날 밤에 지혜를 받으면 된다며 회당에서 날 밤을 새우며 십계명과 룻기를 읽고 기도합니다. 실제 이런 날은 일어났습니다. 행2장을 읽어보세요.

> "맑은 물을 너희에게 뿌려서... 너희를 정결하게 할 것이며 또 새 영을 너희 속에 두고 새 마음을 너희에게 주되 너희 육신에서 굳은 마음을 제거하고 부드러운 마음을 줄 것이며 또 내 영을 너희 속에 두어 너희로 내 율례를 행하게 하리니 너희가 내 규례를 지켜 행할지라." 겔 37:25~27.

> "눈물을 흘리며 씨를 뿌리는 자는 기쁨으로 거두리로다" 시 126:5.

> "울며 씨를 뿌리러 나가는 자는 반드시 기쁨으로 그 곡식 단을 가지고 돌아오리로다" 시 126:6.

2장
츄우바의 계절

레 23장에는 성회로 삼을 여호와의 여덟 명절(절기)을 가르쳐 줍니다.

여호와의 절기에는 다섯 가지를 하므로 하나님과 사람 관계를 회복해야 합니다.

말씀, 돌이킴(회개), 감사, 기쁨의 표현, 새로운 삶(회복)입니다.

오늘날, 이 절기들은 예수께서 오셔서 새로운 이름으로 거듭났습니다.

매 7일 주기로 오는 명절 안식일 = 주일

환절기 명절 유월절과 무교절 = 그리스도의 고난과 죽으심

새 봄의 명절 초실절 = 부활절

초여름 명절 오순절 = 성령강림절

초가을 명절 나팔절 = 신년 새해

한가을 명절 속죄절 = 지켜지지 않고 있음

늦가을 명절 초막절 = 추수감사절

5가지를 하는 타브(ת)의 날들; 토라, 츄우바, 토다, 토브, 티쿤.

말씀(토라 תורה), 돌이킴(츄우바 תשובה), 감사(토다 תודה), 기쁨(토브 טוב)

회복(티쿤올람 תיקון עולם).

바란 광야의 꽃제비

성경의 삼상 25장에는 여호와의 절기(명절)인 설(나팔절)과 속죄절 명절에 츄우바에 참여하지 않은 갈멜족속의 나발 이야기를 들려줍니다. 이 이야기는 "바란 광야의 꽃제비"라는 제목으로 고등부 설교집에 실은 내용을 여기에 소개합니다.

1. Sad News

마온 광야에 내리는 밤이슬은 꽃제비들에게 혹독합니다. "목축업자 마온의 거부 나발이 얼어 죽다!" 매야? 꽃제비들이 아니고요?

2. 사건의 배경 알기

이 사건의 삼상 25:1~43을 이해하려면 유대 문화의 명절과 두 개의 문장을 해석할 수 있어야 합니다.

> 양털 깎는 시기를 알아야 하고
> 세 개의 유대 명절의 연례행사를 알아야 한다.
> 나팔절(7월 1일), 속죄절(7월 2~9일), 대 속죄절(7월 10일)에 하는 연례행사를 알아야 한다.

> "마온에 한 사람이 있는데 그의 생업이 갈멜에 있고 심히 부하여 양이 삼천 마리요 염소가 천 마리이므로 그가 갈멜에서 그의 양 털을 깎고 있었으니 그 사람의 이름은 나발이요 그의 아내의 이름은 아비가일이라" 삼상 25:2~3.

> "한 열흘 후에 여호와께서 나발을 치시매 그가 죽으니라" 삼상25:38

양털 깎는 시기

양털 깎는 것은 설 명절(7월 1일)인 나팔 절을 앞두고 하는 연례행사입니다. 나발이 양털 깎으로 올라갔다는 설명은 이 사건이 초가을 음력 7월 1일을 앞에 두었다는 것을 알려주기 위해서입니다.

속죄절기(츄우바)

유대력의 새해는 음력 7월1일입니다. 이날, 여호와의 심판을 경고하는 나팔을 불어서 새해를 알립니다.

그리고 9일 동안은 사람들과 화해하러 다니며 기부금도 냅니다. 7월 10일은 대 속죄일로 하루를 금식하면서 하나님께 범죄 한 죄(1~4계명)를 회개하고 용서받습니다.

3. 꽃제비 스토리 탐방

다윗왕이 한 때는 헐벗고 굶주리며 아라비아 벌판을 떠 돌던 꽃제비 시절이 있습니다. 하지만 그는 도둑이 되지 않기로 결심했고 주인의 학대에 도망쳐 온 똘만이들의 양심을 지켜 주었습니다. 다윗은 600명의 식솔을 책임진 꽃제비 대장이었습니다. 다윗은 극도의 굶주림과 헐벗음에도 들에 널 부러져 있는 남의 양이나 염소를 강탈해서 배를 채우지 않았고 그를 따르는 비류들이 털이범으로 전락하지 않도록 훈련했습니다. 하루에 쌀 가마니 밥도 부족한데 한 번은 밥 얻으러 제사장 댁이 있는 기브아까지 갔다가 겨우 딱딱하게 굳은 빵 몇 덩이를 얻어 온 적도 있었습니다. 그런 그는 바란 광야를 떠 돌다가 거대한 목축업을 하는 한 부자를 만나게 됩니다.

염소 1,000마리
양 3,000마리

이 집의 작은 냉장고(?)를 열어 보세요
빵 200 덩이
포도주 두 부대
손질한 양 다섯 마리
볶은 곡식 5세아
건포도 100송이
무화과 200개 등 등.

음식메뉴와 양털 깎는 계절로 봐서 새해를 앞두고 있고 초막절이 다가오는 좋은 계절이라는 것을 알 수 있어요. 양털은 새해를 맞기 전에 깎아 줘서 양들도 산뜻하게 새해를 맞게 해 주는 것이 이스라엘의 풍습이거든요. 새해가 시작되고 열 흘은 속죄절인데 이 명절에는 구제금을 듬뿍 내며 1년 동안 못 되게 굴었던 심보를 회개하는 기간입니다. 그리고 나서 닷새 뒤에는 초막절 명절이 연달아 옵니다. 명절을 앞에 두고 갈렙 족속의 나발이라는 사람은 갈멜에서 그의 양털을 깎고 있었습니다. 나발이란 '바보'라는 뜻이에요. 그는 매우 인색한 재산가였습니다.
어느 날, 그에게 새해 인사 카드가 배달되었습니다. 수신인, 다윗?(이자가 누구야?)
다윗이 열 명의 소년을 나발에게 보내며 새해인사와 함께 후원금(구제금)을 요청한다는 글 마디를 적어서 보낸 것입니다.

"어르신, 새해에 복 많이 받으십시오. 댁의 집안과 모든 소유가 번창하시기를 빕니다. 내가 듣기로 양털 깎는 기간이라고 하던데, 당신의 양치기들이 우리 쪽에 왔을 때 그들을 함부로 대하지 않았고 그들이 가르멜에서 양을 치고 있는 동안 한 마리도 잃지 않았습니다. 당신의 종들에게 물어보면 이야기해 줄 것입니다. 그러니 내 소년들에게 잘해 주길 바랍니다. 이 즐거운 날(happy new year) 우리가 왔으니 당신의 아들 같은 다윗에게 손에 닿는 대로 챙겨 주시기 바랍니다." - 이새의 아들 다윗 드림. *삼상 25:6~8을 읽어보세요.

나발이 인편에 보낸 답장은 이렇습니다.

"다윗? 이 작자가 대체 누구냐? 이새의 아들? 그 자가 누군데? 요즘 자기 주인을 버리고 뛰쳐나온 종놈들이 한둘이냐? 내가 왜 내 빵과 물과 양털 깎는 내 일꾼들을 위해 잡은 짐승의 고기를 출신도 모르는 사람들에게 주겠느냐?" * 삼상 25:10, 11 참고.

빈손으로 돌아온 꽃제비들을 맞이한 다윗은 분했습니다. "가자! 칼을 차라!"약 400명 정도의 사람들이 무기를 들고 다윗과 함께 올라갔고 200명은 짐을 지키며 남아 있었습니다.

"내가 그동안 광야에서 그의 재산을 지켜 하나도 잃지 않게 하려고 그렇게도 애를 썼건만 다 소용없다. 선을 악으로 갚는구나! 싹 엎어 버릴 거야! "

마님, 마님! 나발의 종들 가운데 하나가 나발의 아내 아비가일에게 전후 상황을 알렸습니다. 그래에~~?

그녀는 빵 200덩이, 포도주 두 부대, 손질한 양 다섯 마리, 볶은 곡식 5세아, 건포도 100송이, 무화과 200개를 나귀에 싣고 그녀는 다윗에게 달려갔다.

다윗에게 아비가일의 후원은 재기의 발돋움이 되었습니다. 하지만 아비가일은 열흘 뒤에 남편 초상을 치렀답니다. 몸이 얼음처럼 굳었대요.

"아비가일이 나발에게로 돌아오니 그가 왕의 잔치와 같은 잔치를 그의 집에 배설하고 크게 취하여 마음에 기뻐하므로 아비가일이 밝는 아침까지는 아무 말도 하지 아니하다가아침에 나발이 포도주에서 깬 후에 그의 아내가 그에게 이 일을 말하매 그가 낙담하여 몸이 돌과 같이 되었더니한 열흘 후에 여호와께서 나발을 치시매 그가 죽으니라" 삼상 25:36~38.

나발의 사인(死因)은 심장마비 쇼크사인 듯합니다. 유대 주석가들은, 하나님은 그의 몸이 굳은 상태에서 열흘이나 그 생명을 연장하고 계셨다면서 이 본문의 "열흘"이란 속죄일 기간이고 회개할 시간을 주셨지만 그는 가난한 자들을 불쌍히 여기지도 않았다고 해석합니다. 쯔다카는 회개의 표식입니다. 나발 스토리는 종말에 올 심판의 예고편입니다. 마25장의 양과 염소이야기를 읽어보세요.

talk about it

1. 성경은 나발이 갈멜 족속이라고 밝히는 이유가 있을까요? 다윗은 사울 왕의 사위, 골리앗을 죽인 사람이라는 문안 대신에 왜, "이새의 아들 다윗"이라고 밝혔을까요? 딤전 5:8을 읽고 나발이 어떤 사람인지 추론해 보세요.

---

2. 나발의 불만도 일리가 있습니다. "누가 내 양을 지켜 달라고 했는가? 내가 부탁하지도 않은 일을 지가 좋아서 하고는 삯을 좀 달라고? 이런 게 바로 날 강도 아냐?" 여러분은 어떻게 생각하세요?

---

* 배고픔, 굶주림은 비의지와 비합리적이고, 이성을 초월한 '긴급사랑'을 필요로 합니다. 기독교의 사랑은 합리성을 초월하는 경우가 있습니다. 굶주린 사람을 곁에 놓고 "돕느냐 마느냐, 얼마 주느냐"는 회의 마치고 나면 이미 죽었을지 모릅니다. 즉시 도와야 합니다. 서로사랑하라! 는 이를테면, 묻지마 사랑! 입니다.

3. 나발은 그들에게 한 푼 주지 않고 명절 음식을 호화판으로 차리고 호위 호식하며 마시고 즐겼습니다. 여러분은 명절에는 이웃과 즐겁게 지냅니까? 쯔다카(구제금)를 합니까?

---

4. "꽃제비"라는 이름은 우리의 한 민족인 북한을 탈출해서 만주 벌판을 떠도는 탈북민들에서 비롯했습니다. 세상에서 가엾기 짝이 없는 그 어린 소년 소녀들을 돕는 기독교 선교 단체들이 있습니다. 여러분은 지금 어떤 사람입니까? 나발, 아비가일, 다윗, 다윗의 똘만이, 아비가일의 종.

---

* **탈북민 동포사역 후원** : 평택 하나비전 교회(송신복 목사) 농협은행 351-0988-7999-73

최성국(탈북민 사역) 기업은행 010-7705-1980

한중 사랑교회 우리은행 1005-501-307459

part

2

츄우바 All Night

"신은 율법으로 인간에게 말하며 인간은 기도로 신에게 말한다." 유대인 명상가.

사람의 회개가 하나님을 기쁘시게 하고 돈에도 감정이 있다면 주인을 만난 돈도 기쁠 것입니다. 선수가 골을 넣으면 선수 만 기쁜 것이 아니라 관중들도 기뻐할 뿐 아니라 가장 기뻐하고 보람을 느낄 사람은 코치, 감독일거예요. 길을 헤매다가 길 찾은 기쁨! 답을 몰라서 끙끙대다가 정답을 알아냈을 때의 기쁨이 회개입니다. 이 기쁨은 답을 맞힌 사람보다도 학생을 지도한 선생님의 기쁨도 큽니다. 회개를 의미하는 히브리어 "츄우바"는 "정답", "원문"이라는 뜻입니다. 유대인들은 츄우바를 "회개하여 종교인이 되었다(라흐조르 베 츄우바)"는 의미로도 사용합니다. 하나님(예수님)을 모르는 한, 길을 헤매고 답을 찾지 못해서 방황한다는 뜻이 츄우바입니다. 죄인이라는 말은 내가 무슨, 무슨 죄를 지어서가 아니라 하나님께 돌아오지 않는 것이 죄입니다. 여호와를 찾은 사람은 인생의 답을 찾았습니다.

여호와의 절기 속죄절(Day of Atonement)에 이스라엘을 여행하면 집집마다 "딱, 딱, 딱, 딱," 도마 두드리는 소리를 들으실 수 있습니다. 유대인들은 해마다 대 속죄절이 오기 전 열흘 동안, 양파, 고기, 갖가지 야채들을 부수느라 도마 질 하면서 "내가 지은 모든 죄를 산산조각 내주옵소서" 라며 형식적으로나마 회개기도를 합니다. 다진 야채들을 우리 만두와 비슷하게 빚어서 기름에 튀긴 음식이 대 속죄절을 앞 둔 설 명절 음식입니다.

유월절 어린양은 이집트인들이 죽인 것이 아녜요. 이스라엘 백성들이, 자기들이 살기위해 죽인 것입니다. 예수님을 죽인 사람들은 성경을 잘 믿는 사람들이었어요. 기독교인들이 세상에 존재하는 것은 세상 죄를 지고 가기 위해서 입니다. 그런데 그것이 나를 위한 것입니다. 기독교인이 "칭의 안에서 여전히 죄인인 상태"를 안다면 적어도 1년에 한번은 인류의 범죄를 속죄하는 all night 의 밤을 보낸다면 의미있는 날이 될 것입니다.

하나, 둘, 셋.... 아홉?
어떤 아주머니가 가진 열 드라크마 중에 하나가 사라졌다. "내가 열흘 일해서 번 돈인데 하루를 잃어버렸어!" 그녀는 all night 하며 집을 쓸며 찾았다. "정답! 찾았다! 내 돈, 친구들아! 나, 돈 찾았어! 한턱 낼께."
회개란? 정답! 정답을 찾았다!입니다.

"이와 같이 죄인 한 사람이 회개하면 하나님의 사자들 앞에 기쁨이 되느니라" 눅 15:10.

로젠즈바이그(F. Rosenzweig;1886~1929)라는 유대인 철학자는 십계명을 윤리와 상생철학으로 풀어내어 20세기 상생철학 사조에 영향력을 끼친 유명한 인물이다. 에리히 프롬, 헤겔, 마틴부버가 그의 제자다. 그의 책 "구원의 별"은 십계명을 연구할 때 필요한 심도 있는 자료다.

이 책에서 그는 "사람은 하나님에 의해 깨어난 후에야 스스로 사랑을 표출할 수 있다. 하나님의 사랑은 이웃을 위한 사랑 안에서 스스로 드러나게 된다."고 하여 "나를 사랑하라"는 하나님 사랑은 이웃사랑에서 구체화 된다고 말했다.

이런 로젠즈바이그가 청년 시절에 그의 삼촌 로젠스토크의 영향으로 기독교로 개종했었다. 교회에 다니던 그가 한 번은 유대 명절인 속죄절이 되어 별 생각 없이 속죄일 예배에 참석했다. 명절이니까. 그는 대속죄일 전날 밤에 부르는 콜 니드레(kol Nidre)라는 기도문을 낭송하는 회중들에게서 새로운 영감과 감동을 받게 된다. 그리고 그는 유대교와 기독교의 차이점을 이렇게 말했다.

"기독교인은 신을 만나기 위해 일주일에 한번 교회에 간다. 하지만 유대인은 늘 신과 함께 살고 있다."
그는 신과 함께 살겠다며 유대교로 다시 돌아갔다.

기독교인은 주일 하루만 교인이고 나머지 엿새 동안은 마치 "하나님? 그 분이 누구세요?" 라는 듯이 하나님과 상관없는 무신론자로 돌아간다.

 "개혁개정 찬송가 434장 후렴을 불러 보세요.

나 주 안에 늘 기쁘다
나 주 안에 늘 기쁘다
주 나와 늘 동행하시니
나 주 안에 늘 기쁘다.

I'm happy in Jesus today
I'm happy in Jesus today
For Jesus goes with me all the way
I'm happy in Jesus today.

3부.. 지도자교육과 주일학교
교육기획

십계명이 지닌 가장 큰 장점이라면 분명한 11개의 주제가 딱, 딱 떨어지면서 또한 단계적으로 연결된다는 점입니다. 솔로몬은 십계명을 금구슬과 금사슬에 비유했습니다. 이런 점에서 십계명의 각 계명들은 개성이 강하면서도 조화를 이룬다고 할 수 있습니다. 십계명을 배울 때 진부하거니 지루한 감을 느끼지 않는 것은 분명한 주제가 세 개의 카테고리 안에 11개로 정열 된 배열 때문입니다.

1장 1단원은 지도자 교육을 위한 프로그램이고 1장 2단원은 주일학교 현장에서 하는 실제 프로그램입니다.

1장
지도자 교육 및 개강과 수료식

지도자 교육을 위한 프로그램에 오셨습니다.

개강식과 수료식은 지도자라면 알아둬야 할 진행 일정표입니다.

개강과 수료식은 새로 시작하는 신선한 느낌과 다음 단계의 기대감을 줍니다.

시작과 마무리는 중요합니다. 하나님은 "알파와 오메가"이십니다.

시작과 끝을 보시는 분입니다.

part 1

지도자 교육 및 교과와 교구

1. 각 학기별 공통 주제에 따른 과목

세 개의 계명을 한 학기(21시간)로 하고, 한 학기는 3개월(주 1회 경우 12주)씩 1년 4학기제가 좋습니다. 십계명 교육지도자는 매 계명마다 7개의 교육원리를 적용한 사이클 순회수업을 받아야 합니다. 어느 학기든지 7개의 기본 패턴을 가지고 내용이 바뀝니다.

지도자가 알아둘 점

Two & Two 법칙!

천지 만물을 관찰해 보면 창조 공동체에는 일관성 있는 패턴이 있다는 것을 금세 발견할 수 있습니다. 예를 들면, 여섯째 날 창조된 포유류만 봐도 그렇습니다. 두 눈, 두 귀, 가운데 코가 한 개, 콧구멍 둘, 두 팔, 두 다리 몸체가 기본 패턴입니다. 성은 암, 수, 단 둘 뿐입니다. 크기가 다르고 위치에 약간의 변형이 있을 뿐, 들창코, 납작코, 어떤 것은 길게, 어떤 것은 짧게. 하나님의 설계 도면의 특징이 바로 일관성 있는 기본 패턴에서 변형된다는 점입니다.

하나님과 사람이 만나는 두 돌판 십계명도 그렇습니다. 인간이 살아가는 삶의 기본 패턴을 10개로 정하고 원리(패턴)와 방법은 일관성있는 패턴에서 벗어나지 않으면서 다양하게 설계된다는 점, 기억하세요.

공통과목	계명별 츄우바 기도	십계명 총론	계명별 강론	계명별 바이블 스토리텔링(설교)	계명별 암송	계명별 미드라쉬동화
	계명별 손작업	계명별 토론	계명별 홀리북하트 수업	계명별 스포츠	계명별 퀴즈	계명별 체크리스트
	계명별 부모교육지	계명별 레크, 뮤직	계명별 실내장식	계명별 가정학습지 (쓰기, 색칠공부)	계명별 헌신과 결단	과제물

2. 각 학기별 특강주제

십계명이 교과로서 지닌 독특성이라면 신론, 인간론, 구원론, 내세론까지 아우르는 조직신학에 기독교윤리, 그리고 여기에 응답해야 할 대상인 인간을 이해하려면 발달심리도 필요합니다. 왜 훔치나? 거짓말, 탐심의 인문학적 연구도 필요합니다. 십계명은 살아있는 삶의 신학이므로 많은 경험사례들과 현장 답사 또한 필요합니다. 십계명은 종합선물세트와 같습니다. 학기마다 각 계명별로 신학, 인문학, 발달심리학, 기독교 윤리, 그리고 인생 다큐멘터리들을 분류하고 이 과목들을 이수해야 합니다.

영역별	3, 4, 5계명학기	6, 7, 8계명학기	9, 10계명, 서문1학기	서문2, 1, 2계명학기
게임	십계명게임, 색채와 블루 브레이니& 화이트 브레이니 게임	48 카드/컴퓨터십계명게임 www.kids4truth.com www.torahtots.com	뭐니/브레이니십계명 색채, 캐릭터게임	낱말 카드/ 도미노
발달심리	도덕발달 & 반항심리	질투의 심리학 아동의 성교육 /도벽심리	거짓말심리 탐심의 아동심리	아동의 종교와 신앙발달
기독교윤리	자연/ 생태/ 노동/ 남녀평등 인륜도리	사랑/성, 순결/나눔/근면	정직/자족/자유의지	보살핌/자존감/인권/
이미지교육	십계명 기호학	캐릭터이론	십계명과 뇌발달 십계명 색채이미지론1	십계명 색채 이미지론 2
절기및 행사	고난절, 부활절, 가정의달	성령강림절 여름성경학교	십계명교육1년기획/추수감사절/개강식과 폐강식	성탄/ 겨울성경학교
신학	십계명과 고대법전 비교연구 주기도문 보충학습	성서신학자들의 십계명이해	율법과 복음/ 새계명과 산상보훈	십계명과 조직신학(죄/인간/구원/신론/종말/내세론) 사도신경 보충학습
체험교실	기독교 성지답사	성령강림절 1밤 기도회	십계명으로 하는 *놀이터 전도	국내 순교자 성지답사

♪ 개역개정 찬송가 204장. '주의 말씀 듣고서'후렴의 리듬으로 불러 보세요.

Build we well, Build to last,
Build our house to -gether
on the Rock of A-ges fa-st,
Build to stand for- ever.

잘 짓고 잘 짓 세 우리 집 잘 짓세
영원한 반석 위에 – 견고하게 짓세.

3. 계명별 key word와 연간 교육 도표

월	계명	key word	교회절기	성경절기	국가절기	월별특징
1월	1	믿음			신년 새해	마음을 드리는 달
2월	2	은혜		부림절	설 졸업시즌	은혜의 달
3월	3	영광	고난절	유월절	입학시즌	영광의 달
4월	4	주일	부활절	초실절(무교절)	식목일	기억의 달
5월	5	경외	예수 승천절		가정의 달	공경의 달
6월	6	사람 사랑	맥추절	오순절	현충일 625전쟁 기념일	사랑의 달
7월	7	내몸 사랑	성령 강림절		제헌절	사랑의 달
8월	8	나눔	여름 수련회		8.15독립 기념일	주는 손의 달
9월	9	정직		나팔절 대속죄절	개학시즌 추석	정직의 달
10월	10	절제	초막절		개천절	절제의 달
11월	서문1	감사	추수 감사절			감사의 달
12월	서문2	구원	성탄		송년	심명의 달

4. 계명별 title과 색깔 이미지(토라의 빛)

월	계명	주	제	들	칼라 이미지
1	1	하나님 제일사랑	GOD First!	I love God the most!	파란색 blue /카홀(히브리어)
2	2	우상은 노!	예수님 믿으세요	Against idol	빨간색 red /아돔
3	3	예수이름 영광	Respect God's Name	God's name is holy	노란색 yellow / 자호브
4	4	주일성수	keep Sabbath Holy	happy, holy day	검정과 하양 black & white / 샤호르& 레벤
5	5	부모님공경	Honour your parents	Respect Mom and Dad	연두 green / 야록
6	6	미움no,사랑yes	Do not Murder	forgive others don't hate each other	분홍 pink /베로드
7	7	깨끗한 나의 몸 1부1처	Don't Commit Adultery	Our body is temple of God Pure in mind	보라 violet/ 사골
8	8	훔침 노!나눔 yes!	Don't Steal	Let's not be a thief	남색 deep blue/ 아묵카홀
9	9	거짓말 노!정직 yes!	Don't Lie	Be an honest man	회색 grey/ 아포르
10	10	탐심노!절제 yes!	Don't Covet	self-sufficiency	주황색 orange/ 카톰
11	서문1	탈출1	애굽 Exodus 1	your savior	갈색 바탕 brown/ 훔 연두, 검정, 빨강, 하양 노랑
12	서문2	탈출2 나의 구원자!	탈출2 Exodus 2	from servant to children	갈색바탕 brown/ 훔 연두, 검정, 빨강, 하양, 노랑

핵심정리 잘 되셨나요?

호세아서에는 만군의 여호와의 율법이 '만 가지'된다고 했습니다.

"내 율법을 만 가지로 기록하였으나 그들은 이상한 것으로 여기도다" 홋 8:12.

구약은 929장, 신약은 260장, 모두 1,189장이나 되고 구약의 절수는 23,026절, 신약의 절수는 7,967절이나 되는 이 광대한 말씀의 핵심이 십계명에 들어 있다는 것, 다 아시지요?

"여호와께서 이 모든 말씀을 이르신 후에 더 말씀하지 아니하시고 그것을 두 돌판에 써서 내게 주셨다" 신 5:22요약.

5. 십계명 영어 주제들

	The ten commandments of Themes				
서문 prologue	I'm the Lord your GOD	your savior. 구원자 죽을 사람이 살아났다	your deliverer. 구해낸자 어떤 곳에서 어떤 곳으로 옮겨진 자	from servant to children	the very own words from GOD himself 남이 아닌 하나님으 로부터 온 말씀
1계명 The first commandments	I love GOD the most!	GOD is the Best! GOD is Almighty Wonderful	He is the only GOD	Be a servant. only to GOD	exist of many false gods
2계명 The second	have no any idol. make worship	Don't waste time with idol. Don't hate GOD	Don't be deceived by idol	No graven images	God of jealousy and grace
3계명 The thirth	do not misuses His name	God's name is holy	make God's name loveable	Respect(honor) God's name	glorify Lord's name
4계명 The fourth	keep sabbath holy	remember the sabbath	don't do any other work	sabbath is center of the week	sabbath is the blessed day /blessing day 복주(받)는 날/
5계명 The fifth	honor(respect) your parents (mom & dad)	Be thankful to your parents	obey your parents	Be good to your parents	Way of blessed life
6계명 The sixth	Do not murder	love another	forgive others	don't hate each other	Be peaceful (reconciled) one another
7계명 The seventh	don't commit Adultery	keep purity in your heart/ pure in mind	our body is Temple of God	Respect your body	keep your body clean. safe guard your body
8계명 The eighth	don't steal	keep the things where they belong	return to whom it may belong	learn to earn your things	don't take without permission
9계명 The ninth	Don't give false testmony 잘못된 증거	Don't be false witness 거짓증인	Don't Lie	Don't scam your neighbour 사기치지마	always tell the truth nothing but the truth
10계명 The tenth	Don't covet	Don't overly desirable 지나치게 열망하지말라	satisfy with given things 주어진 것 에 만족하라	Don't be greedy	respect other's property

6. 예수의 빛 축복의 십계명학교(주1회 종일반)

총 6시간	서문, 1, 2, 3, 4, 5, 6, 7, 8, 9 ,10계명	끝나는 시간
50~1시간	20분 스포츠예배(대근육놀이)	9:20
	7~10분 인터미션타임; 손씻기, 머리빗기, 명상하기	9:30
	30분 트슈바 예배(말씀듣기) &쯔다카	10시
15분	혼자놀기 자유시간	10시 15분
15분	믈 마시기 수업시간	10시 30분
20분	미드라쉬 동화와 홀리북 또는 토론	10시 50분
15분	간식 및 자유시간	11시 5분
15분	손작업(만들기)	11시 20분
20분	브레이니 게임	11시 40분
20분	암송노래파티	12시
1시간	중식타임- 밥상머리 교육	13시
50분	산책 후 낮잠시간	오후 2시
20분	홀리벨 울려라! 퀴즈	2시 20분
20분	책 읽기	2시 40분
20분	청소하고 마치기	3시
가정학습		
부모교육	부모에게 보내는 교육편지 배부	
	밥상머리, 침대머리, 길머리자녀교육 실천표 나눠주기	
부모와 자녀	생활점검 체크리스트	
어린이	계명별 – 말씀쓰기, 색칠하기, 그리기, 암송하기, 배너 만들기등(선택)	

7. 교재 및 교구

교재와 교구는 교회의 주일교육, 주중교육용(유치원, 대안학교, 방과후지도), 가정교육용이 있습니다. 십계명총서3~39권. www.holyi.com.

개강과 수료식 O.T

개강과 수료 예배파티(알파예배와 오메가예배)

-하나님사랑 계명을 시작할 때 개막식을 하고 마칠 때 수료식을 합니다.

-이웃사랑계명 5, 6, 7, 8, 9, 10계명을 시작할 때 개막식을 하고 마칠 때 수료식을 하세요.

"나는 알파와 오메가요, 처음과 마지막이요 시작과 마침이라" 계 22:13.

"또 내게 말씀하시되 이루었도다 나는 알파와 오메가요 처음과 마지막이라 내가 생명수 샘물을 목마른 자에게 값없이 주리니 이기는 자는 이것들을 상속으로 받으리라 나는 그의 하나님이 되고 그는 내 아들이 되리라 그러나 두려워하는 자들과 믿지 아니하는 자들과 흉악한 자들과 살인자들과 음행하는 자들과 점술가들과 우상 숭배자들과 거짓말하는 모든 자들은 불과 유황으로 타는 못에 던져지리니 이것이 둘째 사망이라" 계 21:6~9.

 알고가기

> 개강식과 폐강(수료)식이 있다는 것, 꼭 기억하세요! 시작과 끝맺음이 중요합니다.

성전시대는 아침번제와 저녁소제를 드렸습니다. 우리가 새벽기도로 알파의 하나님을 섬기지만 저녁기도로 오메가의 하나님을 섬기고 밥 먹기 전에 기도하고(알파) 먹은 후에도(오메가) 기도합니다.

1. 개강예배파티(ceremony) 쌤! 파티(party)와 세러머니는, 뜻 자체가 생판 다른거, 쌤도 아시죠?

1) 개강준비 –어린이

십계명 개강예배는 이렇게 준비합니다.

2) 등록한 어린이에게 공문보내기

카운트다운!

첫 번째 공문보내기 (개강 열홀 전)

탱탱(Ten & ten ;십계명)학교 (하나님사랑학교)에 등록하신 어린이 여러분을 환영합니다
개강을 앞두고 마음으로 준비할 것이 있습니다.
하나님은, "얘들아, 십계명을 받으러 올 때는 몸과 마음을 깨끗이 하고 깨끗한 옷을 입고 오라"고 하셨어요
개강식에 입을 멋지고 깨끗한 옷, 구두(운동화)도 미리 준비해 두세요. 하나님은, 십계명을 받기 위해 "목욕하고 사흘을 준비하라"고 하셨습니다(출 19:10~11). 개강식 전날은 목욕하고 개강식에 입을 깨끗한 옷을 준비합니다.
*부모님들이 이 특별한 날을 위해서 멋진 양복(드레스)한벌을 이런 기회에 사 입히시면 좋습니다.

두 번째 공문보내기 (7일 전)

개강을 기다리는 어린이 여러분, 안녕하세요?
우리의 훌륭한 맴버쉽을 위해서 그룹을 6조로 편성했습니다. 조 편성표를 보냅니다. 어느 조에 소속되었는지 확인하세요. 선생님이 편성한 조가 영 맘에 안 들면 3일 동안 심사숙고 기도하신 후에 연락주세요. 하지만 선생님이 짜준 조가 제일 좋다는 것을 아시게 될 것입니다. 선생님도 기도하고 짰거든요,

어린이 명단
서문1조 ;
서문2조 ;
1계명조 ;
2계명조 ;
3계명조 ;
4계명조 ;

세번째 공문보내기 (5일 전)

안녕하세요? 십계명 탱탱학교 개강식이 곧 다가오고 있습니다. 조의 소속은 모두 맘에 드셨다니 감사합니다. 개강 첫날에는 여러분을 위해 멋진 개막식을 준비했습니다. 다음과 같은 개막식 예배와 파티가 있습니다. 찬찬히 읽어보고 오세요

프로그램 순서자를 미리 보내줍니다.

* 각조의 책임교사는 카톡에 기수 방을 만들고 조원을 초청합니다.

네 번째 공문보내기 (사흘 전)

십계명 탱탱학교(하나님 사랑학교)개강식을 기다리는 어린이 여러분, 안녕하세요? 각 조에 기수 장이 필요합니다. 기수 장은 입장식때 깃발을 들고 조원을 인솔해서 들어오는 역할이 가장 중요하고 이외에는 여러분도 아시다시피 학교 반장이 하는 일과 같습니다. 선생님의 조력자 .

각조의 여러분이 자기 조의 기수 장을 2명 뽑아주세요. 자격은 조원 중에 나이가 제일 많은 연장자를 추천합니다. 00일 0시까지 카톡 투표로 결정 하겠습니다.

여러분이 뽑은 기수장 명단을 발표하겠습니다. 기수이름은 아래와 같습니다.

서문1조;

서문2조 ;

1계명조 ;

2계명조 ;

3계명조 ;

4계명조 ;

*계명의 주제와 배너는 주최 측에 준비되어 있습니다(총서 33권 jpg파일).

알고가기

각 조의 책임교사는 기수장의 역할을 설명해 주셔야합니다.

"왜 내가 해야 되요? 왜 나를 뽑으셨나요?"

"응, 니가 어때서? 그건 말이지, 우리 조원 중에 네가 제일 나이가 많더라."

하나님은 나이 많은 사람이 동생을 인솔해 오라고 하셨거든.

하나님은 아론에게, 모세를 데리고 오라고 하셨었지.

다섯 번째 공문(이틀 전)

안녕하세요? 십계명 탱탱학교(하나님 사랑학교)에 개강을 이틀 앞두고 맘 설레일 어린이 여러분을 생각하며 내일 모레가 오기를 기다립니다. 목욕하고 츄우바 기도문을 읽고 오는 것, 잊지 않으셨지요?

– 몸 깨끗

– 옷 깨끗

– 예배실 깨끗

– 츄바 기도문으로 맘 깨끗

시작은 10시 이지만 9시 까지는 도착해야 합니다. 시간 지키기, 약속해요!

그럼, 내일 만나요~~

*기수 장은 조 원에게 시작 1시간 전에 도착하도록 알려 주세요.

3) 교사와 주최측의 준비

  (1) 예배실은 무릎을 모을 수 있는 바닥 교실이거나 의자가 있는 교실은 신을 벗고 입실하세요.

  (2) 교사도 조 그룹에 소속됩니다. 조원이 2명 미만이면 친구들을 모아와서 4명은 채우세요.

  (3) 각 조는 계명의 지정 칼러가 있는 명찰을 준비하세요. 예) 1계명 조는 하늘색.

  (4) 교사는 계명에 맞는 칼러의 티셔츠나 스카프를 준비하세요.

  (5) 계명깃발과 배너를 준비하셨나요? (카도쉬에 있습니다).

  (6) 예배 실이 바닥 교실인 경우 등받이 의자가 필요합니다.

(7) 개강식준비물; 어린이에게 선물할 티셔츠, 교재, 가방, 명찰, 색종이비행기, 실내장식에 필요한 배너, 깃발, 개막행사에 하는 십계명 박 터뜨리기 재료들(현수막, 색종이, 커다 대바구니세트), 폭죽, Face painting 재료.

(8) 어린이 중에 총 대표 한 사람을 미리 선정해 둡니다.

4) 배너(깃발)색깔과 주제

계명	색깔	한글주제	영문주제
0서문	연두, 까망, 빨강, 하양, 노랑	예수님은 나의 구원자	Jesus is my savior
1계명	파란색	오! 필승 예수!	only Jesus
2계명	빨간색	은혜와 진리, or 우상은 no!	idol no!
3계명	노란색	모든 영광 하나님께	glorify the name
4계명	검정과 하양	주일이여, 오라! or 주일 거룩	keep it holy
5계명	연두색	부모공경 yes!	honor your parents
6계명	분홍색	이웃(사람)사랑 yes	hate no!
7계명	보라색	순결, yes!	pure in mind
8계명	남색	나눔 yes!	sharing together
9계명	회색	정직 yes!	honest –life
10계명	주황색	절제 yes!	self– control

 * 십계명의 주제는 계명별 배너나 깃발을 만들 때 필요합니다.

2. 개강 입장식 1시간 전

교사는 어린이 얼굴에 계명별 색으로 계명의 숫자나 키워드를 Face painting 해 줍니다.
tatoo(문신)? 아닙니다!

계명 숫자	1	2	3	4	5	6	7	8	9	10	서문1	서문2
key word	믿음	은혜	영광	주일	어른 공경	사람사랑	몸사랑	나눔	정직	절제	감사	구원

3. 개막식이 시작되었습니다!

1) 입장! (개막식 찬양, 도레미 송에 맞춘 십계명 리듬 체조곡)

대원들은 그룹의 기수 장을 따라 계명의 순서대로 입장합니다. 입장 순서는 이렇게 합니다.

하나님사랑 개막식은 맨 앞 서문(연두, 검정, 빨강, 하양, 노랑 = 갈색) ← 1계명(파란색) ← 2계명(빨간색) ← 3계명(노란색) ← 4계명(검정과 하양).

이웃사랑 개막식의 경우

맨 앞 5계명(연두) ← 6계명(분홍) ← 7계명(보라) ← 8계명(남색) ← 9계명(회색) ← 10계명(주황).

*기수는 기와 배너를 강단에 마련해 둔 꽂이에 꽂고 자리에 앉습니다.

* ← 는 행진의 순서(방향)입니다.

2) 깃발행진 "one little christian" 음악과 함께 = 음반 노래파티1집 10번에 있어요.

교사들과 어린이들이 십계명 기수별로 입장하면 교실을 한 바퀴 돌고 제자리에 와서 조별로 섭니다.

3) 십계명의 기 계양식

어린이의 대표가 나와서 십계명기 계양을 합니다.

4) 사회자의 주제말씀낭독

사회자가 선창하면 전체가 따라서 낭독합니다(마 22:37-40).

"예수께서 이르시되 네 마음을 다하고 목숨을 다하고 뜻을 다하여 주 너의 하나님을 사랑하라 하셨으니 이것이 크고 첫째 되는 계명이요 둘째는 그와 같으니 네 이웃을 네 몸과 같이 사랑하라 하셨으니 이 두 계명이 온 율법과 선지자의 강령이니라" 아멘.

예수님을 믿고 하나님의 자녀가 된 우리는 서로 사랑하고 사랑하겠습니다. 아멘!

5) 개회선언 ; 사회자

지금부터 제 _____ 년 _____교회 십계명학교 개강을 선언합니다.

다같이: holy start! in ____교회! 라고 외침과 동시에 모든 어린이들이 카운트 다운을 합니다! 10, 9, 8, 7, 6, 5, 4, 3, 2, 1, 0! 발사! 교사들의 폭죽과 함께 어린이들이 와아~~ 외치고 조원들이 바구니에 담아 둔 십계명 색깔의 종이 비행기를 날리세요.

*어린이들이 카운트 다운을 하는 동안 교사는 색종이가 든 바구니를 재빨리 아이들에게 나눠 줍니다.

6) 선서식

어린이대표 : 선서! (다른 어린이들도 따라 합니다)

하나, 하나님 나라의 시민인 우리는 하늘나라의 시민법인 십계명을 잘 실천하겠습니다.

둘, 우리조국 대한민국이 세계 모든 민족 위에 뛰어난 민족이 되기를 축복하며 우리는 자랑스런 하나님의 자녀가 될 것을 선서합니다!

교사대표 : 선서!(다른 교사들도 따라 함)

하나, 우리 교사들은 하나님의 공의와 사랑과 축복이 이 땅에 충만하도록 힘쓰겠습니다.

둘, 어린이들에게 기독교의 고귀한 정신인 거룩한 사랑을 가르치는데 최선을 다할 것을 선서합니다!

* 교사&어린이들은 순종 서약서에 사인을 합니다(십계명 순종 서약서는 자료 집에 있습니다).

7) 주제찬양-전체(음반 레크댄스 0번 태권체조곡)

8) 광고 & 축복의 시간.

9) 축복식

설교자가 회중을 축복하는 축복식을 하고 마칩니다. 축도= 목사님.

10) 기념사진 촬영

4. 십계명 박 터뜨리기

커다란 바구니로 만든 박을 장대에 달아 올려둡니다. 어린이들이 볼풀이나 오재미로 박을 터뜨립니다. "얘들아, 박을 터뜨리면 십계명 현수막이 쫘악 내려오며 동시에 색종이 쿠폰이 쏟아진다. 색종이 쿠폰에 선물의 이름이 써 있다. 색종이 쿠폰을 다 섯장 주워도 그 중에 한 장만 선택해서 선물을 받는거다."

5. 밥상파티

푸짐한 음식이 마련된 식당으로 안내를 받습니다. 식당에는 기수의 순서대로(서문, 1, 2, 3, 4계명)입장해서(깃발은 식당에 가지고 가지 않습니다) 조 별로 자리에 앉습니다.

1) 밥상세팅하기

하얀색 밥상보, 밀 보리밥, 밥상에 생화 한 송이, 하얀 색 음식들. 하얀 양초 셋(구원, 하나님사랑, 이웃사랑을 기억하는 빛의 양초)으로 밥상을 장식합니다. 음식은 오색찬란합니다. 주 메뉴는 성결을 상징하는 하얀 음식들로 준비합니다. 하얀 요구르트, 하얀 케익, 하얀 떡, 하얀 과자, 하얀 음료수, 하얀 밥상보와 하얀 음식은 만나와 성결을 상징합니다.

* 밥상 세러머니의 자세한 순서는 별도의 자료 집을 참조하세요. www.holyi.com.

2) 'happy birth day to you' 리듬으로 불러 보세요.

happy birth day to you

happy birth day to you

happy birth day dear 십계명 (Ten words).

I like you so much.

먹기 전에 교사 대표가 감사기도를 올리고 먹고 나서는 어린이 대표가 감사기도 드리고 마칩니다.

6. 폐막(수료)식

마치는 오메가 예배도 개막식과 같은 형식으로 준비하고 마칩니다. 수료식 사진은 밀보리단 앞에 서서 촬영하세요. 단, 폐막 수료식에는 멋진 수업 발표회와 시상식을 합니다. 신 28:1로 축복해 주십시오. 그리고 간단한 책걸이 파티를 열고 그동안 배운 소감이나 에피소드가 있으면 발표하는 시간을 가져 보십시오.

정리 합니다

소중한 원칙들을 나 자신과 내 자손에게 부지런히 가르치고 있는가?

나는 지금 올바로 가고 있는 걸까?

부자이면서 외로운 사람이 되기 원하는 사람이 정말 있을까?

착한 것이 옳은가?

나는 현명한 사람인가? 힘(능력)있는 사람인가?

나는 누구의 지배를 받고 있나?

다른 사람에게 해서는 안 되는 일이며 자신에게도 해서는 안 되는 도덕적 실체가 있는가?

내 자아가 내 뿜는 빛이 세상의 빛인가? 그으름인가?

나는 제대로 믿는 걸까?

part

3 개막식과 수료식 사례

다음은 2006년 혜성교회 교회학교 6계명학교 개막축제와 폐막수료식 사례입니다. 혜성교회는 이준호 목사가 시무하는 감리교단으로 성남시에 있습니다.

준비

대회장소(field)에는 6계명 배너를 만들어서 화려하게 건다. 어린이 볼에 '렛츠비 홀리' 제 6계명을 의미하는 'six, six' 등으로 훼이스 페인팅을 한다. 손에 손잡고 사랑의 선수단이 입장하는 분위기로 진행한다.

1. 입장식

사회자 ; 지금부터 2006년 6계명 학교에 참여하는 어린이들의 입장이 있겠습니다. 사랑의 선수단 입장!
사회자의 입장 선언과 함께 모든 어린이들이 도레미 송에 맞춘 십계명 주제 송에 맞춰 둘씩 손잡고 들어온다. 어린이들이 입장할 때 대회장, 성경학교 교장과 대회 임원, 장로, 학부모, 주일학교 부장, 부감 등이 일렬로 서서 열렬히 손뼉 치며 어린이를 맞이한다. 어머니들은 한복이나 드레스를 곱게 차려입고 정렬해서 아이들을 따뜻하게 맞이하고 자리를 안내한다.

2. 10계명 '기' 입장식

1) 6계명 레크댄스(십계명 주제가)곡이 연주된다.

6계명 주제 '사랑yes!'를 쓴 현수막은 대회장에 미리 부착해 둔다. 선수단이 십계명의 각 계명의 기를 들고 입장한다. 서문 영아부 3세, 1계명(유아부 4세), 2계명(유치부5세), 3계명(유치부 6세), 4계명(유치부 7세), 5계명(초등 1년), 6계명(2년), 7계명(3년), 8계명(4년), 9계명(5년), 10계명(6년). 입장후 깃발은 바구니에 둔다.

2) 기 게양식 : 제 6계명의 게양이 있겠습니다.

제 6계명의 기수 어린이가 6계명 기를 들고 나와 게양한다.

3) 어린이들이 모두 기립하고 교사들은 앞으로 나오고 6계명 주제곡을 다같이 부른다.

4) 사회자는 신명기28:1을 낭독한다.

사회자 멘트: 예수를 믿고 하나님의 자녀가 된 우리는 서로 사랑하고 사랑하겠습니다.

3. 개회 선언과 선서식

대회장: 지금부터 2006년 제 6계명의 출발을 선언합니다.

1) 세상을 새롭게 하는, "홀리 벨! 울려라!"울려라! (홀리 벨 음악;음반 레크댄스 7번).

2) 환영사 ; 대회장(교장)이 성경학교에 온 것을 환영하는 1분 메시지를 한다.

3) 어린이 선서! 어린이 대표

대표가 선창 하면 어린이들이 다 같이 따라서 선서한다.

하나님 나라의 시민인 나는 하늘나라의 시민법인 십계명을 실천하겠습니다! 우리 대한민국이 세계 모든 민족 위에 뛰어난 민족이 되고 우리는 자랑스러운 하나님의 자녀가 될 것을 선서합니다!

교사 선서! ; 교사 대표

우리는 하나님 나라의 시민법인 사랑의 십계명을 통해서 하나님의 사랑이 이 땅에 충만하고 어린이 들에게 기독교의 고귀한 정신인 제 6계명 사랑의 마음을 심어주는데 최선을 다할 것을 선서합니다!

4) 구호제창. 어린이 대표가 사랑! 하면 모두 yes! 라고 외친다.

4. 교사들의 드라마 발표

- 선한 사마리아 사람의 이야기- 십계명 음반 17번 노래파티 참고.

5. 환영식

새로 온 친구들은 모두 자리에서 일어난다. 대회장, 성경학교 교장과 대회 임원, 장로, 주일학교 부장, 부감 등이 일일이 찾아가 악수, 포옹, 격려한다. 이때 어린이들은 환영 송(your welcome) 을 계속해서 불러준다. 복음 영접 인터뷰에 응하는 몇몇 어린이와 인터뷰도 한다. "누구의 전도받아 나왔나요? 교회 다녀본 적이 있나요? 예수님을 잘 믿겠습니까?"등. 어린이 이름을 모두 일일이 불러서 축복 기도해 준다. 예수 믿기로 작정한 OOO 어린이, OOO, OOO를 예수님의 이름으로 축복합니다. 아멘.

6. 미리 보는 성경학교

작년 성경학교 5계명 영상 자료를 보여준다.

금년 성경학교에서 할 프로그램들을 영상으로 띄운다.

7. 축도

담임목사의 축도로 마친다.

part 4 수료식 휘날레

준비

어린이들에게 씌워줄 면류관(교사들이 만들어 둔다).

1. 폐막식 선언

사회자 : 지난 4일동안 교사들은 정성으로 가르쳤고 어린이들은 열심히 배웠습니다. 지금부터 2006년 여름 성경학교 폐막식을 시작하겠습니다.

2. 어린이 입장

6계명 곡의 연주와 함께 어린이들이 면류관을 쓰고 입장한다. 부모님, 대회장, 성경학교 교장과 대회 임원, 장로, 주일학교 부장, 부감 등이 일렬로 서서 맞이한다.

3. 기 반납식

십계명 기의 반납식이 있겠습니다. 각 연령의 어린이 대표가 나온다. 서문(영아부 3세), 1계명(유아부 4세), 2계명(유치부 5세), 3계명(유치부 6세), 4계명(유치부 7세), 5계명(1년), 6계명(2년), 7계명(3년), 8계명(4년), 9계명(5년), 10계명(6년) 순으로 나와서 강단 위에 비치해 둔 통에 깃발을 꽂아둔다. 제 6계명의 기수 어린이가 6계명 기를 들고 한 바퀴 돌며 어린이들이 모두 기립하고 교사들이 나와서 음악과 댄스의 지도하에 "십계명 워킹, 워킹(레크댄스 2a)"을 노래한다.

4. 사회자의 대표기도

모든 어린이들이 가슴에 손을 모으고 기도한다. 예수의 피로 구속함을 받아 영원한 생명을 주신 우리 주님께 감사드립니다. 이번 성경 학교에서 우리는 배움을 잘 마쳤습니다. 이제 세상에 나아가 사람을 사랑하고 화해하고 용서하는 크리스천으로 살아가게 하옵소서 예수님 이름으로 기도 드립니다. 아멘

5. 대회장(교장)의 1분 메시지

6. 구호제창

서로 사랑하자! 먼저 용서하자!

7. 수업 발표회

각 부서별 팀별, 배운 것을 어린이들이 한가지 씩 발표하는 시간이다(50분 이내). 유치부 1회/유년부 1회 /초등부 1회. 특별한 날을 정해서 가족을 초청하고 전 교인들 앞에서 발표한다.

8. 영광의 순간들

각종 챔피언을 수상한다.
암송 마니아를 수상한다.
단체, 개인 시상을 한다.
상장, 메달 수여.

9. 축도와 폐막 선언

대회장 : 2006년 혜성교회의 제 6계명의 폐막을 선언합니다. 세상을 새롭게! 홀리 벨! 울려라! 와아 holy 벨 찬양을 부르며 자리를 정돈한다.

10. 기념사진 촬영

11. 밥상 세러머니

밥상 세팅, 차림, 교육, 순서들은 이영희, "밥상머리 자녀교육" 책 (규장) 참고하실 것.

*유대교의 전통에서 "십계명은 마땅히 공개적으로 매일 매일 읽혀야 한다"는 미풍을 가지고 예배 때마다 회중이 십계명을 선포했습니다. 이것은 솔로몬의 예루살렘 성전시대에서부터 유래한 오랜 전통이었는데(대하 5:10, 왕상 8:9참고) 이 좋은 전통이 오늘 날에 폐지 된 것은 십계명 광신자들 때문이었다고 합니다.

정리 합니다

루터는 하나님께서 우리를 위하여(fuer uns) 무엇을 행하셨는가를 물었다면, 칼빈은 하나님은 우리에게서(an uns) 무엇을 하셨는가를 물었고 루터는 '믿음으로' 살아야 한다고 했다면 칼빈은 믿음으로 '살아야 한다' 라고 했다. - 바르트(K. Barth)[23]

루터 : 예수님, 믿으세요!

　　솔라 휘데이, 솔라 데칼로기! sola, sola 오직 믿음, 오직 십계명!

칼빈 : 예수님을 자~알 믿읍시다!

　　솔라 그라티아! sola, sola.

　　잘 믿는 교본? 십계명입니다!

구원을 위해서 인간이 하나님을 거든 일이 없습니다. 구원의 완성은 순전히 인간의 행위와 도덕성을 뚫고 들어 온 은총 덕분이지요. 그런데 인간은 물에 빠진 사람 건져 주었더니 보따리 달라는 격으로 하나님에 대한 책임 있는 행위는 간과합니다. '칭의'를 남용한 사람들은 인간 이성을 성화로 도약하지 못하고 은총에 안주하는 계기를 만들었습니다.

이런 점에 놀란 칼빈은 십계명을 더욱더 정의적 차원의 삶으로 가야 함을 강조했습니다.

"그리스도인은 십계명에 대한 더욱 완전한 순종을 통해 성화로 가야 한다. 믿음은 부르짖음이 아니라 인식과 지성의 문제다."라고. (칼빈. 재인용 신원하. p81,192).

"하나님은 우리의 도움 없이 우리를 만드셨지만

우리를 도우실 때는 우리의 도움이 필요하다." 시에나의 캐더린(Catherine of Siena).[24]

---

2 3) 박충구, 앞책 p211, 212.

2 4) Catherine of Siena1978. *A History of Christian Women*. Translated by Edmund Colledge and James Walsh. New York: Paulist Press. 206.

2장
주일학교의 십계명 교과

1장이 지도자를 위한 교과였다면 2장은 학생들을 위한 현장 교과입니다.

대상은 영아부에서 장년부까지 입니다.

집을 지을 때 가장 중요한 것은 설계도면에 충실한 기초공사입니다.

설계를 무시하면 언젠가는 무너지거나 다시 시작해야 합니다.

반면에, 아무리 이론(기초)이 좋아도 실내 인테리어(적용) 재료가 짝퉁이면 상품가

치가 떨어지고 버리거나 새로 시작해야 합니다.

십계명의 구조, 배열 순서, 일관성 있는 패턴의

기본 공식을 알면 어느 연령에든지 고급지게 적용하기가 쉽습니다.

"감사함으로 그의 문에 들어가며 찬송함으로 그의 궁정에 들어가서

그에게 감사하며 그의 이름을 송축할지어다" 시 100:4.

십계명의 구조와 배열순서

Let's be holy in Jesus!

십계명(十誡命)은 예수 십자가(十)로 말미암아 축복이 넘치는 은혜와 사랑의 계명입니다. 서문은 반드시 두 달 동안 배워야 하는 중요한 말씀입니다. 십계명에서 서문을 빼고 가르치면 속 재료 없는 송편이라고 제가 말한 것, 기억하시지요?

1. 십계명의 세 구조

- **구속** 구원의 은혜(서문)
- **하나님** 기독교의 고유한 가치(1~5계명)
- **이웃** 인류의 보편 가치(5~10계명)

* 5계명이 어디에 속하는가? 는 신학과 성경 해석에 따라 견해가 다양합니다. 본인은 5계명이 두 개의 구조, 즉 하나님과 이웃 사이를 자유롭게 넘나들게 하였습니다.

1) 십계명의 세 구조와 배열 순서

(1) 서 문 = 은혜의 복음(=경배의 대상)

우리가 섬기는 하나님이 누구인가?

우리를 사망에서 생명으로 구원하신 구원자의 이름은?

우리는 그 분과 어떤 관계인가?

왜 죄를 말하기 전에 은혜가 앞에 있을까?

(2) 1~5계명 = 삼위일체 하나님을 경외(사랑)하라

1계명은 경배의 조건

2계명은 경배의 방법

3계명은 경배의 태도

4계명은 경배의 시간

5계명은 경배의 축복

(3) 6~10계명 = 경배의 삶 ; 이웃을 경외(사랑)하라. 예수님처럼.

6계명은 사람을 사랑하라

7계명은 몸과 마음을 깨끗하게 사랑하라

8계명은 남의 재물에 손대지 말라

9계명은 정직해라

10계명은 절제하라

2. 성경의 기초

주택에 관심 있는 분들을 위해 주택공사는 우선 모델하우스(견본주택)를 보여 주지요? 십계명은 "내가 너희를 사랑한 것처럼"이라는 모델이 있습니다. 십계명은 하나님이 어떤 분이시며 그 분을 어떻게 경배해야 하고 이웃을 어떤 태도로 사랑해야 하는가의 모델뿐 아니라 실내 구조도 일목요연하게 잘 정리되어 있습니다.

사랑은 어떤 모습일까요? 유대 라비와 기독교의 성경 윤리학자들, 그리고 예수께서는 어떻게 말하셨을까요? 아래의 말씀을 읽어보세요.

"예수께서 이르시되 네 마음을 다하고 목숨을 다하고 뜻을 다하여 주 너의 하나님을 사랑하라 하셨으니 이것이 크고 첫째 되는 계명이요 둘째도 그와 같으니 네 이웃을 네 자신 같이 사랑하라 하셨으니 이 두 계명이 온 율법과 선지자의 강령이니라" 마 22:37~40.

"그들을 진리로 거룩하게 하옵소서 아버지의 말씀은 진리니이다" 요 17:17.

"내가 아버지의 계명을 지켜 그의 사랑 안에 거하는 것 같이 너희도 내 계명을 지키면 내 사랑 안에 거하리라" 요 15:10.

"성도들의 인내가 여기 있나니 이는 하나님의 계명과 예수에 대한 믿음을 지키는 자니라" 계 14:12.

십계명은 자유의 소동에서 시작했으니 구원받은 자유의 케리그마요, 새사람에게 주었으니 새로운 계명이에요. 두 돌판이 약속(pro+ missio)으로 이끄는 길이었다면 이제는 예수 그리스도 안에서 하나님이 일으킨 진짜 소동을 드러내는 일입니다(양명수 옮김. 2001. "해석의 갈등" p424, 444). 죄에 대한 시각이 달라졌습니다!

"죄에 대하여라 함은? 그들이 나를 믿지 아니함이요" 요 16:9.

part 2 학년별 십계명 주제 정하기

1. 수업 진행표 예시 •1교시는 10~20분, 총3시간.

방과 후, 주중, 주말, 주일 오후에 십계명 학교를 할 경우는 0 ~ 7교시(3시간)까지 할 수 있습니다.

일주일에 2회를 한다면 1회 모임에는 0~3교시(1시간 30분), 2회 모임에는 4~7교시(1시간 30분)로 나눕니다.

이 프로그램은 주일 오후 예배에 참석한 부모님을 기다리는 자녀들이 2~3주에 걸쳐서 한 것입니다.

| Prayer & 쯔다카 Time | 츄우바 중보기도회 | | 과제물 학부모교육지 전송 |
| | 쯔다카 (구제) | | |
	수업내용	교사의 수업자료	
0교시	총론& 단어공부(강론)질문 있어요! 체크 북	강의안	단어 플래시 카드
1교시	스포츠 댄스, 체조	음반, 악보집 스카프, 악기	쓰기, 읽기, 암송
2교시	읽기, 쓰기, 암송	어린이 개인별 노트	말씀쓰기와 암송
3교시	손작업		크래프츠 완성하기
4교시	B. S.T/M.S.T	ppt, 홀리북, 그림자료	그림자료 만들기
5교시	토론	think share 토론집	
6교시	브레이니 게임	게임북	
7교시	퀴즈	ppt	
십계명 영어낭송 및 마침기도회			

준비물: 풀, 가위, 자, 칼, 책받침.

2. 학년별 주제와 주제말씀

영아부 주제 : 축복의 십계명

"내가 오늘 네 행복을 위하여 네게 명하는 여호와의 명령과 규례를 지킬 것이 아니냐" 신 10:13.

유아, 유치부 주제 : 뽀뽀뽀 십계명

"너희도 내 계명을 지키면 내 사랑 안에 거하리라" 요한복음 15장 10절 하반절 말씀.

"내가 내 자녀들이 진리 안에서 행한다 함을 듣는 것보다 더 기쁜 일이 없도다" 요삼 1:4.

유년부 주제 ; 홀리아이 십계명

"그들을 진리로 거룩하게 하옵소서 아버지의 말씀은 진리니이다" 요 17:17.

초등부 주제 : I Love 십계명

"또 사랑은 이것이니 우리가 그 계명을 따라 행하는 것이요 계명은 이것이니 너희가 처음부터 들은 바와 같이 그 가운데서 행하라 하심이라" 요한이서 1:6.

중등부 주제 : Thank you Ten

"너희는 지켜 행하라 이것이 여러 민족 앞에서 너희의 지혜요 너희의 지식이라 그들이 이 모든 규례를 듣고 이르기를 이 큰 나라 사람은 과연 지혜와 지식이 있는 백성이로다 하리라" 신 4:6.

고등부 주제 : I Like Ten

"네가 네 하나님 여호와의 말씀을 삼가 듣고 내가 오늘 네게 명령하는 그의 모든 명령을 지켜 행하면 네 하나님 여호와께서 너를 세계 모든 민족 위에 뛰어나게 하실 것이라" 신 28:1.

장년부 주제 : Let's be holy, in Jesus! 이젠삶!

"여호와를 경외하며 그의 길을 걷는 자마다 복이 있도다 네가 네 손이 수고한 대로 먹을 것이라 네가 복되고 형통하리로다" 시 128:1. *신 28:1, 2 참고.

 알고가기

유대인 사립 명문고교로 유명한 뉴욕 주에 "그레이트 네크 템플 이스라엘 고등학교"의 교장을 역임한 마빈 토케이어는 "실제 학교에서 두각을 나타 낸 뛰어 난 사람은 리더가 되기 힘들다. 사회에서 리더가 되는 사람은 침착한 사람보다는 결점이 많은 사람이다."라는 말을 합니다. 그의 오랜 교직 경험에서 나온 말입니다.

part 3

부서별(연령별) 1년 교육계획

전 주일학교 총 주제 Let's be holy, in Jesus!

2개월이 한 학기로 1년 6학기제다.

1. 영아부 교육계획

필요한 교구

설교집, 주제 찬송과 댄스는 1, 2계명 악보집과 뮤직, 레크, 노래파티1, 2집, 스카프, 악기가 필요합니다.

아트 손작업은 크레프츠북 1집

미드라쉬 동화는 미드라쉬 동화집 1권

토론은 토론 집에 있습니다.

1, 2, 3, 4학기 총 주제 = 축복의 십계명

1학기 (1, 2월)

월	캠페인	예배 후 교육활동			환경
		주	활 동	가정학습	
1월 1계명 믿음을 드리는 달	축복의 하나님	1주	십계명& 1계명 주제찬송 댄스 1계명 아트 손작업	1계명 교육지 배부 쯔다카 통 나누어 주기 1계명 말씀쓰기 1(부모)	1계명 환경판 = 파랑. happy new year, in JESUS !
		2주	1계명 미드라쉬 동화 구연	1계명관련 말씀 쓰기 2	
		3주	1계명 토라와 생활 토론	1계명관련 말씀쓰기 숙제 3	
		4주	1계명 말씀 암송잔치	1계명관련 말씀쓰기 숙제 4	
		5주	1계명 홀리 벨 울려라! 퀴즈	사도신경 암송하기	
2월 2계명 사랑을 드리는 달	축복의 예수님	1주	십계명& 2계명 주제찬송 댄스 2계명 아트 손작업	2계명 교육지 배부 2계명말씀쓰기 1	2계명 환경판 = 빨강 holy new year in JESUS !
		2주	2계명 미드라쉬 동화 구연	2계명관련 말씀쓰기 2	
		3주	2계명 토라와 생활 토론	2계명관련 말씀쓰기 3	
		4주	2계명 말씀 암송잔치	2계명관련 말씀쓰기 4	

2학기(3, 4월)

월	캠페인	교육활동(25분)		가정학습	환경
		주	활 동		
3월 3계명 영광의 달	축복의 성령님	1주	십계명& 3계명 주제찬송 댄스 3계명 아트 손작업	3계명 교육지 배부 3계명 말씀쓰기 1	3계명 환경판= 노랑 happynew start 입학 감사예배
		2주	3계명 동화구연	3계명관련 말씀쓰기 2	
		3주	3계명 토라와 생활 토론	3계명관련 말씀쓰기 3	
		4주	3계명 말씀 암송잔치	3계명관련 말씀쓰기 4	
		5주	2,3 계명 홀리 벨 울려라!	시상식 및 발표회 쯔다카통 가져오는 날	
4월 4계명 기억의 달	축복의 주일	1주	십계명& 4계명 주제찬송 댄스 4계명 아트 손작업	4계명 교육지 배부 쯔다카통 나눠주기 4계명말씀쓰기 1	4계명 환경판 = 검정과 하양 고난, 부활절/ 천지창조와 재창조 happy new creation
		2주	4계명 동화 구연	4계명관련 말씀쓰기 2	
		3주	4계명 토라와 생활 토론	4계명관련 말씀쓰기 3	
		4주	4계명 말씀 암송잔치	4계명관련 말씀쓰기 4	
총정리		전교인을 모시고 하는 수업 발표회(춤, 암송, 토론, 동화, 역할극등)			

3학기(5, 6월)

월	캠페인	교육활동(25분)		가정학습	환경 및 대 행사
		주	활 동	과제해오기	
5월 5계명 공경의 달	축복의 부모님	1주	십계명& 5계명 주제찬송 댄스 밥상 자녀교육예배 5계명 아트 손작업	5계명 교육지 배부 5계명 말씀쓰기 1	5계명 환경판 = 연두
		2주	5계명 동화구연	5계명관련 말씀쓰기 2	
		3주	5계명 토라와 생활 토론	5계명관련 말씀쓰기 3	
		4주	5계명 말씀 암송잔치	5계명관련 말씀쓰기 4	
		5주	4,5계명 홀리 벨 울려라!	5계명관련 말씀쓰기 5	
6월 6계명 사랑의 달	축복의 친구들	1주	십계명& 6계명 주제찬송 댄스 6계명 아트 손작업	6계명 교육지 배부 6계명관련 말씀쓰기 1	6계명 환경판 = 분홍 샤브옷(오순절)기념 '트슈바' 철야 성회(주중) 6계명 환경판 = 분홍
		2주	6계명 동화 구연	6계명관련 말씀쓰기 2	
		3주	6계명 토라와 생활 토론	6계명관련 말씀쓰기 3	
		4주	6계명 말씀 암송잔치	6계명관련 말씀쓰기 4	
		5주	홀리 벨 퀴즈	시상식및 수업 발표회 쯔다카통 가져오는 날	

4학기(7, 8월)

월	교육 주제	교육활동		가정교육	특별기획
		주	활동명		
7월 7계명 내 몸 사랑의 달	축복의 나의 몸	1주	십계명& 7계명 주제찬송 댄스 7계명 아트 손작업	7월교육지 배부 쯔다카통 나눠주기 7계명말씀쓰기 1	7계명 환경판 = 보라 여름성경학교
		2주	7계명 동화 구연	7계명관련 말씀쓰기 2	
		3주	7계명 토라와 생활 토론 십계명 여름성경학교	7계명관련 말씀쓰기 3	
		4주	7계명 말씀암송잔치	7계명관련 말씀쓰기 4	
8월 8계명 주는 손의 달	축복의 손	1주	십계명& 8계명 주제찬송 댄스 8계명 아트 손작업	8월 교육지 배부 8계명 말씀쓰기 1	8계명 환경판 = 남색 holy 비전캠프
		2주	8계명 동화구연	8계명관련 말씀쓰기 2	
		3주	8계명 토라와 생활 토론	8계명관련 말씀쓰기 3	
		4주	8계명 암송잔치	8계명관련 말씀쓰기 4	
총정리		전교인을 모시고 하는 수업발표회(춤, 암송,토론, 동화 역할극등)			

5, 6학기(9, 10월)

월	교육 주제	교육 활동		가정교육	특별기획
		주	활동명	과제 해 오기	
9월 9계명 깨끗한 내 입	축복의 선한 입	1주	십계명& 9계명 주제찬송 댄스 9계명 아트 손작업	9월 교육지 배부 9계명 말씀쓰기1	9계명 환경판 = 회색 new semester 개학 감사예배
		2주	9계명 동화구연	9계명관련 말씀쓰기2	
		3주	9계명 토라와 생활토론	9계명관련 말씀쓰기3	
		4주	9계명 말씀암송잔치	9계명관련 말씀쓰기4	
10월 10계명 전도하는 달	축복의 새친구	1주	십계명& 10계명 주제찬송 댄스 10계명 아트 손작업	10월 교육지 배부 쯔다카통 나눠주기 10계명 말씀쓰기1	10계명 환경판 = 주황 홀리북으로 하는 전도의 달 gospel of day
		2주	10계명 동화구연	10계명관련 말씀쓰기2	
		3주	10계명 토라와 생활토론	10계명관련 말씀쓰기3	
		4주	10계명 말씀암송잔치	10계명관련 말씀쓰기4	
		5주	홀리 벨 퀴즈	10계명관련 말씀쓰기5	

7, 8학기 (11, 12월) 나의 구원자!

월주제	캠페인	교육 활동		가정교육	특별기획
		주	활동명	과제해 오기	
11월 서문1 감사의 달	축복의 내 영혼	1주	서문1주제찬송 댄스 서문 아트 손작업	서문1 교육지 배부 서문1 말씀쓰기 1	출애굽 환경판= 5색 (연두, 검정, 빨강, 하양, 노랑) 추수 감사절 thanksgiving day 11월 마지막 주는 낡은 성경책 교회로 가져오는 날
		2주	서문 역할극 추수감사 예배	서문1관련 말씀쓰기 2	
		3주	토라토론	서문1관련 말씀쓰기 3	
		4주	서문 말씀 암송잔치	서문1관련 말씀쓰기 4	
12월 서문2 심판의 달	축복의 아기 예수님	1주	서문2 주제찬송 댄스 성탄카드 만들기	12월 교육지 배부	성탄절 환경판= 성탄. 구주 성탄절 & 새해준비 welcome to Jesus!
		2주	성탄 발표회 연습	서문2 말씀쓰기 1	
		3주	성탄 발표회 연습	서문2 관련 말씀쓰기 2 성탄 발표회 연습	
		4주	성탄주일	서문2 관련 말씀쓰기 3 쯔다카 통 가져오는날	
		12/25	성탄 12월 25일	서문2 관련 말씀쓰기 4 성탄 발표회	
		5주	홀리 벨 퀴즈	서문2 관련 말씀쓰기 5 시상식	
총정리		전교인을 모시고 하는 수업발표회(춤, 암송, 토론, 동화 역할극등)			

어린이에게 1~4계명들을 가르침으로써 창조와 구속의 구체적인 개념을 받아들일 준비를 시킵니다.

제5계명부터 제10계명까지는 부모, 가족, 친척, 이웃과 관계를 맺으면서 확장되는 어린이의 세계관의 초석이 됩니다.

이 계명들을 통해서 어린이는 사랑과 보살핌을 주는 부모와 어른들과 어떤 관계를 맺어야 하는지, 어떻게 공경하고 순종해야 하는지를 배울 수 있습니다.

2. 유아, 유치부 교육견본 (1년 총주제 = 뽀뽀뽀십계명)

1~10, 서문1,2	1~12월 교육 주제	예배 후 교육활동(25분)			특별기획
		주	활동	가정교육	
		1주	주제찬송 댄스손작업	교육지, 쯔다카통 배부 말씀베껴쓰기와 색칠공부	칼라 이미지 환경판
		2주	동화구연	말씀베껴쓰기와 색칠공부	
		3주	토라토론	말씀베껴쓰기와 색칠공부	
		4주	율동파티	말씀베껴쓰기와 색칠공부	
		5주	홀리 벨 울려라!퀴즈	말씀베껴쓰기와 색칠공부	

1월	2월	3월	4월	5월	6월	7월	8월	9월	10월	11월	12월
뽀뽀뽀	뽀뽀뽀	뽀뽀뽀	뽀뽀뽀	뽀뽀뽀	뽀뽀뽀	뽀뽀뽀	뽀뽀뽀	뽀뽀뽀	뽀뽀뽀	뽀뽀뽀	뽀뽀뽀
하나님	예수님	성령님	주일	부모님	친구들	나의 몸	주는 손	나의 입	새 친구	내 영혼	아기 예수님

3. 유초등부 교육견본 (유년부 1년 총주제= 홀리 아이 십계명)

1~10, 서문1,2	1~12월 교육 주제	예배 후 교 육 활 동			특별기획
		주	활동	가정교육	
		1주	주제송 암송 손작업 crafts	교육지 배부 쯔다카 통 나누어 주기 말씀읽기, 쓰기	칼라 이미지 환경판
		2주	동화토론 배너 만들기	말씀 읽기, 쓰기	
		3주	토라토론	말씀 읽기, 쓰기	
		4주	암송 춤 발표회	말씀 읽기, 쓰기	
		5주	홀리 벨 울려라! (퀴즈)	말씀 읽기, 쓰기	

1월	2월	3월	4월	5월	6월	7월	8월	9월	10월	11월	12월
holy hi	holy hi	holy	holy hi	holy hi	holy hi	holy hi	holy hi	holy hi	holy hi	holy hi	holy hi
하나님	예수님	성령님	주일	부모님	친구들	나의 몸	주는 손	나의 입	새 친구	내 영혼	아기 예수님

*hi = 손을 들어서 환영한다는 의미와 히브리어로는 'life(chai)' 라는 뜻입니다.

(초등부 주제 : I Love 십계명)

1~10, 서문1,2	1~12월 교육 주제	예배후 교육활동			특별기획
		주	활 동	가정교육	
		1주	주제송, 영어라임 배우기 창작 팝업북 손작업	쯔다카통 나누어 주기 영어 말씀 읽기, 쓰기	칼라 이미지 환경판
		2주	동화토론 창작 배너 만들기	영어스토리 연설하기	
		3주	토라토론	영어 말씀 읽기, 쓰기	
		4주	암송 춤 발표회	영어 스토리 역할극	
		5주	홀리 벨 퀴즈	영어 말씀 읽기, 쓰기	

1월	2월	3월	4월	5월	6월	7월	8월	9월	10월	11월	12월
I Love	I Love	I Love	I Love	I Love	I Love	I Love	I Love	I Love	I Love	I Love	I Love
하나님	예수님	성령님	주일	부모님	친구들	나의 몸	주는 손	나의 입	새 친구	내 영혼	아기 예수님

5. 중고등부 교육견본 (중고등부 주제 : Thank you Ten)

1~10 서문1,2	1~12 월 교육 주제	예배 후 교육활동			특별기획
		주	활 동	가정교육	
		1주	영어라임, 영어체조 마드라쉬 동화토론	쯔다카통 배부 말씀 영어읽기, 쓰기	칼라 이미지 환경판
		2주	춤 발표회	츄우바	
		3주	토라토론	츄우바	
		4주	프리젠테이션 (발표)수업	츄우바	
		5주	홀리 벨 울려라! (퀴즈)	1일 십계명 교사하기	

1월	2월	3월	4월	5월	6월	7월	8월	9월	10월	11월	12월
Thank you	Thank you	Thank you	Thank you	Thank you	Thank you	Thank you	Thank you	Thank you	Thank you	Thank you	Thank you
하나님	예수님	성령님	주일	부모님	친구들	나의 몸	주는 손	나의 입	새 친구	내 영혼	아기 예수님

부서별(연령별) 2년차 교육계획

- 주기도문
- 사도신경
- 성령의 아홉열매
- 8복과 산상보훈

십계명을 마친 이듬해에는 아래와 같은 주제로 1년 동안 가르쳐 보세요.

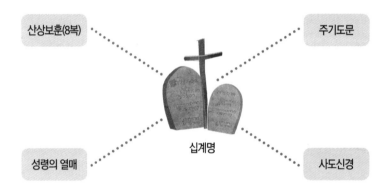

월	1월	2월	3월	4월	5월	6월	7월	8월	9월	10월	11월	12월
교회 절기			고난절	부활절	승천절	성령강 림절	여름수련회		속죄절	초막절	추수감 사절	성탄
주제	주기도문		사도 신경			성령의 아홉열매			8복과 산상보훈			성탄
관련 계명	1, 2계명		3, 4, 5계명			6, 7, 8, 9, 10계명			십계명 총정리			서문
국경절	새해	설	3.1절		가정절	호국 전쟁 기념절	제헌절	광복절		추석		연말

*교육원리와 방법은 십계명총서2권 NO 89, 90, 118에 있습니다.

십계명과 절기교육

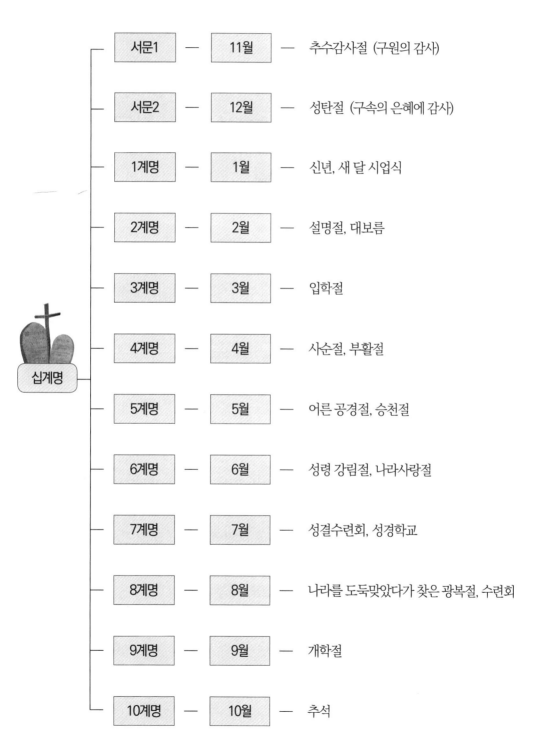

	서문1	11월	추수감사절 (구원의 감사)
	서문2	12월	성탄절 (구속의 은혜에 감사)
	1계명	1월	신년, 새 달 시업식
	2계명	2월	설명절, 대보름
	3계명	3월	입학절
	4계명	4월	사순절, 부활절
십계명	5계명	5월	어른 공경절, 승천절
	6계명	6월	성령 강림절, 나라사랑절
	7계명	7월	성결수련회, 성경학교
	8계명	8월	나라를 도둑맞았다가 찾은 광복절, 수련회
	9계명	9월	개학절
	10계명	10월	추석

4부..

예수의 빛 축복의 아기학교(1~4세)

교육행정운영

엄마(부모)가 아기와 함께 배우는 학교!

도덕적으로 해이한 사람은 어느 누구 하고도 좋은 관계를 오래 지속하지 못합니다. 도덕성은 인간의 됨됨이를 형성시키는 중요한 발달과제입니다. 도덕성은 어떻게 형성될까요? 도덕론자들에 의하면 도덕관념이란 "스스로 형성하는 것이 아니라 중요하다고 생각하는 사람과 그리고 사회 규범을 배우고 익히는 과정에서 형성된다."라고 말합니다. (최혜순. 2016. p32).

유아가 여러 사람에 의해 양육되는 것이 바람직하지 않은 이유가 여기에 있습니다.

100만 엄마 프로젝트!

십계명을 배운 엄마들이 나서서 가정, 교회, 나라를 재건축합시다!

어린이집에 다니는 크리스천 부모들은 십계명 서클 활동을 해보세요!

축복의 아기학교는 어린이집(유치원)의 공교육 + 크리스천 부모들이 모여서 하는 십계명 프로그램입니다. 주중, 주말, 주일에 할 수 있습니다.

아기학교의 교육, 행정, 운영을 소개합니다.

*견본 교회와 원 ; 성남 혜성교회 영아부와 혜성유치원. 군산 성광교회 어린이집.

환영 인사말

예수의 빛 축복의 아기학교에 오신 여러분을 환영합니다.

미래 레이스의 다음 세대 주자인 아기를 응원합시다!

유대 교육자들은 "우리의 생존 비결이 교육에 있다."는 말을 했고 그 교육의 핵심인 토라의 정신은 세계적으로 탁월하고 우수한 교육이라는 검증과 칭찬을 듣게 되었습니다.

기독교의 생존 비결이 예수의 빛 십계명에 있다는 확신은 "네 밭에 두 종자를 섞어 뿌리지 말며 두 재료로 직조한 옷을 입지 말라"(레 19:19)는 말씀에 뿌리를 둔, 축복의 생명교육이기 때문입니다. 토질에 맞는 씨를 뿌리라는 것은 아이가 가진 본성(특질)에 맞게 양육하라는 의미이기도 합니다. 두 재료로 직조한 옷을 입지 말라는 것은 한 가지 개념(원리)에 충실한 교육을 하라는 것입니다. 하나님은 아이의 본성에 거룩한 씨를 심어 두셨습니다. 이 거룩한 본성이 잘 자라도록 돕는 것이 예수의 빛으로 쓰인 십계명입니다. 예수의 빛 십계명은 하나님나라와 세계 시민의식을 길러주어 축복과 번영을 세상에 실어오고 십계명은 그 축복을 지켜 줍니다. 십계명으로 배우는 우리 자녀들이 하나님과 사람을 사랑하고 인류에 공헌하는 거룩한 창조자로 자라기를 바라며, 예수 안에서 시작합니다. Let's be Holy, in Jesus!

카도쉬 비전 대표 이영희

contents ....

2계명의 날

1장. 주제와 시간표

1.주제; 천대의 은혜 Graceful today!

2. 시간표

3계명의 날

1장. 주제와 시간표

1. 주제; 거룩한 이름 Holy name!

2. 시간표

예수의빛 S. E. I. S. 플랜

학습의 기본틀 Spiritual power

1. Intellectual Intelligence (Left)

2. Emotional Intelligence (Right)

3. Sensorimotor Intelligence (Back)

4.감각운동 지능

학칙

조직

예산

악보집수록

예수의 빛 축복의 아기학교

Ⅰ. 철학 및 목표

1. 교육철학

모든 영광이 하나님께 있습니다. 솔라 그라티아!

아이들은 하나님과 사람에게 사랑받으며 부모들은 부모됨의 보람을 느끼며 교사들은 기쁘게 최선을 다하므로 생명을 살립니다.

2. 목표

하나님의 영광을 위하여; 리크보도! for his glory!

1) 예수의 빛 십계명은 아이들이 행복하고 하나님과 사람에게 사랑스러운 사람이 됩니다.

2) 복음으로 기독교인이 되어(서문) 하나님나라 시민의식(1~4계명)과 세계시민의식(5~10계명)이 균형 잡힌 아이로 자랍니다.

3) 교사들은 늘 연구하고 친절과 섬김으로 화목하는 일에 앞장섭니다.

4) 학부모들은 항상 감사하고 서로를 존경하며 사람을 사랑하는 마음을 갖습니다.

3. 비전

사랑 하나님과 사람을 사랑하는 헤세드의 어린이. 마22:37-40,요15:10-12.

지혜 지성과 명철을 겸비한 호크마의 어린이. 마10:16상.

성결 생활이 성별된 카도쉬의 어린이. 마10:16하, 요17:17.

축복 복되고 형통한 브라카의 어린이. 시128:1~2.

　*사랑 헤세드 |지혜 호크마 |성결 카도쉬 |축복 브라카.

Ⅱ. 입학안내

1. 대　상 : 생후100일 ~ 4세 어린이와 부모

1) 기독교의 어린이를 우선으로 하되

2) 교회 밖 어린이가 입학을 원할 경우 본원의 교육방침을 따른다는 동의서에 서명을 받는다.

3) 타교회 어린이의 등록이 가능하다.

　* 학부모가 필히 등록하여야 한다. 부모 등록비는 없음. 어린이 등록비에 포함됨.

입학원서에는 어린이 주민등록번호를 정확히 기재할 것. (어린이 안전 보험에 가입한다).

2. 모집정원 : 20명

3. 한 학기 등록 금 : 20만원

*부모 수업비(특강, 음식대접, 부모교육자료포함) 무료.

4. 장소 : 교회 교육실 (예를 들면 본관 2층 영아부실)

5. 등록금 입 금 처 :

6. 문의 : ex ; 070-7629-1663.

III. 수업안내

1. 수업일 수 : 한 학기에 주1회 2시간 11주.

2. 수업기간 : 총 4학기 2년과정

	봄 학 기 (3, 4월 개강)	가 을 학 기 (9월 개강)
1년	3, 4, 5계명	6, 7, 8계명
2년	9, 10, 서문1	서문 2, 1, 2계명

이 외에 야외 캠프 및 방학 프로그램이 있습니다.

3. 교과목

1) 십계명

성경의 핵심이요 신앙인의 생활문서인 십계명을 어린이 발달에 맞게 세분화하여 가르칩니다.

2) 쯔다카(=공의실천)

금전관리의 능력을 길러주고 나눔의 실천은 세상을 살리고 자녀들의 미래를 풍요롭게 하는 자원입니다.

3) 밥상머리자녀교육

감사는 우뇌를 자극해서 창의적 뇌를 발전시킵니다.

세계를 먹여 살리는 리더로서 품위를 갖춘 엘리트를 만듭니다.

4) 침대머리 자녀교육

좋은 수면이 건강한 자아상을 형성하고 모든 발달의 기초가 됩니다.

5) 축복식

예수의 빛 축복 기도문으로 어린이를 축복하여 아이의 현재와 미래의 비전을 심어주어서 비전이 축복으로 열매를 맺게 합니다.

6) 말씀듣기, 읽기, 쓰기, 색칠, 암송.

말씀을 듣고, 보고, 말하고, 만지고, 맛 보는 영의 감각 훈련은 영혼 뿐 아니라 잠자는 뇌를 일 깨워 줍니다.

7) 부모교육과 어머니들의 중보 기도모임

유아와 통합수업이 있으며 부모를 위한 특강이 별도로 진행됩니다.
부모님들의 중보의 기도시간이 있습니다.

Ⅳ. 시간표와 준비

1. 수업준비

1) 칭찬 게시판

어린이들의 이름이 적힌 게시판을 만드세요.

10주 동안 출석, 모범(울지 않고, 돌아 다니지 않은 경우), 과제물을 해 오면 스티커를 붙여줍니다.

2) 계명별 배너, 깃발을 실내에 걸어두셨나요?

3) 2명의 꼬마선생님을 제비뽑아 결정했나요?

a. 3살 내지 4살 어린이 중에서 꼬마선생님(수제자)두 명을 제비뽑아 결정합니다.

b. 꼬마 선생님은 3주에 한번 씩 교체합니다. 1주, 4주, 7주 마치는 시간에 제비뽑습니다.

c. 한번 했던 친구는 다음 번 제비뽑기에서 쉽니다.

4) 꼬마 선생님이 하는 일을 알고 계세요?

a. 츄우바 낭송시간에 두 명의 꼬마 선생님이 선생님의 양 옆에 앉습니다.

b. 쯔다카를 걷습니다.

c. 선생님의 잔심부름을 합니다. 간식나눠주기등.

5) 꼬마 선생님이라는 것을 알리기 위해서 멋진 스카프나 후두를 목에 걸어주셨나요?

2.교사가 모든 어린이에게 챙겨 줄 준비물

1) 예수의 빛 명찰

2) 어린이 수첩

3) 아이콘(격려 받을 어린이에게 주는 스티커)

4) 교재 (홀리북, 미드라쉬 이야기자료, 게임북등)

3. 교실과 환경

바닥교실

교회 내 식당

실내에는 잎사귀 많은 나무로 숲 분위기를 조성하십시오.

물 흐르는 소리가 들리는 기구가 있어야 합니다.

4. 시간표

횟수	게임	10:20	10:30~50	10:50~11:00	11:00~11:15	11:15~11:25	11:25~11:40	11:40~11:55	11:55~12:10	12:10~12:20	12:20~12:30
		생활속 지나교육 책 과제물점검	츄우바 & 쪼다카 예배	축복의 말씀 순!	스키프, 악기, 집밥 노래파티 말씀체조	간식 아기악보 p10	아기발달	홀리북	브레이니 워니 게임	공동기도	카가준비
1회	1계명의 날 오직예수 Only God		1) 예배송 27	출20:3	출20:3 심계명 체조		마사지	아기바			
2회		1장	2) 츄우바 남독	시47:1,5	시47:1,5 1~20a		공공씨주기				
3회			3) 축복식	시33:12	시33:12 (아기악보16p) 1~20a		헌검음씩	1	1		
4회	2계명의 날 진데의 은혜 Graceful day !	2장	4) 쪼다카 p.28	출20:3	2집 0면		세수식	눈 감박이기	2	2	아이에 예수야 주제기부르기 p.26
5회			5) 손씻기 (물티슈)	출20:4,5,6	1~21f		7룸마시기 8간식먹기 p.30	똥마시기 내몸은 똥이 5~2			기도송.31 아기 기도책 p.31
6회				출20:6	2집 0면		똑똑동 누크 하기	새근새근잠잼 아기1~5	3	3	아기 기도송.31
7회	3계명의 날 Holy name			출20:7	3집p14						
8회		3장		시47:6	1~20b						
9회				롬10:13	3집p46				어린이 : 수업 발표회 준비 부모특강 : 밥상머리 자녀교육		
10회	총정리								수업 발표회 및 1 2 3 게임 수료식		밥상파티

학기별 발달학습

 ## 1주- 아기 마사지 겔16:4

준비물; 오일이나 크림, 부드러운 타월

실습하며 노래불러주기; 아기신앙 7-1곡 (악보집 p37). '너의 몸은.'

 ## 2주- 공꽁 싸주기 눅2:7,12

천으로 아기를 싸주는 날

"강보에 싸서 구유에 뉘였으니." (눅2:7, 12참고).

신체가 단단해지고 각성 효과(집중력)를 높여 줍니다. 5세까지는 틈틈이 아기를 싸주세요. 특히 산만한 아이를 자주 싸주세요.

실습하며 노래불러주기; 아기신앙 5-7곡 (악보집 p30) '사랑스런 아이.'

 ## 3주- 어부바 (포대기육아)

하나님의 양육 ; 업고(출19:4), 안고(사49:22), 어깨에 메고(사49:22).

*포대기육아법 이영희, "아기를 천재로 발달시키는 영아부 교육" 책 참고.

어부~바

업히기

업어줘, 업어줘요.

업고 걸어요. 하나 둘, 하나, 둘.

안고 걸어요 하나, 둘, 셋, 하나, 둘, 셋.

아기를 들어 올리세요. "복덩이가 여기 왔어요!"

어깨에 무등 태우기

간지럼 태우기

잡히고 잡는 놀이

잡히면 업어줍니다

아빠 등에 앉아서 말타기

아기를 포대기에 싸서 아빠, 엄마가 붙들고 그네 태워주기.

4주– 한걸음씩

준비! 아기악보책 7–4. p39.

오른 발, 왼 발, 양 발, 깡총!

오른 손, 왼 손, 양 손, 쭉쭉!

오른 볼, 왼 볼, 양 볼, 뽀뽀!

🎀 행진하기

1) "아리마대 요셉과 니고데모" (레크악보집 p28. 음반뮤직드라마10번곡).

준비물; 모든 어린이에게 줄 색종이 배너, 또는 스카프.

아기와 엄마가 둥글게 일렬로 서서 행진합니다. 음악에 맞춰서 강사의 지시에 따라 "한 걸음, 멈춤"을 하며 행진합니다.

2) "청옥을 편 듯" 음악 ; 음반 레크 9. 레크 악보집 p13.

엄마의 발등에 아기 발을 올려놓고 엄마가 아기를 끌어 앉고 한 걸음씩 걷습니다.

음악이 나오면 엄마와 아기가 손 잡고 서있습니다. 입장! 하면 결혼식 입장할 때 한 걸음씩 걷듯이 엄마 손잡고 음악에 맞춰서 한 걸음씩 발 맞춰서 걸어요.

우리는 한 걸음씩 걷듯이 말씀을 차근차근 배워요.

5주– 내 몸은 팽이

3~4세

엄마들이 아기와 손 잡고 (또는 안고) 스타트 라인에 섭니다. 교사의 지시를 따르세요. 교사가 "엄마가 아기 손을 잡고 세 걸음 앞으로! 하나, 둘, 셋!" 세 걸음을 간 후 엄마가 아기 몸을 빠른 속도로 팽이처럼 돌려줍니다. 휙! 휙! (2회반복).

엄마가 아기 손을 잡고 다섯 걸음을 갑니다. 하나, 둘, 셋, 넷! 휙! (2회반복)

하나, 둘, 셋, 넷, 휙! (2회반복)

※아기가 혼자 몸을 뒤로 돌리는지 관찰하세요.

1) 앞으로, 뒤로, 옆으로 걸어요.

앞으로 걸어요 (go straight) 하나 ,둘 ,셋!

뒤로 걸어요 (back to step) 셋, 둘, 하나!

뱅글뱅글 돌다가 (turn around) hop, hop, hop!

stop, sit ~ down!

2) 가사의 지시대로 합니다.

WITH MYSELF I HOP, HOP, HOP (2회) 몸을 돌리고 깡충, 깡충뛰기.

CLAP, CLAP, CLAP 손뼉치기

HOP, HOP, HOP 깡충깡충

WITH MYSELF 몸을 돌리기

I TURN AROUND.

12~24개월 아기의 부모님은 부모님이 아기를 안고 또는 업고 돌으세요.

부모님께 드리는 교훈

우리는 언제나 돌이킬 줄 알아야 합니다. 언제나 주님께 돌아오세요. 돌이키면 언제나 받아 주십니다.

2세 미만아기 몸뒤집기 수업

아기를 엎였다, 뉘였다, 위치를 바꿔주기.

엎였다(2분), 뉘였다(2분).

아이가 스스로 몸을 뒤집을 때까지 기다리세요.

아기를 뉘울 때 형광등 바로 아랫자리는 피해 주세요. 자연광이 양쪽 눈을 골고루 자극 하도록 밝은 쪽으로 위치를 수시로 바꾸어 주세요. 형광등 아래서 재우면 근시가 될 수 있습니다.

6주 세수식

준비물; 소금물에 적신 물티슈.

손-〉 손톱 -〉 귀 -〉 코-〉 씻어주기.

7주 눈 깜박이기

1) 마주보기

　엄마와 아기가 눈을 마주봅니다.

2) 눈 마사지

　엄마가 검지와 엄지손가락으로 아기의 눈 주의를 살짝 눌러주며 마사지를 해줍니다.

　"두 눈 깜박, 깜박."

　감았다,

　떴다,

　오른 눈 깜박,

　왼눈 깜박,

　눈 감고 1초 , 2초

　아기 속눈썹 쓰다듬어 주기.

눈 근육 움직이기 고양이 눈, 여우 눈.

눈을 깜박이나요? 눈동자를 돌리나요?

두 눈꺼풀의 근육이 깜박일 수 있다는 것이 얼마나 놀라운 기적입니까?

"하나님, 우리 아기의 위, 아래, 두 눈꺼풀이 열리고 닫힙니다.

놀라운 조직을 창조하신 주님을 찬양합니다."

기도하기 "우리를 눈동자같이 지켜 주시는 하나님 감사합니다."

아기의 작은 신경을 깨우는 소근육운동

 ## 8주/ 물마시기 수업 12개월부터

감사기도하기

컵을 쥐고 마시기

조금씩 마시기

컵을 두 손으로 공손하게 드리기

 ## 9주/ '똑똑똑' 노크 수업

누구십니까? 들어오세요

노크 수업은 집에 돌아가서 배운대로 연습하세요.

엄마가 아기의 가방을 열어 봐도 좋은가요?"라고 아기에게 묻고 어떻게 반응하는지 살펴보세요.

아기 방에 들어갈 때 "똑똑, 방에 들어가도 되나요?"라고 노크하세요. 행동을 지시해 주세요.

예) "문 닫으세요." "문을 열어 주세요." 문을 쾅쾅 여 닫는 것은 실례입니다. '똑똑똑' 노크하세요

 ## 10주/ 새근새근 잼잼수업

준비물; 자장가 음반 1집14번. 1계명악보 p36. 마22:37~40의 말씀자장가.

1) 아기 재우기 실습

이블 속에 들어가서 속닥속닥, 똑딱똑딱.

2) 똑딱똑딱

절대 음감의 메트로놈이나 시계소리를 들려줍니다.

엄마는 손목시계를 차고 오세요. 아기의 오른 귀, 왼 귀에 시계를 대고 시계바늘이 움직일 때 나는 작은 소리 들려주세요. 작은 소리를 들으려면 조용히 해야해요

1계명의 날

주제 ; 오직예수 Only Jesus(God)

1계명 배너와 깃발을 교실에 걸어둡니다.

1계명 시간표 *p는 악보집

월 시간	내용	1회 일	2회 일	3회 일
10;20	숙제점검	생활 속 자녀교육 책 가정학습점검		
10:30~50	츄우바& 쯔다카예배	1) 예배송 p27 ㅣ 츄우바낭독 ㅣ 축복식 ㅣ 쯔다카송 p28.		
10:50~11:00	축복의 말씀 손!	2) 출20:3	2) 시33:12	2) 시47:1,5
11:00~11:15	스카프, 악기, 깃발 노래파티, 말씀체조	3) 출20:3 스카프 십계명체조 p38.	3) 행진하기 시33:12 p34	3) 악기 시47:1,5 p34
11:15~11:25	물마시기와 간식 아기악보 p10.	4) 간식과 물마시기 p30. 5) 아기체조 p33.		
11시25~11:40	아기발달	6) 아기 마사지	6) 꽁꽁 싸주기	6) 어부바
11:40~11:55	알데이 예슈아 홀리북	7)홀리북 1계명 하트수업		
11:55~12:10	브레이니 게임	8) 뭐니게임 1계명		
12:10~12:20	아기 축복기도	9) 아기 기도송 p31 & 아기 기도책		
12:20~12:30	귀가준비	10) 알데에 예슈아 주제가 부르고 마치기 - 아기학교악보집 p26.		

1계명

● 실내에 1계명 배너를 걸어두셨나요?

● 쯔다카통이 있나요?

● 꼬마선생님 2명을 정했나요?

● 아기 기도책, 악보책을 나누어 드렸습니까?

● 물컵과 물수건은 깨끗합니까?

● 꽁꽁 싸주기와 어부바 천을 준비했나요?(둘째날, 셋째날)

● 마사지 크림을 챙겨오라는 광고를 하셨습니까?(첫째날)

● 부모님의 숙제 점검을 하셨습니까?(생활속자녀교육책)

● 암송수업에 필요한 밝은 루즈, 거울, 머리빗이 필요하다는 것을 부모님께 알려 주셨습니까?

1계명 트슈바 기도문

인도자 | 1계명, 다른 신들 금지; 너는 나 외에는 다른 신들을 네게 두지 말라!

회　중 | 나는 회개 합니다. 나의 죄를 씻어 주소서. 내 열정과 혈기와 힘과 시간을 세상 즐거움에 쏟고
　　　　내 삶의 모든 시작과 끝에서 하나님을 신뢰하지 못한 불신앙을 회개합니다.

다같이 | 1. 내 생각과 삶의 중심에 주님이 주인 되옵소서

　　　　2. 범사에 주님 뜻에 온전히 순종할 믿음을 주옵소서 아멘.

인사와 숙제점검 10시20분~10시30분

1주일 만에 만난 선생님과 친구들과 반갑게 인사합니다.

부모님과 어린이는 담당 교사에게 가정학습 과제물을 점검하고 칭찬게시판에 스티커를 붙입니다.

※부모님들은 '매일 5분 54일 생활 속 자녀교육' 책으로 가정학습을 합니다.

1. 예배송 | 츄우바 | 쯔다카예배 10시30~10시50분

7개월 미만의 아기는 뉘어 놓아도 좋습니다. 앉는 자리는 정해 져 있습니다. 정해진 자리에 허리펴고 반듯한 자세로 곧게 앉습니다.

1) 예배송 나의 하나님이 그리스도 예수 안에서 빌4:19. 악보p27.

2)1계명 츄우바 낭독

　인도자 | 1계명, 다른 신들 금지; 너는 나 외에는 다른 신들을 네게 두지 말라

　회　중 | 나는 회개 합니다. 나의 죄를 씻어 주옵소서. 내 열정과 혈기와 힘과 시간을 세상 즐거움에 쏟고
　　　　　내 삶의 모든 시작과 끝에서 하나님을 신뢰하지 못한 불신앙을 회개합니다.

　다같이 | 1. 내 생각과 삶의 중심에 주님이 주인 되옵소서

　　　　　2. 범사에 주님 뜻에 온전히 순종할 믿음을 주옵소서 아멘.

3) 아기 축복식

　사랑스런 제 OOO가 **성경**을 배울 때 총명하게 하시고, **학업**과정에서 현명한 선생님을 만나게 하시고,
　학업을 다 마친 후 하나님과 인류에 기여하는 **직업**을 주시고, **결혼**할 나이에 믿음의 배우자를 순탄하
　게 만나서 복되고 형통한 가정을 이루게 하소서. 예수님의 이름으로 축복합니다. -아멘.

4) 쯔다카

　두 명의 꼬마선생님이 일어나서 쯔다카를 걷습니다.

　이때 다 같이 쯔다카 송을 합창합니다. p.28.

5) 손씻기

　학부모가 물티슈로 어린이들의 손을 닦아줍니다

2. 1계명 축복의 말씀손! 10:50~11:00

1) 오늘의 말씀을 펴세요.(성경 또는 말씀카드).

2) 출애굽기 20:3절, 선생님이 말씀 손! 하면 아기의 검지 손가락을 올려주세요.

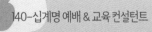

3) 엄마와 말씀 읽기

너는/ 나 외에는/ 다른 신들을/ 네게 두지 말라! 출20장 3절 말씀 아멘!

a. 아기의 오른 손의 손목을 쥐고 아기는 검지 손가락으로 글자를 짚으며 눈으로 보게 하며 귀로 듣게
또박또박 읽어줍니다.

b. 말씀낭독하기(거울과 루즈를 준비하세요)

어머니는 입술에 루즈를 밝게 칠하고 말씀을 읽어주세요. 펜으로 라인을 선명하게 그리세요. 아기의 입술
에 꿀물을 발라주면 좋습니다. 거울을 봅니다. 윗입술과 아랫입술에 다른 색을 칠하는 방법도 있습니다.

c. 아기와 마주 앉으세요. 오늘 배운 말씀을 아기에게 또박또박 들려주세요.
아기는 엄마의 입에 주목합니다. 엄마의 입술 움직임으로 성경의 언어를 또렷이 인식합니다.

d. 두 번 반복하세요.

e. 아이가 입에 묻은 꿀물을 빨아 먹으며 말씀을 따라 읽으면 말씀이 달콤하다고 인지됩니다.

f. 초콜릿을 한 알 입에 넣어줍니다(간식담당 선생님이 엄마에게 배급을 합니다).

g. 진행하는 교사가 마치는 사인을 주면 다같이 "아름답고 귀한 말씀 생명샘이로다~~" 를 합창합니다.

h. 성경 말씀에 뽀뽀, 손으로 입을 맞춥니다. 엄마가 아기 등을 쓸어주며 아기 볼에 뽀뽀해줍니다.

3. 자유놀이 노래파티 11:00~11:15

준비물; 스카프, 또는 악기, 또는 깃발

준비! 도리도리, 끄덕끄떡, 곤지곤지 잼잼.

찬송할 때는 '짝짜꿍, 짝짜꿍' 하면서 열심히 손뼉을 쳐주세요.

1) 오늘의 말씀 출20:3(p39)을 스카프를 '조물락 조물락' 만지며 노래합니다.

2) 십계명 리듬체조곡(p38)에 맞춰서 춤, 체조를 합니다.

※ 노래 부를 때 피아노 음에 맞춰서 "도리도리 잼잼, 끄떡끄떡 잼잼" 으로 시작한 후 마칠 때도 "도리도리 잼잼, 끄떡끄떡
잼잼"으로 마칩니다.

4. 간식과 물마시기 11:15~11:25

악보 p30.

a 간식은 두 손으로 공손히 받고 감사기도 하고 "엄마도 드세요." 라고 권한 후 같이 먹습니다.

b. 물 마시는 시간에는 물 마시기 전에 감사하고 어린이의 컵에 물을 1/3쯤 따라 줍니다.

c. 화장실을 다녀옵니다.

5. 아기체조
뱅뱅뱅 돌아라

6. 6감 +SQ발달학습 11:25~11:45

아기 마사지 (강남교회 영아부 김경성전도사의 강의안)

준비물; 아기요, 오일, 음악, 엄마 아빠의 편안한 마음. 부드러운 타월.

실습하며 노래불러주기; p41. '너의 몸은.'

사랑하는 아기와 엄마와 교감하기

아이에게 동의구하기

"하온아 엄마랑 부비부비할까?"

마사지의 효과

1) 혈액순환을 좋게한다.

2) 면역력을 증진시켜 아토피등의 피부염을 가진 아기에게 효과적이다.

3) 엄마와의 신체접촉을 통해 엄마의 사랑을 느낀다.

4) 자극을 통해 소화기관 및 내장기관의 기능원할함.

5) 안정적 수면유도 및 면역력 강화.

6) 사회성 발달 및 정서적 안정감 형성등의 효과가 있다.

7) 숙면에 좋다.

8) 세심한 관찰로 아기 이해.

마사지 시기

태어난지 1개월-2개월부터 가볍게 시작하여 가급적 오전에 하는 것이 좋다. 오전에 하는 것이 아기의 피로를 덜 느끼게 해주기 때문이다.

마사지 불가상황

1) 피부염증이나 피부변화 있을 때

2) 예방 접종 후 48시간 이내

3) 아기가 억지로 잠에서 깨어났을 때

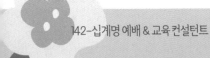

4) 수유 바로 직후

5) 마사지하는 동안 심하게 울거나 거부할 때.

7. 홀리북 11:45~11:55

준비물; 홀리북과 설명책(홀리북에 있음)

나의 책은 따뜻해요 (악보레크3. p8. 음반 레크레이션 음원3번)

홀리북에 설명서가 있습니다. 참고하세요.

8. 브레이니 뭐니게임 11:55~12:10

준비물; 뭐니게임교구

엄마하고 아가하고 뭐니게임

12개월미만= 카드집기, 통에 넣기, 꺼내기

2~4세= 카드게임

9. 소그룹공동기도 12:10~12:20

준비물; 아기 기도책

아기 기도송 p26. "이 아이를 위하여."

10. 귀가준비 12:20~12:30

모두 일어서서 주제가 '알데이 예슈아(=예수의 어린이)' 주제송을 부릅니다.

악보p26. 안녕히 돌아가세요

머리 쓰다듬어주고 머리카락 빗어주기(머리 빗), 옷 매무새 다듬기

태어 난지 언제 처음으로 아기의 머리카락을 잘라 주셨나요? 아기의 생애 처음으로 머리카락을 잘라 주는 날은 감사예배를 드리세요. 아기의 머리 털은 언제 나오기 시작했는지 아세요? 태아 15주(4개월) 쯤에 나온답니다. 아기가 태어날 때 가지고 온 것 중에서 유일하게 남아서 자라고 있는 것이 머리털입니다.

2계명의 날

주제 ; 천대의 은혜 Graceful Today!

배너와 깃발을 교실에 걸어둡니다.

2계명 시간표 *p는 악보집

월 시 간	내 용	1회 일	2회 일	3회 일
10;20	숙제점검	생활 속 자녀교육 책		
10:30~50	츄우바& 쯔다카예배	1) 예배송 p27	츄우바낭독| 축복식 |쯔다카송p.28		
10:50~11:00	축복의 말씀 손!	2)출20:4	2)출20:6	2)출20:4,5,6
11:00~11:15	스카프, 악기, 깃발 노래파티, 말씀체조	3)스카프 십계명체조p38	3)악기 p35	3)행진하기 p40
11:15~11:25	물마시기와 간식 아기악보p10	4)간식먹기와 물마시기 p30. 5)아기체조 p33		
11시25~11:40	아기발달	6) 한걸음씩 p32	6)세수식	6) 눈 깜박이기 아기악보 5-2
11:40~11:55	홀리북	7)홀리북 하트수업 2계명		
11:55~12:10	브레이니 게임	8) 브레이니 십계명 뭐니게임 2계명		
12:10~12:20	공동기도 아기 기도책	9) 아기 기도송 p31 & 아기 기도책		
12:20~12:30	귀가준비	10) 알데에 예슈아 주제가 부르고 마치기 -아기학교악보집 p26.		

2계명

- 실내에 2계명 배너를 걸어 두셨나요?

- 쯔다카 통이 있나요?

- 꼬마 선생님 2명을 정했나요?

- 스카프, 악기, 깃발이 있나요?

- 아기 기도책과 2계명 악보집을 나누어 드렸습니까?

- 물컵과 물수건은 깨끗합니까?

- 한 걸음씩 행진수업을 위해 실내의 공간을 최대한 확보해 두셨습니까?

- 세수 식에 필요한 물수건이 어린이의 수 만큼 준비되었습니까? (둘째날)

- 부모님의 숙제 점검을 하셨습니까?

- 암송 수업에 필요한 밝은 루즈, 거울, 꿀, 머리빗이 필요하다는 것을 부모님께 알려주셨습니까?

2계명 트슈바 기도문

인도자 | 2계명 우상숭배금지; 우상을 만들지 말고 절하지 말고 섬기지 말라

회　중 | 나는 회개합니다. 나의 죄를 씻어 주옵소서. 우상숭배자들의 영혼구원에 무관심하고 두 마음을
　　　품은 죄를 회개합니다. 하나님을 사랑하고 계명대로 살기를 소원하오니

다같이 | 1. 하나님을 온전히 사랑하고 계명에 순종할 능력을 주옵소서.

　　　2. 우상 숭배자들이 주께로 돌아와 천대까지 은혜를 누리게 하옵소서 아멘

3계명의 날

주제 ; Holy name!

배너와 깃발을 교실에 걸어둡니다.

3계명 시간표 *p는 악보집

월 시 간	내용	1회 일	2회 일	3회 일
10:20	숙제점검	생활 속 자녀교육 책		
10:30~50	츄우바& 쯔다카예배	1) 예배송 p27｜츄우바낭독｜축복식｜쯔다카송 p.28		
10:50~11:00	축복의 말씀 손!	2)출20:7	2)시47:6	2)롬10:13
11:00~11:15	스카프, 악기, 깃발 노래파티, 말씀체조	3) 스카프 십계명체조p38	3)악기 p35	3) 행진하기 p40
11:15~11:25	물마시기와 간식 아기악보p10	4) 간식 먹기와 물 마시기 수업 p30 5) 아기체조 p33		
11시25~11:40	아기발달	6) 내 몸은 팽이	6)똑똑똑	6)새근새근 잠자기
11:40~11:55	홀리북	7)홀리북 하트수업 3계명		
11:55~12:10	브레이니 게임	8) 십계명 브레이니 뭐니게임 3계명		
12:10~12:20	공동기도 아기 기도책	9) 아기 기도송 p31 & 기도책		
12:20~12:30	귀가준비	10) 얄데에 예슈아 주제가 부르고 마치기 –아기학교악보집. p26		

3계명

● 실내에 3계명 배너를 걸어 두셨나요?

● 쯔다카를 어디에 보낼 것인지 결정하셨나요?

● 꼬마 선생님 2명을 정했나요?

● 아기기도책과 3계명 악보집을 나누어 드렸습니까?

● 물컵과 물수건은 깨끗합니까?

● 수면교육에 필요한 깨끗한 이블을 챙겨오도록 광고하셨나요?

● 부모님의 숙제 점검을 하셨습니까?

● 암송수업에 필요한 밝은 루즈, 거울, 꿀, 머리빗이 필요하다는 것을 부모님께 알려 드렸습니까?

● 수업 발표할 어린이와 부모님들의 역할을 미리 알려 드렸나요?

● 교사와 부모, 어린이는 밥상예배 준비를 위한 가이드를 받으셨나요?

2계명 트슈바 기도문

인도자 | 3계명 신성모독금지; 하나님 이름을 망령되게 하지 말라

회　중 | 나는 회개 합니다. 나의 죄를 씻어 주옵소서. 무지로 인해서 성령의 역사를 훼방했거나 경건의
　　　　본을 보이지 못한 위선을 회개하오니

다같이 | 1. 선한 행실의 열매로 하나님의 나라와 이름이 거룩히 여김을 받으옵소서

　　　　　2. 내 안에 신의 성품을 회복시켜 주옵소서 아멘

예수의 빛 S. E. I. S. 플랜

🌿 학습의 기본틀 Holy Spiritual power

1. Intellectual Intelligence (Left)

2. Emotional Intelligence (Right)

3. Sensorimotor Intelligence (Back)

1, 2. 전두엽의 우쪽 뇌는 도덕성, 인성을 담당하는 뇌로서 이 시기는 부모의 사랑이 주의 집중력에 가장 도움이 된다. 영 유아기는 가장 먼저 발달하는 전두엽 우측에 맞는 학습을 한다. 초등학교 (9 ~ 11세)는 전두엽뇌가 거의 완성되는 시기이므로 이때 가치관 교육이 가장 중요하고 두정엽 (아인쉬타인의 과학의 뇌)과 측두엽 (언어 발달 뇌) 뇌가 발달해서 영어가 잘 되는 시기다.

4. 감각운동 지능(感覺運動 知能, sensorimotor intelligence)

신체운동지능이라고도 한다. 이것은 대뇌피질과 시신경, 기초신경절, 소뇌에서 관장하는데, 사람의 경우 언어를 관장하는 왼쪽 두뇌가 몸의 움직임을 조절하는 것으로 밝혀졌다. 신체운동과 언어지능은 상호 관련이 있다.

하나님의 은혜 Holy Spirit		
아기가 자라며	강하여 지고	지혜가 충만하며
body (신체)	mind 심력	전두엽
감각 신경뇌 (소뇌)	EQ (정서지능) ; 우뇌	EQ + IQ(인지지능) ; 전두엽
기저핵, 대뇌피질과 시신경	전두엽, 두정엽, 측두엽 오른쪽	전두엽, 두정엽, 측두엽왼쪽
	자존감, 감정조절, 인성, 창의	언어, 기억, 분석, 종합, 통찰
소근육 쓰기, 손유희, crafts (손작업) 대근육 십계명 리듬체조, 십계명스포츠, 율동	십계명 스토리텔링, 이스라엘 동화, 색채놀이, 암송 노래파티	강론, 말씀암송, 토라토론, 십계명 브레이니게임, 홀리벨퀴즈
중보기도 츄우바 (하나님께로 돌이킴)		

IQ영역

십계명 듣기, 토라의 빛 토론과 말씀암송

이 과목은 통찰과 분별력을 길러줍니다. 사물의 현상을 다르게 관찰하고 발견하게 하므로 창의적 아이디어를 증진시킵니다.

EQ 영역

미드라쉬 스토리텔링

성서에 입각한 높은 도덕성과 감성을 길러 주는 미드라쉬 스토리는 정의와 사랑의 균형있는 삶을 만들어줍니다.

SQ 영역

홀리북과 십계명 브레이니게임, 츄우바(회개)

홀리북과 브레이니 게임으로 배우는 십계명 스터디는 거룩한 성품과 전뇌를 고르게 발달시킵니다.

🌿 학칙

1. 매 한 학기마다 주제 성경 10개의 절을 암송해야합니다.
2. 계명에 관련된 말씀과 영어챈트 10곡 이상을 암송해야 합니다.
3. 부모님이나 보호자가 출석해야 합니다. 부모교육 숙제물과 특강이 있습니다.
4. 매주 쯔다카 훈련을 위한 동전 한닢을 준비해옵니다
5. 물은 정해 준 시간에 마실 수 있습니다
6. 각 그룹의 어린이는 4명이며, 어린이의 나이가 높은 순으로 번호를 정합니다
7. 각 그룹의 반장은 어린이와 부모님 중에서 맡습니다.

   반장역할; 담임교사의 지시 사항을 릴레이로 연락하기

   반을 대표해서 발표하는 일(맴버쉽과 지도력 훈련)
8. 선생님과 친구들을 돕는 2인조 꼬마 선생님은 새로운 계명을 배울 때 마다 제비 뽑아서 정합니다.

   하는 일 =예배의 봉사, 쯔다카, 쵸코렛, 간식배급등.
9. 가정학습을 해 오면 아이콘 두개 씩 받아가세요. 아이콘을 많이 모으면 학기를 마치는 날 시상합니다.
10. 출석수 1/3미만의 아동은 수료에서 제외됩니다.

※동의하시면 어린이의 예금통장을 만들어줍니다. 2년 동안 수여되는 모든 선물은 통장에 적립시켜주는 방법도 있습니다.

   돈이 모이니까 부모는 기쁘지만 즉각 보상 발달기의 어린이에게 교육적으로는 의미가 없습니다.

어린이 생활지도

지각, 출석, 체크지, 과제물, 수업시간에 모범을 보이는 어린이와 수업에 적극적인 어린이를 격려하는 아이콘(또는 스티커)을 줍니다. 아이콘 주머니에 모아보세요. 부모님이 받는 아이콘이 자녀의 아이콘 숫자를 늘려줍니다. 많이 모아보세요. 마치는 날 특별한 선물을 받을 수 있습니다.

벌점제도

ㄱ. 지각 아이콘 1개 회수   ㄴ. 결석 아이콘 2개 회수   ㄷ.학습 분위기 방해 시 아이콘 1개 회수

🌿 조직

1. 조직 및 교수진

교 장 ： 000 담임목사

디렉터 ： 예수의 빛 축복의 십계명 전 과정 수료자

정교사 ： 영아부전문교육원 전과정 수료자

보조교사; 준비실습생

2. 어린이 반별인원

연령	반명(교사이름)	정원	부모출석
12개월미만		2	
2세		4	
3세		4	
4~7세		6	

⚘ 예산

예산 편성안

1) 인원 ; 어린이 20명기준, 부모 20명, 교사 7인 기준(봉사대원포함).

2) 총수입 예상액

    (1) 1학기(10주) 어린이 등록금;

    (2) 교회보조금;

3) 지출예상액

지출 항목	산 출 근 거	합계	세부 사 항
어린이 개인별 교재, 교구비	브레이니 게임북	20,000원	
	홀리북	19,000원	
	쓰기, 색칠, 팝업	10,000원	
아기학교 교구	성경쓰기(12종), 색칠공부(12종) jpg	30,000원	
	토론집 강의안집ppt		
	악보집 강의안집ppt		
	음원 강의안집ppt		
간식비			
밥상교육 셋팅	말씀카드		
배너 현수막, 홍보 전단지	배너제작(거차대 별도) 60X180	35,000원	
	현수막제작 200x150	30,000원	

부모님들이 읽으시면 좋을 추천독서

매일5분 54일 생활 속 자녀교육

아기를 천재로 키우는 영아부예배

아기의 천재성을 발전시키는 영아부교육

밥상머리자녀교육

침대머리자녀교육

공부습관 3세부터 확실히 잡아라

예수의 빛 아기학교

01 교과안내

Let's be holy, in Jesus!

▷ **사랑, 지혜, 성결, 축복의 통합 커리큘럼**
- ▶식습관 ▶수면습관 ▶십계명 ▶쯔다카

▷ **예수의 빛 교과목**
- ▶밥상머리 아기(유아)교육 ▶침대머리 아기(유아)교육 ▶아기의 이발(hair cutting)세러머니 ▶쯔다카 자선교육
- ▶예수의 빛 축복의 십계명 전과정
  열개의 보물이 들어있는 아기예배, Bible story telling &영어챈트, 말씀 암송노래파티, 미드라쉬 동화,
  생활토론'하브루타', 크래프츠(팝업,아트), 브레이니 십계명게임, 트슈바(회복기도)

▷ **부모특강 및 가정학습**
- ▶금전관리교육 ▶유대인의 공부법 ▶21세기 키워드, 창의와 성결 ▶부모라면 알아야할 생활 속 자녀교육

02 예수의 빛 S.E.I.S플랜

Let's be holy, in Jesus!

S| Sensorimotor Intelligence 신체지능

▶십계명 스포츠 ▶뮤직댄스 ▶체조 ▶행진

신체조절운동은 언어지능과 상호 관련을 가지고 대뇌 피질, 시신경, 기초신경, 소뇌를 발달시킵니다.

E| Emotional Intelligence| 창의지능

▶밥상머리&침대머리스토리텔링

▶십계명암송챈트와 노래파티

▶뽀뽀뽀 홀리북

높은 도덕성과 풍부한 감성, 자존감을 높여주는 거룩한 성품이 자라게 합니다.

I.I Intellectual Intelligence| 지혜지능

▶동화토론 ▶암송 ▶브레이니게임 ▶십계명손작업

사물의 현상을 새로운 관점으로 관찰, 응용하는 지혜롭고 현명한 지성인이 됩니다.

SS. Spiritual Soul 축복과 성결지능

SS는 SI, EI, II 학습을 통합하고 발달시키는 원동력입니다.

"그의 위에 여호와의 영 곧 지혜와 총명의 영이요 모략과 재능의 영이요 지식과 여호와를 경외하는 영이 강림하시리니" 사11:2.

03 비전과 목표 마10:16, 시128:1~2

사랑 **하나님과 사람을 사랑하는 헤세드의 어린이**
지혜 **지성, 감성, 영성이 올바른 호크마의 어린이**
성결 **생활이 성별된 카도쉬의 어린이**
축복 **복되고 형통한 브라카의 어린이**

※사랑=헤세드 | 지혜=호크마 | 성결=카도쉬 | 축복=브라카

교육특징

1. 아기로 오신 예수님의 요람교육이 모델입니다.
2. 기독교정신에 입각한 사랑, 지혜, 성결, 축복의 통합교육입니다.
3. 모든 교과는 하나님의 성품과 형상을 회복시키는 영혼양육
   (Nurturing soul)에 초점을 둡니다.

예수의 빛 연령별 교육프로그램

▶태아학교(임신준비~출산)
▶아기학교(생후30일~4세)
▶유아학교(5~7세)
▶초등학교(8~13세)
▶중등학교(14~16세)
▶고등학교(17~19세)

▶시니어학교(손자녀교육)

입학자격

1. 기독교 자녀와 부모입니다
   ※ 비 기독교인은 교회에 등록을 해야 합니다
2. 아기학교는 아이와 보호자가 출석해야 합니다.

입학과 등록안내

봄 가을학기 각 10주씩
봄학기(3~5월)
가을학기(9~11월)

모집정원 20명
시간 : 주1회 오전10:00~오후12:30
장소 : 혜성감리교회 교육관
한 학기 등록금 : 00만원(교회보조00)
입 금 처 : 00 은행

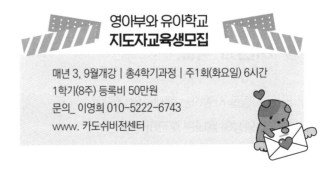

영아부와 유아학교
지도자교육생모집

매년 3, 9월개강 | 총4학기과정 | 주1회(화요일) 6시간
1학기(8주) 등록비 50만원
문의_ 이영희 010-5222-6743
www. 카도쉬비전센터

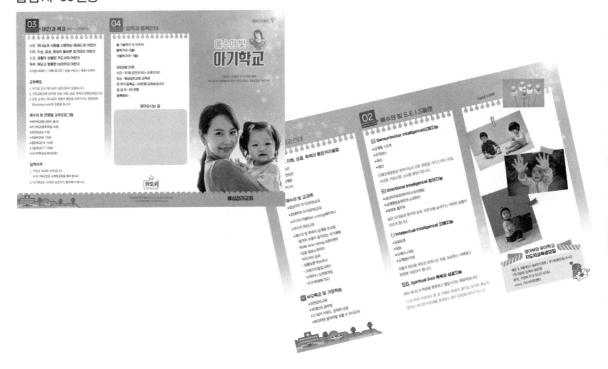

똑똑똑!

누구세요?

저, 십계명이에요

들어가도 되요?

어서 와

십계명을 잘 배워서 하나님나라와 인류의 번영을 위해 헌신하는

예수의 사람이 되고 싶어요.

사랑

지혜

성결

축복

5부..

예수의 빛 토라학교(5~13세)

교육행정운영

우리 아이, 십계명으로 달라졌어요!

세상 교육에 쏟는 열심의 절반, 아니 십 분의 일만 내어도 신앙교육이 지금처럼 위태롭게 여겨지지는 않을 것입니다.

지난 2010년 대법원은 '미션 스쿨 내 강제적 종교교육은 위법'이라는 판결을 내린 바 있습니다. 종교 자유 정책 연구원의 "사립학교도 국가 지원을 받는 공 교육 시스템인데 특정 종교의식을 강요하는 것은 종교와 양심의 자유를 침해하는 행위"라는 주장이 수용된 것입니다.

주님의 아이들이 이러한 공교육 시스템에서 주당 40시간 이상을 보내는 현실입니다.

우리 아이들에게 성경을 가르쳐서 영적으로 양육받을 수 있도록 기독교인이 나서야 합니다.

견본 학교; 혜성유치원(성남), 크리스천 국제 대안학교(경산).

축복의 십계명

예수의 빛

예수의빛 축복의
토라학교

가이드북

우리아이
십계명으로 달라졌어요

카도쉬
www.Holyi.com
예수의빛 축복의십계명

십계명교전문교육원
카도쉬 비전센터 www.holyi.com

환영 인사말

어서 오세요
여기는 토라의 빛 십계명학교입니다.

사랑
지혜
성결과
축복이 가득한 주의 어린이
얄데이 예슈아! 예수님의 어린이

토라의 빛 십계명학교에 입학하신 것을 축복하고 환영합니다.

Let's be Holy in Jesus!

카도쉬 비전 대표 이영희

contents

A Day For 토라!

토라를 배우는 전용 학습실(Torah's room)을 마련하셨습니까?

1. 교실 문앞에 토라의 날 배너를 세워 두셨나요?

2. 교실 강단에는 토라의 날 현수막이 붙어 있나요?

3. 어린이들의 토라 명찰을 준비하셨습니까?

4. 교실에 나무 화분 몇 그루를 두어서 숲 분위기로 만드셨나요?

5. 십계명 배너(깃발)를 걸어 두셨습니까?

6. 벽에는 토라 환경판이 부착되어 있습니까?

*모든 자료는 토라학교 자료집 usb에 있습니다.

1계명의 날

● 실내에 1계명 배너를 걸어 두셨나요?

● 쯔다카 통이 있나요?

● 어린이 중에서 인턴교사(꼬마 선생님)를 2명 정했나요?

● 기도책, 1계명 악보집, 1계명 토론북을 나누어 드렸습니까?

● 숙제점검을 하셨습니까?

2계명의 날

● 실내에 2계명 배너를 걸어 두셨나요?

● 쯔다카 통이 있나요?

● 어린이 중에서 인턴교사를 2명 정했나요?

● 기도 책, 2계명 악보집, 2계명 토론북을 나누어 드렸습니까?

● 숙제 점검을 하셨습니까?

3계명의 날

● 실내에 3계명 배너를 걸어 두셨나요?

● 쯔다카를 어디에 보낼 것인지 결정하셨나요?

● 어린이 중에서 인턴교사를 2명 정했나요?

● 기도책과 3계명 악보집, 3계명토론북을 나누어 드렸습니까?

● 숙제 점검을 하셨습니까?

● 수업 발표회에 참가할 어린이 명단을 작성하셨나요?

● 밥상예배를 위한 가이드를 받으셨나요?

Ⅰ. 철학 및 목표

1. 교육철학

모든 영광을 하나님께 드립니다. 솔라 그라티아!

하나님과 사람에게 사랑받는 아이들로 자라고 부모들이 보람을 느끼며 교사들은 기쁘게 최선을 다합니다.

2. 목표

하나님의 영광을 위하여 리크보도! for his glory!

1) 예수의 빛 십계명은 아이들이 행복하고 하나님과 사람에게 사랑스러운 사람이 됩니다.

2) 복음으로 기독교인이 되어(서문) 하나님나라 시민의식(1~4계명)과 세계시민의식(5~10계명)이 균형 잡힌 아이로 자랍니다.

3) 교사들은 늘 연구하고 친절과 섬김으로 화목하는 일에 앞장섭니다.

4) 학부모들은 항상 감사하고 서로를 존경하며 사람을 사랑하는 마음을 갖습니다.

3. 비전

사랑 하나님과 사람을 사랑하는 헤세드의 어린이 마22:37-40,요15:10-12

지혜 지성과 명철이 자라는 겸비한 호크마의 어린이 마10:16상

성결 생활이 성별된 카도쉬의 어린이 마10:16하, 요17:17

축복 복되고 형통한 브라카의 어린이 시128:1~2

　*사랑 헤세드 |지혜 호크마 |성결 카도쉬 |축복 브라카

Ⅱ. 입학안내

1. 대　상 : 8세~ 13세 어린이

1) 기독교의 어린이를 우선으로 하되

3) 교회 밖 어린이가 입학을 원할 경우 교회 등록을 권유하고 본회의 교육 방침을 따른다는 동의를 서면으로 받아둔다.

3) 타 교회 어린이의 등록이 가능하다.

*입학원서에는 어린이 주민등록번호를 정확히 기재할 것 (어린이 안전 보험에 가입한다).

2. 모집정원 : 20명

3. 한 학기 등 록 금 : 20만원

4. 장소 : 교회 교육실 (예를 들면 본관 2층 유초등부실)

5. 등록 금 입 금 처 :

6. 문의 : 070-7629-1663

III. 수업안내

1. 수 업 일 수 : 한 학기에 주1회 2시간 11주(개강식1일포함)

2. 수업기간 : 총 4학기 2년과정

	봄 학 기 (3, 4월 개강)	가 을 학 기 (9월 개강)
1년	3, 4, 5계명	6, 7, 8계명
2년	9, 10, 서문1	서문2, 1, 2계명

이 외에 야외 캠프 및 방학 프로그램이 있습니다.

3. 교과목

1) 십계명

성경의 핵심이요 신앙인의 생활문서인 십계명을 어린이 발달에 맞게 세분화하여 가르칩니다.

2) 쯔다카(=공의실천)

금전관리 능력과 나눔의 실천은 세상을 살리고 우리 자녀들의 미래를 풍요롭게 하는 자원입니다.

3) 밥상머리자녀교육

감사는 우뇌를 자극해서 창의적 뇌를 발전시킵니다

국제 사회를 이끄는 리더로서의 품위를 갖춘 엘리트를 만듭니다.

4) 침대머리 자녀교육

질 좋은 수면이 건강한 자아상을 형성하고 지, 정, 의, 성(聖)이 건강하게 발달합니다.

5) 축복식

예수의 빛 축복기도문으로 어린이를 축복하여 아이의 현재와 미래를 반석위에 세웁니다.

6) 말씀듣기, 읽기, 쓰기, 창작색칠, 암송, 토론.

7) 기도책

현재, 미래의 직업, 결혼을 위한 기도모임을 갖습니다.

학부모 모임, 부모를 위한 교육특강, 부모님들의 기도시간이 있습니다.

Ⅳ. 시간표와 준비

1. 수업준비

1) 성실 게시판

어린이들의 이름이 나열된 게시판을 만드세요.

10주 동안 출석, 모범, 과제물을 해 오면 스티커를 붙여줍니다.

2) 계명별 배너, 깃발을 실내에 걸어 두셨나요?

3) 2명의 제자(인턴교사)를 제비뽑아 결정했나요?

a. 매 계명 수업 전에 인턴(수제자) 두명을 제비뽑아 결정합니다.

b. 어린이 인턴교사는 3주에 한번 씩 교체합니다. 1주, 4주, 7주마치는 시간에 제비뽑습니다.

c. 한번 했던 친구는 다음 제비뽑기에서 쉽니다.

4) 그들의 역할을 알고 계세요?

a. 반 관리, 동료들을 리드하고 수업 분위기를 주도합니다.

b. 쯔다카를 걷습니다.

c. 선생님의 조교 역할을 합니다.

5) 인턴 선생님이라는 것을 알리는 명찰을 주셨나요?

6) 교육자료, 악보, 음향, 실내안전을 점검하셨나요?

2.교사가 어린이에게 챙겨줄 준비물

1) 예수의 빛 명찰

2) 어린이 수첩

3) 교재 (게임북, 토론북등)

4) 기도책, 악보집, 토론북.

3. 교실과 환경

원탁의자가 있는 교실

실내에는 잎사귀 많은 나무로 숲 분위기를 조성하십시오.

4. 월별교과

1월	2월	3월	4월	5월	6월
1계명	2계명	3계명	4계명	5계명	6계명
7월	**8월**	**9월**	**10월**	**11월**	**12월**
7계명	8계명	9계명	10계명	0서문	0서문

5. 주4회 수업진행표

		1계명 토라 1주	1계명 토라 2주	1계명 토라 3주	1계명 토라 4주
1회 (월)	5분	츄우바 축복식 / 쯔다카	츄우바 축복식 / 쯔다카	츄우바 축복식 / 쯔다카	츄우바 축복식 / 쯔다카
	1교시 (20분)	말씀읽기, 쓰기, 암송 출20:3	말씀읽기, 쓰기, 암송 요14:6	말씀읽기, 쓰기, 암송 행4:12	말씀읽기, 쓰기, 암송 시48:14
	2교시 (20분)	동화 첫 열매	동화 독수리 날개위에	동화 정해준 것을 갖고 오너라	동화 여왕님의 목걸이
2회 (화)	1교시 (20분)	게임 색채놀이	게임 단어 플레이스	게임 캐릭터놀이	게임 숫자 플레이스
	2교시 (20분)	색칠공부 출20:3	색칠공부 출20:3	색칠공부 출20:3	색칠공부 출20:3
3회 (수)	1교시 (20분)	성경스토리 오냐,알았다 느,13:15~21	성경스토리 왜요? 요4:22	성경스토리 한 마음 왕하18~19장	성경스토리 집중! 행24:1~27
	2교시 (20분)	십계명 댄스	십계명 댄스	십계명 댄스	십계명 댄스
4회 (목)	1교시 (20분)	토론 차곡차곡 쌓듯이	토론 수진이는 돈을 주웠어요	토론 싫어요	토론 원희의 게임기
	2교시 (20분)	만들기 1계명 입체카드	만들기 1계명 모빌	만들기 1계명 아트북	홀리벨 퀴즈

예수의 빛 S.E.I.S. 플랜

🌿 학습의 기본틀 Holy Spiritual power

1. Intellectual Intelligence (Left)

2. Emotional Intelligence (Right)

3. Sensorimotor Intelligence (Back)

1, 2. 전두엽의 우쪽 뇌는 도덕성, 인성을 담당하는 때로서 부모의 사랑이 주의 집중력에 가장 도움이 된다. 영 유아기는 가장 먼저 발달하는 전두엽 우측에 맞는 학습을 한다. 초등학교 (9 ~ 11세)는 전두엽뇌가 거의 완성되는 시기이므로 이때 가치관 교육이 가장 중요하고 두정엽 (아인쉬타인의 과학의 뇌)과 측두엽 (언어 발달 뇌) 뇌가 발달해서 영어가 잘 되는 시기다.

4. 감각운동 지능(感覺運動 知能, sensorimotor intelligence)

신체운동지능이라고도 할 수 있다. 이것은 대뇌 피질과 시신경, 기초 신경절, 소뇌에서 관장하고 있는데, 특히 사람의 경우 언어를 관장하는 왼쪽 두뇌가 몸의 움직임을 조절하는 것으로 밝혀졌다. 신체운동과 언어지능은 상호 관련이 있다.

하나님의 은혜　Holy Spirit		
아기가 자라며	강하여 지고	지혜가 충만하며
body (신체)	mind 심력	전두엽
감각 신경뇌 (소뇌)	EQ(정서지능) ;우뇌	EQ + IQ(인지지능); 전두엽
기저핵, 대뇌피질과 시신경	전두엽, 두정엽, 측두엽 오른쪽	전두엽, 두정엽, 측두엽왼쪽
	자존감, 감정조절, 인성, 창의	언어, 기억, 분석, 종합, 통찰
소근육 쓰기, 손유희, crafts (손작업) 대근육 십계명 리듬체조, 십계명스포츠, 율동	십계명 스토리텔링, 이스라엘 동화, 색채 놀이, 암송 노래파티	강론, 말씀암송, 토라토론, 십계명 브레이니게임, 홀리벨퀴즈
중보기도 츄우바 (하나님께로 돌이킴)		

IQ영역

십계명 토라의 빛 토론과 말씀암송

이 과목은 통찰과 분별력을 길러줍니다. 사물의 현상을 다르게 관찰하고 발견하게 하므로 창의적 아이디어를 증진시킵니다.

EQ 영역

미드라쉬 스토리텔링

성서에 입각한 높은 도덕성과 감성을 길러주는 미드라쉬 스토리는 정의와 사랑의 균형 있는 삶을 만들어줍니다.

SQ 영역

홀리북과 십계명 브레이니게임, 트슈바(회개)

홀리북과 브레이니 게임으로 배우는 십계명 스터디는 거룩한 성품과 전뇌를 고르게 발달시킵니다.

특징

기독교정신에 입각한 사랑, 지혜, 성결, 축복의 통합교육입니다. 모든 교과는 하나님의 성품과 형상을 회복시키는 영혼양육(Nurturing soul)에 초점을 둡니다.

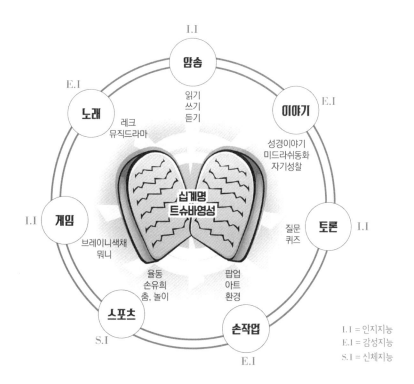

10계명 월별주제

월	계명	주 제 들			칼라이미지
1	1	하나님 제일사랑	GOD First! or Only God	I love God the most!	하늘색
2	2	우상은 노! 예수님 믿으세요	idol no!	Against idol	빨강색
3	3	이름 존경합니다	Respect God's Name	God's name is holy	노랑색
4	4	주일성수	keep Sabbath Holy	happy, holy day	검정과 하양
5	5	부모님공경	Honour your parents	Respect Mom and Dad	연두
6	6	용서와 화해	Do not Murder	forgive others don't hate each other	분홍
7	7	깨끗한 몸과 마음	Don't Commit Adultery	Our body is temple of God. Pure in mind	보라
8	8	베품 yes!	Don't Steal	Let's not be a thief	남색
9	9	정직 yes!	Don't Lie	Be an honest man	회색
10	10	절제 yes!	Don't Covet	self-sufficiency	주황색
11	서문1	탈출!	Exodus 1	your savior	연두,검정, 빨강, 하양, 노랑
12	서문2	나의 구원자!	Exodus 2	from servant to children	

☘ 학칙과 조직

1장. 학생의 회칙

1. 매 한 학기마다 주제 성경 10개의 절을 한글과 영어로 암송해야합니다.

2. 계명에 관련된 말씀과 영어챈트 10곡 이상을 암송해야 합니다.

3. 매주 쯔다카 훈련을 위한 동전 한닢을 준비해옵니다

4. 출석수 1/3미만의 아동은 수료에서 제외됩니다.

※동의하시면 어린이의 예금 통장을 만들어줍니다. 2년 동안 수여되는 모든 선물은 통장에 적립시켜줍니다(권장사항은 아님).

2장. 어린이 생활지도

지각, 출석, 체크지, 과제물, 수업시간에 모범을 보이는 어린이와 수업에 적극적인 어린이를 격려하는 아이콘(또는 스티커)을 줍니다. 아이콘 주머니에 모아보세요. 부모님이 받는 아이콘이 자녀의 아이콘 숫자를 늘려줍니다. 많이 모아보세요. 마치는 날 특별한 선물을 받을 수 있습니다.

벌점제도

ㄱ. 지각 아이콘 1개 회수   ㄴ. 결석 아이콘 2개 회수   ㄷ. 학습 분위기 방해 시 아이콘 1개 회수

🌿 조직

1. 조직 및 교수진

교 장 : 000 담임목사

디렉터 : 예수의 빛 축복의 십계명 전 과정 수료자

정교사 : 영아부전문교육원 전과정 수료자

보조교사; 준비실습생

2. 어린이 반별인원

연령	반명(교사이름)	정원	부모출석
8,9세		7	
10,11세		7	
12,13세		7	
총			

🌿 예산

예산 편성안

1) 인원 ; 어린이 20명 기준, 교사7인 기준(봉사자 포함)

2) 총 수입 예상액

  (1) 1학기(10주) 어린이 등록금;

  (2) 교회보조금;

3) 지출예상액

지출 항목	산 출 근 거	합계	세부 사 항
어린이 개인별 교재, 교구비	브레이니 게임북	20,000원	
	토론북	18,000원	
	기도책	2,000원	
	쓰기, 색칠, 팝업	10,000원	
강사의 교육자료 예) 초등1~2 *초등3,4와 5,6은 포함되 지 않음	계명배너12*3 = 36개 jpg 파일	30,000원	
	토론북과 ppt (각 학년)	200,000원	
	악보집과 음원	168,000원	
	낭송ppt	73,000원	
	홀리벨 퀴즈ppt	120,000원	
	바이블 스토리북과 ppt (각학년)	200,000원	
	미드라쉬동화	170,000원	
밥상교육 셋팅	말씀카드		
배너 현수막, 홍보 전단지	배너제작(거치대 별도) 60X180	35,000원	
	현수막제작 200x150	30,000원	

카도쉬 십계명 추천도서

십계명 강의안 5권
이젠삶 십계명 스터디북 202 / 3, 4, 5계명 강의안 / 6, 7, 8계명 강의안 / 9, 10, 서문1 계명 강의안 /
서문2, 1, 2계명 강의안

예수의 빛 축복의 십계명 설교집
1집-십계명강해 / 2집-영아부부모 / 3집-유아부4-5세 / 4집-유치부6-7세 / 5집-초등1-2학년 /
6집-초등3-4학년 / 7집-초등5-6학년 / 8집-중등부 / 9집-고등부 / 10집-장년부

예수의 빛 축복의 십계명 토론북
1집-영아부부모 / 2집-유치부 / 3집-유년부 / 4집-초등청소년 / 5집-청장년

예수의 빛 축복의 십계명 홀리벨 퀴즈북
1집-영아부부모 / 2집-유치부 / 3집-유년부 / 4집-초등청소년 / 5집-청장년 / 6집-단계별총정리

예수의 빛 축복의 십계명 악보집 15권 음반 16세트

미드라쉬 동화 1, 2, 3, 4권

얄데이 예슈아

예수의 어린이

1989. by Shirah Nelson

2018. by Lee

엘라딤 레 예슈아, 롬딤 엣 토라토 = 예수님을 위해 말씀을 배우는 어린이.

콜 하윰 쇼밈콜로 베카임 릭크보도 = 매일 그의 목소리를 듣고 순종하고 그의 영광을 위해

삽니다.

아누 엘라딤 레 예슈아 = 우리는 주님을 위한 어린이.

6부.. 십계명 색채이론

21세기는 인간의 사고와 행동을 표현하는 방식이 기존의 방식과 많이 달라졌다. 전에는 이성에 의해 고정된 텍스트를 분석하고 적용하는 시대라면 현대는 감성과 느낌으로 자유롭게 표현하고 이해한다. 인간 행동은 이성에 의해 교정이 가능하다고 보는 관점에서 지금은 표현하고 느끼는 이미지로 자신의 가치를 구현한다. 감성을 축으로 하여 사회에 적응하는 이 새로운 방식은 교육의 방법론에까지 변화를 가져 왔다. 이제 직관과 상상력은 인공지능 시대, 전자 두뇌 사이버(cyber) 세상에서 인간이 컴퓨터 시스템을 능가할 유일한 뇌가 될 수 있다. 색, 이미지, 기호는 제 2의 언어로서 잠재된 과거를 현재로 끌어올리는 유추와 연상의 중요한 수단이다. 문자가 아닌 색으로 표현되고 긴 설명이 필요 없다. 이미지가 사람을 움직인다.

기독교의 정체성과 내면의 가치를 색채 이미지로 가르치자. 색은 언어다.

> "너는 또 그것을 네 손목에 매어 기호(symbols)를 삼으며 네 미간에 붙여 표(symbols)로 삼고 또 네 집 문설주와 바깥 문에 기록할지니라"
>
> 신 6:8, 9.

*6부는 논문 형식 서술형 "이다." 로 기술했습니다.

1장
기호, 색깔로 십계명을 가르치자

20C를 전자공학 시대라고 했다면, 21C는 빛의 시대, 광전자공학 시대다.
우리는 레이저광, CD, DVD 등의 광디스크, 고속 통신을 가능하게 한 광섬유,
빛을 이용하는 포토닉스(photonics ; 광전자공학)시대에 살고 있다.
포토닉스란 전자 대신 광자를 다루는 학문으로 전자공학에서 빛을 파동으로
본다면 광자학은 빛을 입자로 보는 접근 방법이다.

photonics = 광자. photon + 광학optics.

대체, 이 빛의 정체가 뭘까?
이 장에서는 그 빛을 시내 산에서 찾아보고 이 빛을 통해서 선포된 십계명 말씀을
색채로 관람하고 느껴 보기로 한다.

1. 태양보다 먼저 온 빛

하나님이 이스라엘에게 깊은 인상을 남기기로 결정한 후 시나이 산을 온통 빛 다발로 채색하고서 십계명을 선포하셨다. 수 천 년 전에 빛을 이용해서 하늘과 인간의 대화가 가능했던 광전자공학 시대가 벌써 있었다.

> "여호와께서 이 모든 말씀을 산 위 불 가운데, 구름 가운데, 흑암 가운데에서 큰 음성으로 너희 총회에 이르신 후에 더 말씀하지 아니하시고 그것을 두 돌판에 써서 내게 주셨느니라." 신 5:22
> "그 산에 불이 붙어 불길이 충천하고 어둠과 구름과 흑암이 덮였는데" 신 4:11 요약.

우리가 보는 세상이 아름다운 것은 바로 프리즘을 통한 빛의 굴절, 반사, 파장이 만들어내는 color 때문이다. 일반적으로 color란 태양으로부터 와서 우리 눈을 거쳐 마음 속에 감성으로 자리잡는 빛이라고 하지만. 성경은 이 빛 즉, 색깔(color)이, 태양이 있기 이 전에 존재했다고 말한다(창 1:3. 16절 비교).
그렇다면 색이란 색채론자들이 말하듯이 태양으로 부터 와서 우리 눈을 거쳐 마음 속에 감성으로 자리잡는 게 아니다. 그 이상의 것이다. 빛은 단지 감각 세계에서 느끼는 가시광선이거나 사이버 공간의 비물질에 한정시킬 것이 아니라는 말이다.
태양 이전에 존재한 빛은 그래서 신성한 성질을 띤다. 신 5:22, 4:11이 보여주듯이 열개의 십계명 말씀은 하나님의 목소리에서 쏟아져 나오는 빛의 파장이 어우러져서 연속적으로 나타난 "빛의 띠"다. 각 계명의 단어 한 알, 한 알은 빛의 입자 즉, "빛의 알갱이"다. 천지는 그 날, "불길이 충천하고 어둠과 구름과 흑암이 산을 덮었다."
그 빛은 무슨 색이었을까? 불은 빨강, 주황, 노랑, 초록, 파랑, 하얀색을 쏟아낸다. 여기에 그 빛들을 굴절, 분산, 반사시키는 프리즘의 역할을 담당한 구름, 그의 발아래는 청옥 sapphire을 편듯 청명했다. 출 24:10. 그리고 흑암까지. 프랑스의 색채학자 미셸 파스트로(Michel Pastoureau)는 "세상에 특히, 교회 안에 색을 확산시키는 일은 어둠을 몰아내는 것이다"라고 말한다.[1] 기독교의 십계명에서 빛은 영적 경험이다. 그 경험이 십계명이다. 어둠을 몰아내는 빛이다.

2. 색채와 소리 (color and voice theology)

십계명은 하나님이 그 자신의 목소리로 말하셨다. "하나님이 이 모든 말씀을 말씀으로 말씀하여 이르시되" 출 20:1.
십계명을 선포하는 하늘의 배경은 구름, 흑암, 불빛을 동반한 멀티 스크린에 요란한 나팔소리와 연기와 번개, 우레, 폭풍을 동반하여 선포되었다(출 19:14~19 참고). 스위스 개신교 목사 Walter Nigg의 말처럼

---

1) Michel Pastoureau, 2017. 고봉만 옮김. "파랑의 역사" p68 민음사.

색채라는 시각의 형상언어도 음악언어처럼 긍정되어야 한다. 그 분의 생생히 살아있는 목소리가 천지를 흔들었다. 십계명은 천지개벽이다. 우레와 번개, 다시 말해서 소리와 빛이다. 우리는 파도치는 소리를 들으면 바다를 떠올린다. 부엌에서 치직 소리를 들으면 후라이 팬의 달걀을 연상하고, 빨강하면 방울토마토나 신호등을 연상하듯이 인간은 나면서부터 의식이든 무의식적이든 어떤 소리를 듣게 되면 그 소리에서 물체 뿐 아니라 색채, 그리고 메시지를 듣는다.

이처럼 소리에도 색깔이 있다. 색깔은 소리처럼 고유한 파장과 진동수를 갖고 있다. 서양음악의 으뜸화음인 도미솔은 빛의 3 원색이 가진 파장과 일치한다(성기혁, 2016. "색의 인문학" p.121. 교학사). 그렇다면 십계명을 선포하시는 하나님의 목소리는 리드미컬한 노랫 소리처럼 울려 퍼졌을 것이다. 그분 자신이 빛이시고 이 빛이 소리에 실려서 만들어내는 파고와 파장은 깊은 여운을 남기며 그 말씀은 마치 멜로디처럼, 물결을 내며 멀리까지, 지구 끝, 우주에까지 퍼져 나갈 수 있다.

뉴우튼은 17세기에 무지개의 색을 7 음계와 연관시켰다. 빨간색은〈도〉, 주황색은〈레〉, 노란색은〈미〉, 초록색은〈파〉, 파란색은〈솔〉, 남색은〈라〉, 보라색은〈시〉다. 소리와 컬러, 즉 음악과 미술은 의미를 교환하는 용어들이 많이 있는데 이는 소리와 칼라의 상호성을 의미한다. 톤(Tone)을 음조 또는 색조라고 한다든지, 음의 높낮이, 볼륨(Volume)을 음량이라고 표현하고, 컬러(color)를 음색으로 부르는 등, 소리에서 컬러를, 칼라에서 소리를 듣는다.[2]

십계명 말씀은 칼라가 될 수 있고 칼라는 언어가 된다. 하나님의 브로드 케스트 즉, 생 방송 목소리와 시내 산 칼라의 상호 반응은 공 감각(共感覺)을 유추한다. 십계명에 색채를 도입하면 공감각을 발달시켜서 다중 지능을 향상 시킬 수 있다. 하나님은 그 분의 십계명 말씀이 칼라풀한 소리로 남겨지기를 원하셨다. 그리고 그 소리는 노래다.

> "그러므로 이제 너희는 이 노래를 써서 이스라엘 자손들에게 가르쳐 그들의 입으로 부르게 하
> 여 이 노래로 나를 위하여 이스라엘 자손들에게 증거가 되게 하라" 신 31:19

3. 시내 산 빛(colorful splender)의 포로가 되다

그들은 시내 산의 강력한 빛에 감전되어 빛다발의 포로가 되었다. 히 4:12에 의하면 십계명은 이 놀라운 빛의 향연을 목도한 그들의 유전인자와 골수를 빛의 입자들이 찔러 쪼개고 들어갔다. 오늘날까지도 그 자손들은 결혼식, 파티, 생활 전반에 이 날의 전경을 그냥 담고 있다. 마치 으례 그래야 한다는 듯이. 유대인의 탈무드와 미슈나는 십계명을 새긴 명판이 파란 사파이어로 되어있다는 전설을 가지고 이스라엘 국가에 파란 색을 선택했다.

그 말씀들은 생기가 뿜어내며 입에서 나오는 목소리 뿐 아니라 자신의 손가락을 이용해서 그 소리를 문자화 하셨다. 그 분에게 인간처럼 손가락이 필요하셨을까? 하나님이 친히 그의 손가락으로 돌판에 새겨

---

2) Faver Birren, 김화중 옮김, 1985. "색채심리" pp221, 222. 동국출판사.

쓰셨다는 것은 그가 사람의 형상으로 현현하셨음을 의미한다. 사람이미지다. 사람이 되셨다.
돌판하면 무슨 색깔이 떠오를까?
단단한 돌에 손가락을 문질러서 새겨 썼다면, 그 글씨는 무슨 색깔이었을까? 피(blood)다.

> "여호와께서 시내 산에서 모세에게 말씀을 마치시고 증거판 두 개를 주셨는데 이것은 하나님
> 의 손가락으로 새기신 돌판이었습니다" 우리말 성경 출31:18.
> "When the LORD finished speaking to Moses on Mount Sinai, he gave him the two tablets of the
> Testimony, the tablets of stone inscribed by the finger of God" Exodus 31:18.

21c를 감성 마케팅 시대라고 말한다. 감성에 호소하고 감성을 디자인하는 시대다. 돌을 직접 고르시고 디자인하시고 거기에 새겨 쓰신 손가락 글씨 십계명은 마치 감성에 호소하는 하나님의 호소력이 있는 공예품처럼 여겨진다.

하나님은 아셨을 것이다. 사람들은 문자가 아니라 손 맛이 들어간 느낌, 그리고 컬러에서 답을 잘 찾아 낸다는 것을.

문자 전달은 시간이 걸리지만 이미지, 컬러는 짧은 시간에 의미를 전달할 수 있다. 컬러는 빛의 속도로 이미지를 전달한다. 인간의 시각 인지는 형태(문자)보다 컬러를 빨리 인식하는 때문이다. 김정해는, "수 십 개의 단어, 문장을 몇 분에 걸쳐 설명해야 하는 것을 컬러는 단 3초에 feeling으로 마음에 여운을 남긴 다. 기능보다 경험의 그 중심에 컬러가 놓여있다"는 말을 한다.[3]

우리가 사는 세상은 분석 가능한 이성의 논리를 따르기보다는 이미지로 대표되는 직관에 더 많이 의존 한다. 사이버 공간은 보이는 이미지로 가득 채워지고 있다. 연세대 교수 황상민은 맥루언의 말을 이렇게 옮겨 썼다.

> "구텐베르그 이후 인류문명을 주도해온 활자 문화의 종언과 영상문화 시대의 도래를 선언한 지난 30여년의
> 현대 문명은 활자 매체에서 영상매체로 문명의 기반을 바꾸어왔고 이제는 그 주도권을 완전히 이양하기에
> 이르렀다."라고 한 마샬 맥루언(Marshall Mcluhan)의 말을 인용해서 21세기 감성 시대에 빛, 즉 색은 사람
> 들의 마음을 사로잡는 영상 문화의 트렌드 전략이 되었다는 말을 한다.[4]

그렇다. 색채는 가장 고부가 가치의 소프트웨어로 자리매김을 하고 있다. 기술과 형식에 매달렸던 기업 들이 색으로 발 빠르게 눈을 돌렸다. 컬러가 소비자의 감성을 더 빨리 자극하고 빠른 시간에 만족시킨다. 시각을 통한 이미지는 우리 뇌에 강력한 자극을 주어서 잊었던 기억을 연상하게 하고 떠오르게 한다.

---

3) 김정해. 2011."좋아보이는 것들의 비밀, 컬러" p22. 길벗.
4) 황상민. "색 빛 그리고 심리" p.5, 6. Marshall Mcluhan. "미디어의 이해 (*Understanding Media*)"의 책 재인용.

하나님 말씀인 십계명을 색깔로 가르치는 것은 어떨까?

- 성장기 아이들의 기(氣)는 불안정하다. 십계명의 각 계명에 색채를 주어서 가르치면 태양빛 에너지가 갖고 있는 여러 색을 접하고 느끼게 되므로 기가 원활하게 흐를 수 있다.
- 사물이 지닌 색채의 아름다움을 지각하도록 교육하는 것은 정서와 인성에 중요하다.
- 아이들을 영리하게 하고 능동적인 성격으로 만들어 주려면 다채로운 색상을 접하는 것이 좋다.
- 말씀을 아이들에게 빛깔로 가르치면 세상이 말씀으로 보인다.
- 이미지, 상징은 하나님의 교육명령이다(신 6:8, 9 참고).

기독교에서 빛은 영적경험이다. 바울, 사가랴, 마리아도 그랬다(행 9:3. 눅 1:11,28). 하나님께서 첫째 날 만드신 빛은 말씀이다. 말씀은 빛이다. 김선현에 의하면 기독교는 이미 8c 무렵부터 색의 이콘(icon)을 통한 슬라브 사회의 포교를 꾀했다고 한다. [5]

> "내가 내 무지개를 구름 속에 두었나니 이것이 나와 세상 사이의 언약의 증거니라" 창9:13.
> "표(symbol)로 삼고 기호(symbol)로 삼아 가르치라" 신 6:8.

말씀을 기호, 또는 색채로 가르치는 것은 하나님 자신이 샘플이 되셔서 본보기로 보여주신 그분의 교육명령이다. 문자가 발달되기 전이라서 기호 즉, 이미지로 사람을 교훈하시고 가르치셨다는 말인가? 아니다(창 9:13~16 참고).

현대에 심벌 교육(상징,이미지)이 중요한 것은 우리가 지금 엄청난 속도로 발전하는 인공지능 알파고, 전자 두뇌, 사이버(cyber) 세계에 살고 있기 때문이다. 직관과 상상력, 창의력은 인간이 컴퓨터 시스템을 능가할 수 있는 유일한 재능이 될 것이다. 색, 이미지, 기호는 제 2의 언어로서 잠재된 과거를 현재로 끌어올리는 유추와 연상의 중요한 수단이다. 표, 기호는 수, 그림, 음악, 색채 등으로 다양하게 표현할 수 있다. 과거에는 거울로 보는 것 같이 희미했는데 지금은 광전자 발전으로 투명하게 드러나고 속속들이 보이는 세상이다. 21세기 광학(光學;opto) 시대의 세계관은 그야말로 "혼을 들여 다 본다"라고 할 만큼 비주얼(visual)하다. 예수께서는 보지 않고도 잘 믿는 사람이 있지만 보면 믿는 사람들이 있다고 하셨다. 봐야 믿는 사람에게는 보여주셨다. 도마에게는 보고 만져 보게 하셨다. 그분은 시각, 촉각까지 동원하신다.

> "예수께서 이르시되 너는 나를 본 고로 믿느냐 보지 못하고 믿는 자들은 복되도다 하시니라" 요20:29. "너희는 표적(signs)과 기사를 보지 못하면 도무지 믿지 아니하리라" 요 4:48 요약.

---

5) 김선현, 2013. "색채 심리학" p31, 33. 한국 학술정보.

부분적으로 알던 것이 명확하게 밝혀지는 광전자 세상에서 인간에게 절실히 필요한 것은 뭘까? 바울에게서 그 답을 찾아본다. "그런즉"이다.

> "우리가 지금은 거울로 보는 것 같이 희미하나 그 때에는 얼굴과 얼굴을 대하여 볼 것이요 지금은 내가 부분적으로 아나 그 때에는 주께서 나를 아신 것 같이 내가 온전히 알리라 그런즉 믿음, 소망, 사랑, 이 세 가지는 항상 있을 것인데 그 중의 제일은 사랑이라." 고전 13:13.

그러기 때문에 바울은 십계명이 사랑의 계명으로 발전되어야 한다는 주장이다(롬 13:8~10 참고). 딱딱하게 굳은 잿빛돌판 형상보다 아름다운 색채로 전파(電波)되는 십계명은 실로 사랑스럽다.

알고가기

> 우리나라의 태극기하면 떠오르는색은? 노랑하면 떠오르는 과일은? 색깔은 메시지를 연상하게 하고 닫혔던 기억을 열어 제친다.

4. 기호로서의 십계명 번호 (number)

최초의 원시인 아담은 어떻게 자기의 나이를 셀 줄 알았을까? 130세에 아들을 낳았고 그의 나이 세기는 930까지 간다. 창 5장은 마치 고대인들이 자기 나이 세는 대회에 나와서 수학 실력을 과시하는 듯하다. 어떻게 962, 969, 995,.. 세 단위, 끝자리까지 정확히 세는 것이 그들에게 가능했을까?

사실 성경은 숫자로 시작한다. 천 단위 숫자를 헤아릴 줄 아는 수학적 두뇌와 태양계 궤도를 터득한 과학적 사고력은 안식일 덕분이다.

7일마다 반복되는 안식일이라는 시간의 마디는 날짜를 세는 기술을 터득하게 했다. 아직도 시간의 단위는 60진법을 기반으로 하고 있는데 이것은 "엿새"라는 주기에 기원한 것이리라. 7일 주기 시스템을 수 개념의 기초학습 자료로 해서 인류의 7대 손은 더하기, 나누기, 곱셈 능력까지 발전하고 있었다.

> "가인을 위하여는 벌이 칠 배일진대 라멕을 위하여는 벌이 칠십칠 배이리로다 하였더라"
> 창 4:24.

기호가 대중적이고 문화적 코드를 담고 있고 언어학적인 체계의 하나로서 언어에 적용되는 원리를 가지고 있다는 이 중요성에 인류가 눈을 돌린 것은 19세기 부터다. 기호에 관심을 가진 사람이 나타났는데 스위스 언어학자 소쉬르(F.Saussure;1857~1913)다. 그는 기호에 해당하는 그리이스어 'semeion'에서

'기호학(semiology)'이라는 용어를 만들고 기호(sign)에 관한 학문의 기초를 놓았다.[6] 기호는 일상생활의 기표(signifiant)로 사용되어 온다. 기호의 유형은 도상(icon), 지표(index), 상징(symbol)의 범주에서 다양하게 메시지를 전달한다. 상징은 연상 등을 통해 메시지를 암시하는 기능을 한다.

숫자도 기호로서 도상이며 상징이다. 인류는 7진법으로 시작해서 한 때는 12진법을 사용하다가 지금은 이집트의 기원을 가진 10진법을 일상생활 전반에 걸쳐 사용한다. 계좌번호, 비밀번호, 주민번호 등 열개의 명령인 십계명은 십진법으로 짜여 있다. 이 시내 산 명령을 열개의 문장으로 분류하고 번호를 매긴 것은 바벨론 포로기에 레위인들에 의해서다. 포로로 사로 잡혀간 그들은 유프라데스 강변에 앉아 통렬한 반성을 하며 잊었던 시내 산 문서를 떠올린다. 그들은 두 돌판 명령을 열개의 문장으로 나누는 작업을 하고 1부터 10까지 번호를 매겼다. 그리고 유대 아이들을 가르치는 교본으로 삼았다. 그로부터 시내 산 명령은 "십계명"이라고 불리게 된 것이다. 10진법으로 십계명을 연상하는 훈련을 해보자. 숫자 1= 1 계명을, 2= 우상 금지, 3 = 하나님의 이름을 영화롭게 하는 숫자로 문자를 기호(암호)화해서 숫자를 통해 말씀이 떠오르게 하는 연상 훈련을 하자.

> 휴대폰 전화번호 '010'은 서문(0), 1=1계명, 서문(0)이다.
>
> 얼마나 좋은 넘버인가? 이것을 문자로 풀면 "나는 너희 하나님여호와니라,
>
> 너는 나외에 다른 신들을 네게 두지말라, 나는 네 하나님 여호와니라"다.

010 넘버는 서문과 1계명을 생각나게 하는 기호가 된다. 우리나라의 국가 번호는 '82'다. 이 숫자는 8계명과 2계명 말씀을 암시하는 기호라고 여겨보자. 이처럼 모든 숫자를 열개의 계명을 암시하는 기호로 연상하자. 세상은 하나님의 말씀인 십계명으로 가득 차게 될 것이다. 201세기의 위대한 구약신학자 카수토는 "조물주가 인간에게 열개의 손가락을 주신 것은 십계명 공부를 위해서"라고 하지 않았는가!

알고가기

조물주는 왜, 인간에게 열개의 손가락을 주셨을까? 십계명 총서 1권에서 이미 밝혔듯이 구약학의 대가인 카수토 (U.Cassuto)라는 신학자는, 십계명을 잘 배우고 기억하라고 하나님이 손가락10개를 만들어 주셨다고 했다. 엉뚱한 발상같지만 현대의 영악한 아이들도 수개념을 익히는데 열개의 손가락을 사용한다.

5. 색 (colour)과 십계명

우리는 목련에서 하얀색을, 라일락에서 보랏 빛을 떠올린다. 빨간색에서 '멈춤'이라는 단어를, 나는 빨간 원피스에서 20년 전의 이스라엘 말키아가 생각난다.

이미지가 뭘까?

---

6) F.Saussure. 김경재옮김. 2003. "해석학과 종교신학" p89. 서울: 한국 신학 연구소.

이미지란 마음 속에 그려진 심상, 표상, 영상이다. 그런데 똑같은 사물도 사람마다 느끼는 이미지는 다르다. 개인적인 경험에 의해 마음에 재생되는 상을 저마다 가지고 있다. 프로이드는 상징을 무의식 배경에 대한 어떤 단서를 우리들에게 제공해주는 의식의 내용이라고 설명한다. 상징은 이미지이다. 의미는 의식적이고 합리적이라면 이미지는 비 합리적 영역 즉 무의식 영역이다. 상징은 알레고리나 어떤 표식도 아니고 의식을 초월한 어떤 내용에 대한 이미지다.[7]

인간처럼 색을 보는 포유류는 원숭이 밖에 없다. 일반적으로 새, 동물이 보는 세계는 우리가 보는 세계와는 다른 색채를 가지고 있다. 놀라운 것은 동물들이 가진 직관과 시각이다. 사람의 시력은 5m 앞에서 달리는 자동차 번호판 읽기도 불가능하다만 동물 중에는 8m 앞을 날고 있는 작은 잠자리도 포착하고 잠자리는 또한 직관적으로 몸을 피한다. 인간이 만물의 영장, 창의적 존재, 사유의 동물이란 것은 시력이 아니라 시각, 즉 색채인식 자라는 점에서다. 이미지는 동물적 감각과 직관을 발달시킨다. 그래서 이미지란 원시적이다.

"빛과 색"을 쓴 변종철의 말처럼 색깔, 즉 빛깔은 기억에서 사라진 것을 찾을 수 있는 심벌이 될 수 있다. 영화나 기업의 상업용 광고에서는 강렬한 색깔, 빛 이미지들을 얼마나 많이 적용하고 있는가. 사람의 시력으로는 볼 수 없는 세계가 빛의 세계다.[8]

맥랜돈 (James Wm. McClendon)은 십계명을 수여할 때의 산 전경에 특별한 인상을 부여했고 이르메야후 바인드만(Yirmeyahu Bindman)이라는 랍비의 자료에 의하면 유대인들은 시내 산의 현상을 일찍이 색채화 했다. 우상숭배 금지(2계명)는 보라색, 영광과 관련된 신성 모독 금지(3계명)는 주황, 힘과 연관된 살인 금지(6계명)는 빨강, 음행금지(7계명)는 파랑, 절도 행위 금지(8계명)는 노랑, 동물을 피채로 먹는 행위 금지는 초록, 법정을 세우라는 계명은 갈색과 연결 짓는다. 무지개 빛깔(형상)로 말씀을 기억나게 하셨듯이, 유대사회는 십계명에 빛깔을 입혀서 이를 교육에 반영하고 있다.[9]

메시지를 문자 대신 색깔, 그림, 도형으로 전달하는 기법은 십계명 만이 아니다. 홍수후 노아 가족에게는 무지개 빛깔로 말씀의 언약을 상기시키셨다. 하나님이 모세에게 성막설명서를 주시고 만들라고 하셨으면 모세는 가능했을까? 문자를 읽고 터득하는 것 보다 페턴을 보면 뇌는 더 정확히 기억하고 이해한다.

"무릇 내가 네게 보이는 모양대로,... 그 모양을 따라 지을지니라" 출 25:9.

"이 산에서 네게 보인 양식대로 할지니라 exactly like the pattern I will show you" 출 25:40.

"너는 산에서 보인 양식대로 성막을 세울지니라" 출26:30.

"산에서 네게 보인 대로 그들이 만들게 하라pattern shown you on the mountain" 출 27:8.

---

7) 황상민, "색 빛 그리고 심리" p.99참고.
8) 변종철. 2005. "빛과 색" 참고. 살림출판.
9) James Wm. McClendon, JR. 2002. *Ethics*. p182.Nashville : Abingdon Press.182. Yirmeyahu Bindman. 1995. *The seven Colors of The Rainbow*. New York: Resource Publishers. Elijah Benamozegh. 1994. *Israel and Humanity*. New York: Paulist.

6. 프리즘을 통한 윤리학의 분석

김중기는, 하나님께서 홍수에서 벗어난 인간을 무지개로 위로하신 점을 들어서 윤리학에 있어서 프리즘을 통한 스펙트럼 분석이라는 무지개의 이 은유는 가치체계와 도덕적 판단의 새로운 시도라는 말을 하였다.[10] 전통적인 가치는 피라미드 식으로 등급(A Hierarchy of value)을 형성하지만 노아 이후는 그 체계가 가치의 분광(A Spectrum of value)으로 변형되었다는 것이다. 정신적 가치는 귀하고, 물질적 가치는 천하다는 가치의 순위를 정하는 시대는 지났다. 빛이 프리즘을 통하여 반사하는 그 파장에 따라서 여러 빛깔을 분산하듯이 진리는 제각기 자기 가치의 반응을 달리한다. 따라서 그는 도덕적 가치 판단은 무색의 빛과 같다고 하여 결국 진리를 색깔로 설명한 것이다. "땅이 혼돈하고 흑암이 깊은 위에 있고…. 무채색(= 흰색, 회색, 검은색)의 미학을 주장하는 색채 이론가들은 무채색을 로고스보다는 카오스적 사상으로 이해하고 다분히 환원적이고 상대론 적이라는 말을 한다.[11] 흑암이 모든 색을 끌어안고 침묵하고 모든 것을 덮어버리듯이 하나님이 땅을 끌어안으셨다. 검정의 간결함과 내적 풍부함. 검정은 빛을 끌어안고 먼지와 동감하며 거룩한 본능에 충실한 색채다. 깊은 흑암에 빛이 들어와서 세상은 화려한 색채들로 채색되었다.

하나님이 이르시되 빛이 있으라 하시니…. 그 빛이 보시기에 좋았더라."

알고가기

빛의 정체
가시광선 외에 빛의 전자기파들, 예를 들면 적외선, 자외선, x선, 짧은 파장을 가진 감마선 등이 있다. 빛에 대해서 호이겐스(1629~1695)는 소리니 수면파와 같은 파동으로, 뉴턴(1642~1727)은 작은 입자의 흐름으로 보았다. 19c에 스코틀랜드 출신의 영국의 과학자 제임스 멕스웰(J.Clerk Maxwell. 1831~1879)은 전자파가 나가는 속도와 빛의 속도가 거의 일치함을 발견했다. 빛의 속도가 1초에 30만 km를 달린다는 것을 알게 된 1849년 프랑스의 아르망 피조(1819~1896)는 빛이 1초에 약 4만 km 되는 지구 둘레를 일곱 바퀴 반을 돈다는 계산을 했다. 빛은 직진하므로 해당 거리를 잰 것이다. 뉴턴 사이언스, Newton Hightlight, "빛이란 무엇인가?" 2014. 강금희 역. p123. 뉴턴코리아.

7. 열개의 빛 다발

카오스의 세계에서 눈부신 빛이 나타나 빛과 어둠이 분리되고 그 빛은 우리의 눈에 아름다운 색깔이 되었다. 빛은 혼돈이라는 무질서 상태를 정돈시켰다. 빛과 말씀이 흑암을 비추고 혼돈을 질서화 함으로써 보시기에 좋은 세상이 만들어졌다. '본다'고 하는 시각적 질서를 이룸으로써 좋았다는 것이고 마구 뒤섞여있던 혼돈상태가 빛으로 인해 통일을 갖추어서 좋은 것이 되었다.

---

10) 김중기. 1986. 신앙과 윤리. "정의에 대한 스펙트럼분석" p.141 & "참가치의 발견" p.85. 서울: 종로서적.

11) 사단법인 한국색채학회, 2002. "색이 지배하는 세상, 이제는 색이다" p.210. 도서출판 국제.

십계명은 혼돈을 정돈으로, 새로운 질서의 세계를 열 수 있다. 혼돈하고 공허한 태초의 세상이 빛과 말씀이 들어오므로 정돈되었듯이 십계명 말씀의 빛이 어지러운 세상을 정돈시킨다. 십계명은 하나님으로 나온 빛의 본체다. 시내 산에서 빛 가운데서 주시고, 다볼 산에서 가르치셨으니(마 5, 6, 7장의 산상보훈) 이 빛은 예수의 빛, 새 빛, 곧 참빛이다. 한올, 한올의 빛이 가지런히 모아지고 합쳐진 하나의 다발이 시내 산의 불로 나타났다. 십계명은 불꽃이 '팡팡' 터지며 온 천지를 전율시킨 열다발의 빛, 분광된 말씀이다. 십계명의 본체의 형상은 빛이다.

> "여호와께서 이 모든 말씀을 산 위 불 가운데, 구름 가운데, 흑암 가운데서 큰 음성으로 너희 총회에 이르신 후에 더 말씀하지 아니하시고 그것을 두 돌판에 써서 내게 주셨느니라." 신 5:22
> "너희가 가까이 나아와서 산 아래에 서니 그 산에 불이 붙어 불길이 충천하고 어둠과 구름과 흑암이 덮였는데" 신 4:11

십계명은 하나님이 말씀으로 말씀하셨다는 점에서 로고스요, 신의 기호다. 계명이 '로고스'라는 뜻은 하나님 자신이 언어가 되었음을 말한다. 로고스는 빛이며 언어는 무지갯빛처럼 색으로 드러났다. 우리는 노란색을 노랑빛, 색깔을 빛깔이라고 말한다.

로고스를 이성(ratio)과 말 (oratio)의 통일체로 본 리쾨르는 로고스가 왜, 빛이 될 수 있는지를 현상학 (phenomenology)이라는 단어에서 찾았다. 현상학(現象學)은 그리스어 '파이노메논(phainomenon)' 또는 '파이네스타이(phainesthai)'와 로고스(logos)라는 단어의 합성어다. 이 단어의 접미사 'logy'는 물론 'logos'에서 왔다. '파이메논'이란 말은, 드러난 그대로 자신을 보여준다는 뜻인데 하이데거는 접두어 'pha'는 희랍어 'phos'와 가까운 뜻으로 '빛' '밝음'을 의미한다고 해석한다. "빛은 어떤 것을 드러나게 하는 것, 보이게 하는 것"이다. 그러니 '현상'이란 빛에 드러난 총체적인 것으로 희랍인들은 이 빛에로 데려올 수 있는 현상을 '존재자'라고 지칭했다.[12]

우리는 바로 현상학에서 말해오는 빛, 광전자공학 시대에 산다. 빛은 물리학의 연구 분야 뿐 아니라 에너지의 한 형태로서 심리학, 생리학, 생체 치료 분야의 연구과제가 되었다. 색채 속에는 영상(spiritual image)이 존재한다는 루돌프 쉬타이너 (Rudolf. Steiner)는 영적 체험을 색채의 실체로 설명했다.[13]

21세기 사이버 시대에 이르어서야 인류는 빛과 속도에 관심을 가지고 적용하지만 기독교는 이미 오래 전부터 글 없는 책으로 복음을 전해 오고 있으니 일찍부터 색으로 가르쳐 온 것이다. 검정은 죄를, 빨강은 속죄를, 하양은 성결을, 연두는 성장을, 노랑은 하나님 나라를 상징하는 이미지 언어로, 색채를 심벌 (symbol)화 했다. 구약은 "들어라"라고 해서(신 6:4) 청각에 더 많이 호소하는 듣는 시대라고 알지만 청각에 호소하는 시대에도 십계명은 예외였다. 십계명은 그들이 들었고, 보았다. 하늘이 열린 시내 산이라

---

12) 재인용: 김경재. 2003. "해석학과 종교 신학." pp.66~67. 서울: 한국 신학 연구소. 원제 : *Heidegger. Sein und Zeit. S, 28* : Palmer. Hermeneutics. p.127.

13) 그의 책은 양억관과 다카하시 이마오가 "색채의 본질"이라는 제목으로 공동번역하여 1999년에 물병자리 출판사에서 출간 되어있다.

는 사이버 공간에 삶의 자리가 있었다.

신약은 시각에 더 많이 호소하는 보는 시대다. 그의 영광을 보았다. 요 1:14. 눈으로 보았다. 요일 1:1. 와 보라! 요 1:39.

 알고가기

> 홍대 박은덕 교수는 '색과 아동'이라는 그의 책에서 두 세 살 정도 아이에게는 12색 정도가 좋다는 이론을 말했다. 처음으로 크레파스를 선물한다면 12색을. 5-6세정도면 24색 정도 사용해도 무방하다는 주장이다. 만 3-7세까지 아이들이 그림 발달에 따라 색채를 사용하는 변화 추이를 조사한 브라이언과 구디나프. 코라, 리팍 등의 연구결과, 3세는 한가지색으로 비 일관적인 색채를, 4세는 여러 가지 색을 사용하는데 자연에 대해 사실적 색채를, 5세는 모든 주제에 관습적인 색채를, 6-7세는 형태를 보다 사실적으로 표현하는데 사용하였다고 한다. 만4-6세 어린이가 색채를 사물의 분류 수단으로 선호함을 밝히고 있어 색상의 차이에 대한 인지력이 집중적으로 발달되고 있는 시기임을 보여 주었다.[14]

8. 십계명의 빛깔

- 글 없는 책의 색채 해석을 십계명 색채에 적용하여 기독교 색채해석에 일관성을 갖게 하였다.
- 십계명의 색채를 크레파스 기본색인 12색으로 완성했다.

칼라는 기억 속에 최초가 될 수 있다. 빛, 즉 칼러로 현상한 십계명을 빛으로 가르치는 것은 수십개의 단어, 문장을 몇 분에 걸쳐 설명하여 이해시키려는 것 보다 교육면에서 볼 때 훨씬 효율적이다. 깊은 인상을 남기기 때문이다.

필자는 하나님을 사랑하라는 계명 즉, 1, 2, 3, 4, 5계명은 색의 3원색인 빨강, 노랑, 파랑색과 빛의 3원색 빨강, 파랑, 초록을 기본색으로 하되 색상의 채도에는 여유를 두기로 했다. 예를 들어서 빛의 삼원색인 빨강, 파랑, 초록 빛을 결합하면 하양, 노랑, 분홍, 맑은 파랑이 3원색 안에 들어있다.

색의 3원색인 빨, 파, 노란색을 한데 섞어 염색하면 검정이 나온다. 그래서 빛과 색의 기본색에 하양과 검정을 추가했다. 따라서 하나님사랑 계명의 색은 파랑, 빨강, 노랑, 하양, 검정의 5가지색이다. 이웃사랑 계명의 색채는 하나님 사랑 계명의 빛을 섞어서 만든다.

6계명은 분홍빛(빨강 + 하양),
7계명은 보랏빛 (빨강 + 파랑),
8계명은 남빛(파랑 + 검정),

---

14) 사단법인 한국색채학회 "색이 지배하는 세상, 이제는 색이다" 박은덕, 2002. "색과 아동화" 도서출판국제. Golomb & Farmer.1983. "색채사용" 170쪽 참고.

9계명은 회색빛(검정 + 하양),

10계명은 주황빛(빨강 + 노랑)이다.

이렇게 해서 십계명은 12 빛깔이 된다. 구원의 은혜를 가르치는 서문은 기존의 글 없는 책이 말해온 복음의 상징색으로 초록 - 검정 - 빨강 - 하양 - 노란빛을 그대로 사용하기로 했다.

1계명은 파란빛, 2계명은 빨간빛, 3계명은 노란빛, 4계명에는 검정과 하얀의 두 개의 색깔을 준다. 기독교의 안식일인 주일은 예수의 죽음과 부활을 기념하는 날로서 검정은 그리스도의 고난을, 하양은 부활의 색깔이다. 5 계명은 초록빛이다. 이것을 표로 정리하면 아래와 같다.

십계명	칼 라
서문(0)	갈색 바탕에 글 없는 책의 색깔을 적용 연두(창조)- 검정(타락) - 빨강(속죄)- 하양(성화) - 노랑(천국)
1	파랑
2	빨강
3	노랑
4	검정과 하양
5	연두
6	분홍
7	보라
8	남빛
9	회색
10	주황

"하나님이 그 해를 악인(evil)과 의인(good)에게 비취게 하시며

비를 의로운 자(tighteous)와 불의한 자(unrighteous)에게 내리신다" 마 5:45.

2장
색채학

악인과 의인은 햇빛을 받고, 의로운 자와 불의한 자는 비를 맞는다.

십계명의 각 계명에 맞는 컬러를 결정하려면 우선 메시지(콘셉트) 파악이 중요하다.

계명의 로고스를 세부적으로 정확히 이해하면

메인 컬러를 설정하기가 쉬워진다. 색을 정확히 구분하기 위해서는

색채학이 필요하다. 색채학자들은 색을 어떻게 느끼고 말할까?

색채치료(color therapy), 색채 조절(conditioning), 색채의 심리, 기, 형태 등, 색채

가 가진 속살(표정)들을 살펴보아서 십계명의 각 계명들이 가진 메시지에

어울리는 색을 찾아주자.

1. 색의 표정읽기

병원 하면 흰색이 떠오른다. 병원은 왜 흰색일까?

수술실에 들어가는 의사는 왜 녹색 가운을 입을까?

유엔에 가입된 전 세계 193개국의 국기에 빨간색이 들어가지 않은 나라는 26개국에 불과하다. 왜?

무지개 색에는 왜 분홍, 갈색이 없을까?

유아원 자동차 색깔은 왜 하나같이 노란색이지?

도덕성이 강하고 예의 바른 아이를 만들려면 왜 파랑, 초록을 보이라고 색채학자들은 말하나?

통계적으로 왜 남자는 파랑을, 여자는 분홍을 선호할까? [15]

사람은 자신의 빛깔(성깔)을 만들듯이 하나님은 십계명에서 자신의 성품을 드러내 보이셨다(신 5:22 참고). 구약 신학자 차일즈(B. Child)는 "하나님이 주신 두 번째 돌판(십계명)은 하나님 자신의 성품이 그 주제였다" 라는 말을 한다. 누구든지 하나님의 성깔을 알려면 십계명에서 찾아야 할 것이다.

박혜원은 "색에도 표정이 있다"라는 말을 한다. 십계명의 각 계명을 자기 빛깔의 색으로 만들기 위해 우선 색채학자들의 의견을 들어봐야 하겠다. 각 민족 나라마다 색채에 대한 의미나 색상의 사용법과 선호도가 다르다. 색채에 대한 작가들의 글을 종합하면 동양이 느낀 색채와 서구가 느낀 색채의 느낌에 다소의 차이는 있으나 놀랍게도 유사점 또한 갖고 있다. 색채 연구가들은, 서구가 느낌 중심이라면 동양은 의미 중심이라는데 의견을 모은다.

저마다의 색채가 가진 성깔을 이해한다면 이미지가 현실이 되는 변화의 소용돌이 속에서 인간이 어떤 감성적 특성을 활용하여 새로운 가치를 만들어 갈 것인가라는 물음에 힌트가 될 것이고 십계명의 성격과 필자가 정해 준 십계명 색채를 이해하는데 도움이 될 것이다. 글이 문맥으로 의미를 전달하듯이 음악이 화음으로 느낌을 전달하듯이, 컬러는 의미, 즉 메시지를 전달한다. [16]

1) 동양인이 본 색의 표정

한자어 색(色; 빛색)을 우리는 '빛색'이라고 말한다. 색의 순수 우리말은 빛깔이다. 노란색을 노랑 빛, 적색을 빨강 빛으로 이해했다는 것은 우리는 이미 색을 빛으로 인식하여 왔음을 말한다. 빛깔의 순수이론을 주장하는 이대 디자인학과의 교수 김영기는 "우리는 성깔이 나쁘다, 얼굴색이 안 좋다는 표현을 한다. 빛의 성질로서 말한 것이다. 빛깔은 인간의 자기완성을 생각하게 한다"라고 말한다.

동양인의 색깔 이해에 도움이 되는 천자문의 대표적인 구절로 "하늘 천 땅지, 검을 현 누룰 황"에서

---

15) 성기혁, 2016. "색의 인문학"(교학사).
    *Jude Stewart, 2013. Royg.Biv. 배은경 옮김, 2014. "무지개에는 왜 갈색이 없을까?" 아트북스.

16) 박혜원, 신수정 공저, 2000. "색, 읽고 보는 눈" 양지.

하늘은 검고 땅은 노란색으로 보았다. 하늘을 왜 검다고 표현했을까? 하늘이란 우주를 의미한다. 우리나라 고유의 색상은 하양이다. 우리 민족은 "백의민족"이라고 하여 하얀색을 거룩한 빛의 색으로 여겨왔다. 서구의 영향으로 지금은 검은 상복을 입지만 우리의 전통적인 장례에는 "하늘의 별로 가시옵소서'라는 뜻을 담아 하얀 소복을 했다. 인간의 색이 가미되지 않은 하양을 빛깔의 본체로 본 동양의 사고에 대해서 김영기는 색이 잘 삭았다고 해서 "잘 삭 은색 (시김)" 이라면서 빛깔은 사유와 삶의 의미를 담는 푸른 정신의 빛깔이며 고통을 극복하는 정신의 빛깔이라고 말한다. 그리고 이런 빛들은 자기 도덕적 빛깔이라는 것이다. color를 도덕의 빛깔로 보았다니, 이것은 기만하다. 속이다는 어원을 가진 서양의 "color"가 가진 속성과는 다른 개념이다. 퇴계는 기질론에서 자기 도덕적 빛깔을 논했는데 기질에도 인간의 빛깔이 있다고 했는데 동양인들은 기색, 본색, 특색, 정색, 이색, 안색, 주색, 여색, 각양각색처럼 기질이나 성품을 빛깔(color)로 표현했다.

박혜원, 신수정은 한국 고유의 색과 전통에 관해서, 음양오행설의 풍수사상은 화 수 목 금 토의 다섯 가지 원소가 서로 상생상극하여 오방색을 정했다는데 이러한 오행의 색채가 상징하는 바는, 봄을 청색- 동쪽, 여름은 적색- 남쪽, 가을은 백색- 서쪽, 겨울은 흑색- 북쪽, 황색은 - 그 중앙이라고 한다. 다시 말해서 청색을 봄의 색으로 적색을 여름색으로 백색을 가을색으로 흑색을 겨울색으로, 황색은 땅의 중심으로 본 것이다. 오방색에서 보듯이 색 하나 하나에 상징적 의미를 부여하여 생활에 적용한 것이다.

일본의 색채연구소는 검정을 죽음, 악, 고통, 절망으로, 노랑은 유쾌, 긴장, 초록은 안전, 파랑은 지성, 안식, 우울을 상징한다.[17]
18c 일본에서 만든 화투(=꽃들의 싸움) 48장의 조합은 1년 12달을 기본으로 디자인한 것인데 식물, 동물의 생활 상을 그림의 소재로 삼고 빨, 노, 파, 검정을 4 원색으로 하고 이들을 중심으로 표현했다. 일본인들의 색채 이해는 서구의 색채론과 흡사한 면이 있다. 모방이다.

 알고가기

우리나라 전통색은 다섯 가지 정색과 다섯 가지 간색이 있다. 정색=청색, 빨강, 하양, 검정, 노랑. 간색=연한 연두, 하늘색, 분홍, 채리(자주), 살색이다. 색동옷= 파랑, 빨강, 노랑, 하양, 검정이다.
오방색은 신분과 지위를 상징하기도 했다. 노랑 =황제 /빨강=왕 /당하란=파랑/7~9품=초록옷을 입었다.
오방색의 자세한 연구는 인터넷에서 "오방색"을 클릭하여 참조하기 바란다.

---

17) 김선현 "색채심리학." 앞책. p36.

2) 서양인이 본 색의 표정

color, 빛깔에 대한 서양인들의 시각은 상세하고 치밀하다. 분야 별로 트랙을 만들었다. 그들은 왜 이토록 빛에 관심을 가지고 색채를 연구했을까? 기독교 문화권에 우뚝 서 있던 그들은 성경을 그림으로 표현하고자 하는 열정과 신앙심의 발로라는 추측을 해 본다. 서양의 색채 연구가들이 보고 느낀 색의 느낌을 파헤 치는 데는 동양보다 훨씬 많은 지면이 필요하다. 십계명의 색채를 입히는데 자료로 삼고자 했다.

갈색

갈색은 뭔가를 욕망하지 않게 하고 책임강이 강하고 변화를 원하지 않는 차분한 색이다. 갈색의 장점은 모든 색과 잘 어울린다는 점이다. 포장재, 박스 등의 갈색은 품질을 보증하는 색이라는 메시지를 주기 위한 것이다. 갈색은 예민하며 인색하다는 견해도 있다면서 이상은, 박혜원은 극단적 보수적이며 의무감과 책임감이 있어 편집증 경향이 있고 따분한 것을 못 참는 성격이라고 말한다. [18]

파랑

독선적이고 자기주장을 굽히지 않는 경향의 사람들이 좋아하는 색으로 알려졌다. 주의 집중이 뛰어나고 말투, 행동, 복장에도 신경을 쓴다. 세계인이 가장 선호하는 색깔이 파랑이란다. 파랑은 젊음, 이성, 고결함을 느끼게 하는 차가운 색이다. 파랑은 감성보다는 지성과 연결된다. 보수적인 신념, 신중성을 반영한다. 파란빛은 파장이 짧고 진동수가 크므로 높은 에너지를 가지고 있기 때문에 그렇게 느껴진다. 파란 색으로 사무실이나 공부방을 인테리어 하면 시간이 빨리 가는 느낌을 받아서 업무나 학업에 지루한 줄 모른다고 한다. 파란색은 성취, 헌신, 신중한 노력 자이며 무엇이든지 충동적으로 하는 일이 드문 사람에게 걸맞는 색으로 파랑을 싫어하는 사람은 반란, 범죄, 다른 사람의 성취에 대한 분노 등을 알리는 신호로 파랑을 선택한다. 차갑고 투명해서 영적인 느낌마저 들게 하는 파랑은 불멸을 상징하며 초현실적인 세계를 지향한다. 파랑은 망막에 흐릿한 상을 맺는 색이다. 따라서 파란색은 멀리서 보면 잘 보이지 않는다. 미셀 파스트로((Michel Pastoureau)는, 모든 색 중에서 사람을 가장 안정시키는 색이 파랑이라고 말한다. 눈의 시상에 파란 빛이 들어오면 뇌를 안정시키는 신경전달 물질이 분비되기 때문이란다.

 알고가기

> 파란색은 아침에 일어나지 못하는 아이, 우울증(Blues) 환자에게는 피해야 하는 색깔이다. 비현실적인 생각을 blue-sky thinking이라고 한다. 자신감이 약한 아이는, 주황, 노랑 계통을 보여주고 공격성이 강한 아이는 핑크,

---

빨강

외향적이고 적극적이며 비밀은 참지 못하고 입 밖으로 내어서 표현해야 만이 속이 시원한 사람들이 좋아하는 색으로 알려졌다. 나서서 해결하려다가 왕창 혼자 손해를 입고 경제적 타격을 받는다. 빨강은 파장이 길어서 투과력이 좋아 눈 속 깊이 상이 맺힌다. 눈은 빨강을 받아들이는 추상체의 분포가 가장 많아 인식하기 쉬운 색이다. 열정, 흥분, 정열의 에너지를 연상케 하는 빨강은 감정을 자극해서 흥분시키고 혈압을 상승시킨다. 박현일은 "아동미술용어사전"(이담북스)에서 빨강은 남자아이보다 여자아이가 더 많이 사용하는 색이라고 말한다.

알고가기

1997년 일본에서 일어났던 포켓몬 시청에서 어린이들의 발작 현상의 원인을 분석한 결과, 화면에서 파랗고 하얀 빛 과 빨간 광선이 약 10초간 강하게 비추는 장면이 있는데 그것을 보고 속이 매스꺼워지는 증상이 많았다고 한다.[20] 빨강과 파랑은 극단적인 대비를 통해 강한 자극을 발생시켜 신경계통을 자극한다.

노랑

노란색을 좋아하는 사람은 지적이고 유머감각이 풍부하고 다른 사람의 보호자가 되려는 의지가 강한 편이라고 한다. 노랑은 명도가 높은 색으로 어떤 조명 아래서도 눈에 잘 띄고 검정과 배색을 이룬다. 노랑은 인체의 신진대사를 활발하게 하여 정신적이고 영적인 인상을 강렬하게 해 준다. 퇴보하거나 두드러지게 유아 수준이거나 실패한 환자들이 노랑을 선택하는 반면, 지식인이 반대 의견을 내놓을 때 선택하는 저널리즘(Journalism)의 상징색이기도 하다. 동양 철학에서는 노랑을 재능 있는 사람들, 내성적이고 분석적이고 독창적인 사람으로 보는 반면, 서양은 비겁함, 편견, 박해, 반항을 의미한다. 영적 체험에 의한 색채의 실체를 밝히려고 시도한 루돌프 쉬타이너(Rudolf Steiner)는 노랑을 영의 빛으로 해석했다. 동 서양 종교에서는 노랑을 신의 신성으로 본다.[21]

19) 고봉만 옮김. 2017년. "파랑의 역사" 민음사.

20) 황상민. "사이버 세상의 가치" p232. 1997.12월 17일 아사이 신문 p232 재인용.

21) *The color.* Anne Verichom 지음, 2005. 채아인 옮김. 2012. "세계를 물들인 색" p85. 도서출판. 이종.

최후의 만찬을 그린 다빈치 화가는 유다에게 어떤 색깔의 옷을 입혔을까?
왜 유아들의 학습장의 자동차 색갈이 노랑인가? 노랑은 채도가 높고 시인성((是認性))이 뛰어난 색이다. 명도 차이를 크게 한다. 주목성이 높다.[22]

검정

검정을 선호하는 사람들은 대체로 리더십이 있고 자기 과시형으로 솔직한 면이 부족하다는 지적을 색채 심리학자들로부터 받는다. 검정은 경건과 속죄의 상징이다. 검정은 마지막(임종)을 의미하지만 시작과도 관련이 있다. "컬러 인문학"의 원 저자 가빈 에반스(Gavin Evans)의 색채 실험(p186)에 의하면, 빨강, 파랑, 노랑을 한데 섞어 염색하면 검정이 나온다. 검정은 암묵적이고 모든 것을 흡수한다는 의미다.

고대 이집트는 검정을 무덤으로 간주했고 콩고의 은뎀부족(Ndemubu)는 후손 없이 죽은 사람의 시신에 배꼽부터 골반까지 검은 색으로 선을 그리는데 이는 그 자손들이 영원히 죽었다는 의미에서다. 기존의 기독교의 전통에서 검정은 사단과 타락한 천사, 지옥을 의미해 왔는데 이는 서구 기독교 문명의 우월의식에서 기인한 것으로 보인다. 검다 nigro는 단어는 라틴어로 niger에서 왔다.

검은색은 정신적으로 문제가 있는 사람에게 매혹적인 색이다. 검정을 좋아하는 사람은 삶의 의미나 현실을 인정하지 않고 가능하면 영원히 현재를 고수하려 드는 경향이 있다고 한다. 흑암은 하나님이 들어가신 색채이다(출 20:21).

하얀 색

청결, 완전을 추구한다. 흰색은 정신적인 의식을 중요하게 생각한다. 카오스의 세계에서 눈부신 빛이 나타나 빛과 어둠이 분리되고 하양은 신성을 상징하는 색이 되었다.

기독교의 성상 연구에서 흰색은 특별한 지위를 지닌다. 빛의 기준에서 볼 때 모든 색의 혼합물이 하얀색이다. 빛의 프리즘은 하양에서 빨, 주, 노, 초, 파, 남, 보라색이 나오고 이 빛을 모으면 하얀빛이 된다(하지만 모든 색을 섞을 경우 회갈색이 나온다). 결국 빛을 섞으면 하나의 하얀빛에 결합된다.[23] 흰색은 모든 빛을 반사한다.

미국의 색채학자 파버 비렌(F. Birren)은 흰색이 무죄와 순결, 기쁨과 영광을 대비시킨다는 말을 한다.

22) Anne Verichom. *The color*. 2005. 채아인 옮김. 2012. "세계를 물들인 색" p85. 도서출판 이종.
23) Gavin Evans. 2017. *"The story of colour"* 앞책. p165.

초록

솔직하고 도덕심이 강하고 거짓 없이 남을 돕는 사람들이 선호하는 색으로 알려져 있다. 색의 인문학을 쓴 성기혁은, "색으로 말한다. 색으로 표현한다"는 주제에서 솔직하고 도덕심이 강해 예의 바른 사람들이 초록을 좋아한다면서 초록은 예의 바름의 색이라고 정의한다.[24] 그의 견해는 초록은 심기를 평온하게 하고 신경 근육의 긴장을 완화시켜 균형을 준다는. "색채심리"의 저자 Faver Birren 과도 일맥상통하다. 녹색을 싫어하는 사람은 정신 상태가 불안정하다는 것을 암시한다. 초록빛은 빛의 파장 중심에 있다. 500mm 나노미터의 파장을 갖는 초록은 자외선과 적외선의 중간에 위치해서 눈이 가장 편안하게 받아들이는 색이다. 예절을 중시하는 십계명의 5계명은 십계명의 중심에 놓여있다.

 알고가기

> 수술복은 왜 초록색인가? 초록에 피가 묻으면 갈색으로 보이므로 거부감이 적다. 초록은 빨강의 보색이라서 피를 보다가 초록을 보면 초록 잔상이 나타나지 않는다. 따라서 안구의 피로를 줄여준다.[25]
> 영국 런던 템스강에 블랙 프라아오 브리지 (Black friars Bridge)는 투신자살 장소로 유명한데 검은색이던 다리를 초록색으로 페인트 칠한 후 자살률이 34% 감소했다고 한다. 일본의 한 소도시는 가로등을 푸른색으로 바꾼 뒤 년 26건의 범죄율이 0%가 되었다.[26]

분홍(빨강과 하양을 혼합한 색)

분홍은 감정이 섬세하고 적당히 인심이 좋은 사람, 좋은 교육을 받은 사람들, 즐기고 보호받고 있는 사람들, 애정을 받은 명문 태생의 상징이다. 파버 비렌에 의하면, 분홍을 싫어하는 사람은 허영심 많은 사람들이고 교양 있는 사람들을 성가시게 하는 경향이라고 한다. 무지개 색깔에 분홍이 없는 것은 자연에는 분홍 색소가 없기 때문이다.

1897년 뉴욕 타임스(times) 잡지사는 남아는 파랑을, 여아는 분홍을 좋아하는 이유를 진화의 본능이라고 짐작했다. 여성은 생물학적으로 분홍을 좋아하도록 프로그램화되었을 것이라는 주장에서다. 뉴욕타임스가 "아기의 첫 번째 옷"이라는 기사에서 남아에게 분홍을, 여아에게 파랑을 입히라는 역발상을 낸 것은 1950년대의 미국은 분홍 시대로서 남성을 시대에 적응하도록 준비시킨 것이다. 따뜻한 감정을 반영하는 여성스러운 섬세함을 필요로 하는 21세기 감성시대를 일찍이 눈치챘다고 볼 수 있다.

2 4) 성기혁 지음. 2016. "색의 인문학" p106. 교학사.
2 5) 성기혁 지음. 앞책. p93. 교학사.
2 6) 김선현. 2013. "색채 심리학" p133. 한국 학술정보.

"미국의 워싱턴 국제 사회학 연구소의 편집장인 알렉산더 샤우스 박사는(Alexander G.Schauss)는 국제 생태 사회학 연구(International Journal of Biosocial Research)라는 보고서에서 "핑크색 환경 속에 있는 사람은 공격적이 되거나 화를 낼 수 없다. 왜냐하면 핑크색은 심장 근육이 에너지를 서서히 약화시키는 진정작용을 한다"라고 했다.[27]

알고가기

> 2017년, 에반스는 "핑크와 죄수"라는 연구에서 스위스가 수감자들을 진정시킬 목적으로 구치소 몇 곳에 핑크를 사용했으나 그 결과는 의미가 없었다는 연구도 있다.[28]

보라(violet: 빨강과 파랑의 혼합색)

직관이 발달하고 위엄과 기품을 기대하는 사람들이 이 색을 좋아한다. 보라색을 영어로 "violet"이라고 이름 붙인 것은 의외다. 색깔 이름 중에서 꽃 이름을 따서 지은 명칭이기 때문이다. 미셸 파스트로(Michel Pastoureau)는, "파랑의 역사"라는 그의 책에서 파랑과 빨강으로 결합된 보라색에 남성(파랑)과 여성(빨강) 이미지가 반영되어있다는 주장을 하였다(2017년 고봉만 옮김. "파랑의 역사" 민음사). 이처럼 성을 암시하는 보라색은 양성애와 관련해서 남성 동성애와 연관되는 색으로 인식되어 1960년대는 반 문화색(psychedelic art) 으로 퍼져 나갔다. 보라색을 문화의 한 복판으로 끌어들인 것은 1967년 히피들에 의해서였다. 이러한 주장과는 반대로 김선현은 그의 책 "색채심리학"에서 보라는 "진실한 사랑"을 상징한다고 말한다(p62). 이것은 보라색이 문화에 휩쓸리다가도 제자리를 찾는 고유한 특징에서 찾아낸 것으로 보인다.

21c에서 보라는 고귀함, 우아함의 상징이 되어 제2의 여성 색으로 또다시 인기를 누리고 있다.[29]

보라색과 남색은 서로 보색이다.

알고가기

> 보라는 페니키아의 도시 '티레(두로)'의 이름을 딴 고대용어 "티리언 퍼플 Tyrian purple"에서 유래했다. 보랏빛 1g을 생산하려면 바다달팽이라고 불리는 뿔고둥 1만 2천 마리가 필요했다. 클레오파트라가 보라색 옷을 입고 보라색 돛을 달고 시이저를 찾아갔을 때 여기에 반한 시이저가 로마로 돌아가서 왕족에게만 보라색을 허용했다. 네

---

2 7) 김선현 앞 책. p133.
2 8) Gavin Evans. 2017. *The story of colour.* 강미영 옮김. "칼러 인문학" 2018. p.165.
2 9) Gavin Evans. 2017. 앞 책. p.136. 156, 157참고.

로는 자신만 보라를 입고 식솔들은 빨간색을 입혔다. 보라색의 가격은 금의 무게의 10~20배 되는 고가였다. [30] 이러한 현실이 보랏빛을 고귀함, 우아함의 상징으로 인식되었을 것 같다.

남색(indigo, deep blue; 쪽빛. 파랑+ 검정)

남색은 자기 관리가 뛰어나고 근면, 성실, 보수적인 신념, 신중성을 반영한다. 이 말은 고집이 있어서 다른 사람들의 충고를 수용하지 못하는 경향으로 나타나곤 한다. 짙은 파랑은 신앙적인 표현에 있어서 초현실적인 세계를 지향하는 색으로 알려져 있다. 깊은 하늘을 쪽빛이라고 말한다. 쪽으로 염색한 옷은 뱀, 해충이 접근 못하고 옷이 헤질 때 까지 퇴색하지 않는 특징을 가지고 있다. 쪽빛은 청결, 성실, 창조 발전의 의미를 담고 있다. [31] 파랑 계열은 젊음을 상징하는 칼러다. 짙은 파랑은 이성과 직관, 창조성을 결합시키는 색으로 감성보다는 지성과 연결되는 색이다.

알고가기

청바지 indigo blue-zin
육체노동자를 "블루칼라"라고 부른다. 노동자들이 쪽으로 염색한 청색 셔츠를 입었다고 하는데 쪽이 가장 값싼 염료인 데다가 때가 눈에 띠지 않는 때문이다. 쪽 산업을 위해서 영국인들이 인도인을 엄청나게 착취한 역사적 애환으로 인해 쪽을 "노예 블루스"라고 부른다. [32]

회색(gray; 검정과 흰색의 혼합)

감정에 휩쓸리지 않고 현실에 충실하고자 하며 사람들의 눈치를 살핀다. 미셀 파스트로(Michel Pastoureau)는 완벽하게 균형 잡힌 회색은 명상하게 만들고 말수를 적게 하는 절제의 색이라는 정의를 준다(p131). 회색은 채도가 낮기 때문에 감정을 자극하지 못하는 때문이다. 회색은 색의 중립적인 효과가 있다. 신경 증세가 있는 사람이 회색을 통해 좋은 반응을 나타낸다. 회색은 안으로 몰입시킨다. 내면의 생각이 깊고 교양과 절제된 방법으로 평온을 유지하고 합리적으로 호감을 주며 쓸모 있게 되고자 하는 의지를 나타낸다. 회색을 싫어하는 사람은 평범한 생활에 싫증을 낸다.

---

30) Gavin Evans. 2017. 앞 책. p140.

31) 성기혁의 앞 책. p46~48.

32) Michel Pastoureau. 앞 책. p131.에반스의 앞 책. p131.

주황

욕망, 에너지, 열정, 사치, 환희에 열광하고 쾌락, 원기를 의미하는 주황(yellow red)은 유창한 언어능력, 재빠른 재치와 친절, 왕성한 소화능력을 재촉한다. 주황을 선호하는 유형은 독신으로 남아있는 경우가 거의 없다. 누구와도 잘 어울리는 경향이다. 주황은 진열대에서 이목을 끌고 고객의 구매욕구를 유도한다. 피자헛, 신림동의 순대집 간판처럼, 일단 식탁에 주황색이 올려지면 식욕이 왕성해진다.

 알고가기

> 올림픽 마크의 오륜은 5대양을 상징하는 다섯 색으로 흰색 바탕은 국경 초월을, 파랑은 유럽, 노랑은 아시아, 검정은 아프리카, 녹색은 호주, 빨강은 아메리카를 상징한다.[33]

2. 색의 기(氣), 시간, 형태, 심리, 언어

색은 빛의 프리즘(굴절)에 따라, 시간, 길이, 형태, 무게, 촉감, 색깔이 다르게 나타난다. 그림의 구성은 색, 형태, 재료들로 표현된다. 이렇게 색이 가진 고유한 특성은 심리뿐 아니라, 질병 치료요법에 쓰이고 있다.

1) 색의 기(氣)

색은 에너지다. 색깔은 저마다 고유한 파장과 진동수를 갖고서 생명체가 자라게 하고, 생리적, 심리적, 자율신경계에까지 영향을 준다. 본 루이스 플린트는 파장이 짧은 빛은 보라색 빛, 파란빛이고, 초록빛은 씨앗의 발아를 저해하고 빨간빛 주황색 빛 노란빛 등의 파장이 긴 빛은 발아를 촉진한다는 사실을 발견했다.[34]

아이가 색깔에 관심을 가지고 색에 이끌릴 때는 감성이나 감정표현에 흥미를 갖는 이른바 우뇌 영역이 활동하고 있음을 의미한다. 반면, 색보다 형태에 흥미를 갖고 있을 때는 좌뇌의 활동, 즉 도형의 인식이나 언어능력이 활동하고 있음을 뜻한다. 도구의 질감에 관심을 가지고 물감, 파스텔, 크레용, 마카 등의 다양한 기법에 흥미를 가지거나 색을 칠하지 않은 단순한 낙서에서도 내면의 발달과 성장 상의 의미가 반영되어 있다. 아이의 그림에는 감정, 인지, 감수성, 잠재된 재능이 표현된다. 유아의 방에 너무 큰 가구나 장롱이 있으면 아이의 기가 눌린다.

성품이 천박한 사람들은 검은빛을 띤 빨간색이 우세하고 고매한 성품의 사람들에게서는 흰 파랑, 초록빛이 나타난다. 빨강은 강한 욕망을, 파랑은 사랑을, 녹색은 자비심을, 인체에서 나오는 빛, 즉 기는

---

3 3) 김선현, 2013."색채 심리학" p36. 한국 학술정보.

3 4) 김선현. 앞책. p.135. & 최영훈 편저. 1987. "색채학개론" p47. 서울:미진사.

2-3피트까지 뻗쳐 나온다(이 현상을 판챠다시라고 한다;Panchadash). 기의 빛은 심령적인 통찰력을 지닌 사람들에게서 가장 잘 보인다고 한다. 마음이 억눌린 사람에게서는 흐릿한 회색이, 헌신적인 유형의 사람에게서는 푸른빛이 넓게 퍼진다고 한다.[35]

2) 시간

파버 비렌은 빨간빛을 받을 때는 시간이 길게 느껴지는 경향이 있으며 반대로 파장이 짧은 초록색이나 파란색의 빛을 받을 때는 시간이 짧게 느껴지는 경향이 있음을 밝혔다. 골드 쉬타인에 의하면 색채를 기능적으로 적용할 경우라면 차가운 색은 사무실이나 공장 등과 같이 일상적이거나 단조로운 일을 하는 장소에 적합하고 따뜻한 색은 거실이나 식당 또는 호텔의 휴게실 같은 장소 즉, 시간이 더디게 가기를 원하는 장소에 적합하다.[37]

3) 색의 형태

추상회화의 선구자로 알려진 러시아 태생의 프랑스의 화가 칸딘스키(Kandinsky;1866~1944)는 운동, 선, 각에 따라 형태가 빚어지는 색을 다르게 보았다. 그의 이론을 발전시킨 미국의 파버 비렌(F. Birren, 1900~1988))은 색에 따라 다른 모양이 연상된다는 주장을 하였는데 정리하자면 아래와 같다.
노란색 = 삼각형이거나 역삼각형의 피라미드 꼴에 연관된다. 노랑 색은 모든 가시광선 색 중에 명료도가 가장 높은 색으로 뾰족하고 날카로운 느낌을 준다. 노랑은 세속적인 의미보다 영적인 느낌을 주는 색이다.
빨강 = 단단하고 견고한 날카로운 모서리 같은 사각형이나 6면체와 연관된다.
주황색 = 직사각형 형태다.
초록 = 6 각형이나 20면체를 연상케 하는 색이다. 초록은 눈의 초점을 명확하게 맺지 않으므로 모난 느낌을 주지 않는다.

---

3 5) 박혜원, 신수정 공저. 2000. "색 읽고 보는눈" p135~140. 도서출판 양지.
3 6) 김선현. 2013. "색채 심리학" p118, 131. 한국 학술정보.
3 7) 골드 쉬타인. 앞책. p201.

파랑 = 원이나 구를 연상케 하는 색이다. 차갑고 투명한 영적인 느낌을 주는 색으로 망막에 흐릿한 상을 맺는 색이다. 그러므로 파란색은 멀리에서 보면 잘 보이지 않는다.

이외에 색의 언어, 심리, 치료, 형태 등을 종합해서 표로 정리하면 아래와 같다.

계명	색	언어와 시간	심리	기	치료	형태	기호 (미국대학)	기독교	카톨릭
1	파랑색	명문가 시간이 짧게 느껴짐.	보수적인 경향. 헌신, 노력으로 성공한 성실한 사람	고매함 사랑	신경안정 혈압조절, 염증 치료	원, 구, 차갑고 투명한 영적인 느낌	철학과	유일신 하나님	경건, 신의
2	빨강색	경제적 손실. 위험, 경고. 시간이 길게 느껴짐	성질이 급한	강한 욕망	우울한 사람에게	사각형 6면체	신학과	은혜의 보혈	고결한 희생
3	노랑색	영광, 경멸 노란 저널리즘	실패한 환자들	신성	신경쇠약 결핵치료	삼각형. 영적 느낌을 주는	자연 과학과	삼위일체 신의 영광	명예 충성
4	검정색	용납, 경건 속죄	정신 우울증	천박한 성품	허세			그리스도의 고난	죽음, 무덤, 슬픔과 회개
	흰색	사무직	신경증세가 있는 사람이 선호	청결	예민한 과대망상 증자		미학과 문학과	그리스도의 부활	무죄와 순결
5	연두색	예의 바름 시간이 짧게 느껴짐	정서안정	자비	저혈압 환자에게 필요	6각형 20면체	의학과	성장	희망, 발전
6	분홍색	사랑, 의존	즐기고 보호 받고 있는 사람들	온화	자립심 결여		음악과	사랑	
7	보라색	고귀함 우아함	성적 불안	기품	심장, 폐, 혈관		법학	순결	억압, 울분
8	남색	기품, 성실, 파장이 짧다	기품있음. 우울	깊음	나태한 사람에게			근면, 성실	
9	회색	침묵, 타협, 겸손	쓸모있게 되고자 하는 의지	위선	소극적인 기질			침묵, 절제	명상
10	주황색	욕망,기쁨, 환희, 쾌락	욕구불만	식욕	무기력, 우울한 사람에게	직사각형	공학	열정	힘 , 인내
서문	5색/ 갈색	안정	변화에 부적응	평화	편집증			구원	

알고가기

3. 반대 색 이론

반대 색(보색)이란 서로 다른 성격의 색깔끼리 간격을 크게 해서 서로 마주 보고 있는 반대 편의 색, 즉 색상 간의 거리가 먼 색을 말한다. 예를 들면 빨강과 청록, 노랑과 남색, 초록과 보라, 파랑과 주황, 보라와 연두는 서로 반대색이다. 반대 색 끼리 배색해서 보색 조화를 만들 수 있다. 하나님은 이러한 방법으로 사물들을 창조하셨다. 예를 들면 녹색에 검은 줄 무늬 수박껍질과 그 속에 빨간 수박, 그리고 검정 씨. 빨강과 청록색은 반대색이다.

십계명의 색채는 색상 거리를 마주 보게 한 반대색을 조합해서 보색 조화를 이루게 했다.

1계명 파랑과 10계명 주황

2계명 빨강과 5계명 청록

3계명 노랑과 8계명 남색

4계명의 검정과 하얀색

5계명 초록과 7계명 보라

6계명 분홍과 9계명 회색

파랑과 남색은 같은 색상에서 명도의 차이를 크게 하여 명도의 조화를 이룬다.

4. 색채언어의 상대적 개념

파란색은 반듯한 사람, 집중력과 고결해지고자 하는 이상을 꿈꾸게 하는 색으로는 좋은 면이다. 반면에 주관적이고 고집스러운 면도 있다. 회색은 침묵과 명상의 동기를 부여해서 말수를 줄이고자 하는 사람에게 필요한 색이다. 반면에 위선과 타협이라는 메시지도 준다. 이처럼 색채 언어에는 명암이 엇갈린다. 9계명의 색을 회색으로 정하고 회색을 보면 어떤 사람에게는 침묵하고자 하는 내면을 강화시키는 반면 어떤 사람은 위선, 타협성을 볼 수 있겠다.

그러므로 우리가 명심해야 할 것은 이미지란, 보는 사람이 느낀 것을 심상에 가져가서 이것이 그 사람의 생각과 행동으로 나타난다는 점이다. 만약, 심상에 회색 메시지가 없는 사람이 잿빛 구름을 보면 구름은

---

38) 박도양. 1977. "실용 색채학" p119. 이우.

그냥 회색일 뿐이다. 그런데 심상에 9계명의 말씀이 회색 이미지로 심어져 있는 사람이라면 잿빛 구름에서 "거짓말하지 말라"는 메시지가 떠오를 것이다. 연상이란 경험된 것에서 재 창조된다. 색채가 말하는 두 가지 반대 개념에서 어떤 것을 강화시키느냐는 학습자의 선택에 달렸다.

"리. 리. 릿 자로 끝나는 말" 리듬으로 불러 보세요.
누가 하나를 알고 있나요? 내가 하나를 알고 있어요
하나, 하나, 한 분 하나님

누가 둘(셋, 넷, 다섯,,)을 알고 있나요?
내가 (둘, 셋, 넷, 다섯,...)을 알고 있어요.
두울, 두울, 두 돌판
세엣, 세엣, 세 분 하나님
네엣, 네엣, 네 개의 못 자국
슬로브핫의 다섯 딸들
여섯째 날, 태어난 사람
일곱 색깔 무지개
여덟 명의 노아 가족
아흔아홉 마리 착한 어린양
열 마디의 하나님 명령.

3장
색채(color)와 종교

색과 종교가 어떤 연관성을 가지고 있는지 살펴보자.

경전의 메시지를 색채화 하는 작업은 유대교뿐 아니라 이슬람, 로마 가톨릭도

일찍이 경전 또는 교리를 색으로 정립했다.[39]

---

39) 미국의 색채학 전문가 파버 비렌(Faber Biren. 1900~1988)의 책에는 색과 종교에 관한 자세한 글이 실려 있다. 색과 종교는 다음의 두 권의 책을 참고했다. 파버 비렌. 김화중 옮김 1985. "색채 심리" 동국출판사. 박혜원, 신수정 공저, 2000. "색 읽고 보는 눈" p23-27. 도서출판 양지.

1. 불교, 힌두교, 유교, 이슬람교

불교, 하면 무슨 색이 떠오를까? 기독교는?

종교 역시 색으로 말한다. 석가모니가 선호한 색도 힌두교와 비슷한 노란색 또는 황금색이었는데 부처가 인생의 무상함에 대하여 깊이 생각할 때는 붉은 옷을 입었다고 한다. 해탈한 자는 붉은 천으로 된 두 겹 옷을 입고 허리띠를 매고 오른쪽 어깨 위에 붉은 천을 걸치고서 명상에 잠기는 모습을 볼 수 있다.

공자는 검은 옷과 흰 옷을 즐겨 입었다 해서 검정과 흰옷이 유교를 상징한다. 논어의 "향당 편"에 색채와 관련된 글이 있는데 "공자께서는 붉은 자주색이나 암갈색으로 동정 깃을 만들지 않으셨다. 공자께서는 검은 무명옷에 염소 가죽의 갖옷을 껴입으셨고 흰 옷에는 흰 사슴가죽의 갖옷을 껴입으셨고 누런 옷을 입으실 때는 누런 여우가죽의 갖옷을 껴입으셨다."라고 했다. 공자 자신의 저서에도 그가 자주색을 싫어했었다는 기록이 있다. "나는 자주색을 싫어한다. 왜냐하면 그 색은 빨간색과 혼동되기 때문이다. 나는 군자연하는 사람을 싫어한다. 왜냐하면 그들은 군자와 혼동되기 때문이다."[40]

고대 그리스인들은 색채를 우주의 질서와 동일한 것으로 보았고, 브라만교는 노란색을, 힌두교의 우파니샤드 철학자들은 인간 그 자체가 색으로 구성되어서 "인간의 몸속에는 '히타'라는 핏줄이 있는데 그것들은 머리카락처럼 가늘며 수천 갈래로 갈라지고 그 속은 흰색, 파란색, 노란색, 초록색. 빨간색으로 가득 차 있다."라고 했다(파버 비렌. 앞 책. p31).

이슬람교도들에게는 초록색이 모든 색들 가운데서 으뜸가는 색이다. 이슬람교의 경전인 코란에는 "믿는 자와 선행하는 자……. 그들을 위해 영생의 낙원이 마련되도다. 그들은 그 낙원에서 황금팔찌로 몸을 치장하리니 초록색 비단옷을 입게 되리니 그리고 옥좌에 앉아 편히 쉬리니."라고 하여 노랑과 초록을 종교의 이상으로 삼았다.

파버 비렌에 의하면, 이집트의 "사자의 서"에서 발견된 의식이나 식전에는 색채가 악마에게 대항하고 귀신들을 물리치는 강력한 힘을 지녔다고 믿는 메시지를 준다고 한다. 자연광의 색이 영원히 변치 않는 것들에는 절대적인 힘이 들어있다고 생각했다는 것이다. 고대 이집트와 바빌로니아의 비문(碑文)들을 해독(解讀)한 결과 여러 가지의 독특한 색깔의 보석들로 몸을 치장했는데 그 색은 그것을 지닌 사람들이 신의 은총을 받도록 하기 위해서 그리고 그들이 날마다 신과 접할 수 있도록 축복해주기 위해서 부적으로 착용되었다는 사실이 알려졌다. 보석들 가운데 어떤 것들에는 혈관 모양의 무늬가 박혀있기도 했고 또 어떤 것들은 눈알처럼 생기기도 했다. 고대인들이 색채를 지닌 물건들을 장식품이나 장신구로 사용했던 것은 그것이 아름다워서라기 보다는 그 색채가 지닌 신성한 의미 때문이었다. 반지, 팔찌, 목걸이, 귀걸이들에는 그 나름대로의 의미가 있었던 것이다.[41]

---

40) 파버 비렌. 앞 책. p31.

41) 파버비렌. 앞 책. p.63.

알고가기

2. 유대교

중세 이전의 기독교는 파란색이 초록색보다 덜 중요했기 때문에 예배 의식에서는 파란색이 거의 쓰이지 않은데 비해서 유대교는 파랑이 유다이즘을 대표한다. 그리고 빨간색, 파란색, 자주색, 및 흰색이 그들의 눈에는 신성한 색이다. 이점에 관하여 요세푸스는 다음과 같이 기술했다. "네 가지 색으로 짜인 성막도 역시 4원소를 나타내는 것이다. 즉 가는 삼베 실은 땅을 나타내기에 적합하다. 왜냐하면 삼은 땅에서 자라기 때문이다. 자주색은 바다를 나타낸다. 왜냐하면 그 색은 바다의 조개피로 물들여졌기 때문이다. 파란색은 공기를 나타낸다. 그리고 진홍색은 원래 불을 나타내는 색이다."라고.[43]

"모세와 아론과 나답과 아비후와 이스라엘 장로70인이 올라가서 이스라엘 하나님을 보니 그 발아래에는 청옥을 펀듯하고 하늘같이 청명하더라" 출 24:9, 10요약.

"보좌위에 앉으신 이가 있는데 앉으신 이의 모양이 벽옥과 홍보석 같고 또 무지개가 있어 보좌에 둘렸는데 그 모양이 녹보석 같더라" 계 4:3.

유대교의 십계명의 색

신명기 율법이 총체적으로 십계명을 요약한 것이라는 주장을 한 유대 랍비 이르메야후 바인드만(Yirmeyahu Bindman)은 그의 책 〈일곱 색깔 무지개〉에서 신명기 6장 4절을 하나의 빛으로 보았다. 유대사회가 십계명을 색채로 표현한 학술 자료로는 두 권의 책이 있다.[44]

태양광선 속에는 비교적 파장이 긴 적외선으로부터 시작하여 모든 종류의 가시광선(빨강, 주황, 노랑, 초록, 파랑, 남색, 보라)을 거쳐 파장이 비교적 짧은 자외선을 포함하고 있다. 바인드만은, 십계명은 이 빛

---

4 2) 파버비렌. 앞 책. p206.

4 3) 파버비렌. 앞 책. p.28.

4 4) Yirmeyahu Bindman. 1995. *Seven Colors of The Rainbow*. New York: Resource. Publishers.
　　　Elijah Benamozegh 1994. *Israel and Humanity*. New York: Paulist .

이 분산된 색채에 비유할 수 있다고 하여 십계명의 각 계명을 프리즘을 통과하여 나온 색채로 표현했다. 그는 십계명을 다음과 같은 빛깔로 설명했다.

우상숭배 금지는 보라색과 연관되며(2계명)
영광과 관련된 신성 모독 금지는 주황(3계명)
힘과 연관된 살인 금지는 빨강(6계명)
친절과 연관된 음행 금지는 파랑(7계명)
아름다움과 연관된 절도 행위 금지는 노랑(8계명)
근본과 연관된 동물을 산채로 먹는 행위 금지는 초록
왕의 신분과 관련된 법정을 세우라는 계명은 갈색(서문과 1계명)과 연결 짓고 있다.

유대교가 이처럼 십계명의 각 계명마다 색채를 부여한 것은 시 내산의 강렬하고 장엄한 인상을 빌려온 것이다. 유대학자 바인드만(Moshe Veindmman)은 이방인의 계명으로 분류된 노아의 7계명에 무지개 색채를 적용했다.

 알고가기

노아의 7법[45]
1. 모든 관계에 공평하고 공정하게 판결해야 한다.
2. 하나님의 이름을 모독하는 일은 삼가야 한다.
3. 우상 숭배를 삼가야 한다.
4. 부도덕한 행위를 삼가야 한다 특히 근친상간을.
5. 자기의 동족의 피를 흘리는 일은 삼가야 한다.
6. 자기 동족의 것을 훔치지 말아야 한다.
7. 살아있는 동물을 찢어서 피째 먹는 일을 삼가야 한다.

3. 중세 기독교

기독교는 색을 어떻게 이해했을까?
기독교의 색채연구는 미국의 파버 비렌(Faber Birren)과 프랑스의 미셸 파스트로(Michel Pastoureau)의 책이 도움이 된다.[46]

---

4 5)　Alfred J. Kolatch. *The Jewish Book of WHY*. pp. 98-99.
4 6)　파버 비렌. 김화중 옮김, 1985. "색채심리" 동국출판사. 미셸 파스트로, 2017년. 고봉만 옮김, "파랑의 역사" 민음사.

색채는 포장된 위선의 실체

만약, 색이 빛이라면 본디 신성한 성질을 띠는 것이고 그렇다면 세상에 특히 교회 내에 색을 확산시키는 일은 빛 즉 신을 위해 어둠을 몰아내는 것이라는 주장이 기독교의 초기에 일어나기 시작했다. 미셸 파스트로의 연구에 의하면 2c에 이르러서 클뤼니 수도원 사제들에 의해 교회 건축에 색깔의 비중을 두기 시작했다고 한다.

하지만 중세 교회의 성 베르나르(St. Bernardus Claraevallensis,1090~1153) 수도사는 라틴어 'celare'에서 파생된 'color'의 어원학적 조건을 내세워 색깔은 금지해야 한다는 강력한 주장을 내세워서 색(color)은 교회로부터 배척당했다. color라는 단어는, 감추다 속이다는 뜻의 'celare' 어원에서 왔기 때문이다.

중세 신학에서 빛은 감각 세계에서 유일하게 가시광선이면서 비물질적인 것일 뿐이었다. 색이 단순한 껍질이자 물질이라면 신의 창조물에 인간이 쓸데없이 덧붙인 기교에 불과하다는 주장이 8~9세기에 줄기차게 논의된 문제였으며 2차 니케아 공의회(787년) 이후 색채 허용이 되고부터 색깔이 대량으로 교회 안으로 쏟아져 들어왔다. 이런 과정을 거쳐서 로마 가톨릭 교회는 색채를 교리화 하였고 교리적인 색채의 옷을 입었다. 사제들의 옷 색깔이 암시하는 색채의 언어는 다음과 같다. [47]

1) 흰옷

흰옷은 빛의 상징이며 무죄와 순결, 기쁨과 영광을 의미한다. 흰색이나 은색 문장은 믿음과 순결을 나타낸다.
부활절에 입었다.

2) 빨간 옷

빨강은 불과 피의 상징으로서 그리스도의 보혈, 박애와 고결한 희생을 의미한다.
성령강림절에 입었다.

3) 초록색 옷

자연을 상징하며 영생에의 희구를 나타낸다. 예수 승천절에 입었다.

4) 자주(보라) 색 옷

억압당한 자의 울분을 상징하며 고난과 음울을 나타낸다. 사순절에 입었다.

5) 검은 옷

죽음의 슬픔과 무덤 속의 어두움을 상징한다. 검은 문장은 슬픔과 회개를 의미한다. 고난절에 입었다.

---

47) 파버비렌의 책과 박혜원, 신수정공저. 2000. "색 읽고 보는 눈" 양지.

6) 주황색 옷

인내심과 힘을 상징한다. 인간으로 오신 아기 예수를 맞이하는 성탄절에 입었다.

7) 파란색 옷

도덕적이고 거룩한 신성을 의미한다. 세례식에 입었다.

 알고가기

> 기독교의 성상 연구에서 흰색은 특별한 지위를 지닌다. 1,220년 러시아 로스토프시의 한 공방에서 만든 사도행전의 채색 세밀화를 보면 사도들의 의상에 빛을 표현하기 위해서 투명에 가까울 정도로 아무런 가공과 여색을 하지 않은 천연 직물을 사용했다. 흰색(=무색)은 순결 순종 검소의 미덕의 색으로 인식한 것이다.[48]

교회의 아름다운 유리가 뭘 의미했을까?

스테인드 그라스의 모자이크가 만들어낸 기하학무늬의 다채로운 색에는 무언의 메시지가 담겨 있다. 햇빛을 받으며 변하는 색채의 신비는 물질세계를 초월한 신성한 느낌마저 든다. 미셀 파스트로는 청색이 녹색 노랑, 흰색과 함께 모자이크에 많이 사용되었으나 중세까지도 기독교에서 청색은 별로 중요하지 않은 색이었다고 말한다. 하지만 파란색을 내는 물질이 조금밖에 존재하지 않았기 때문이 아닐까라는 생각이 든다. 선사시대 동굴벽화에도 파란색은 찾아볼 수 없었으나 중세에 와서 청색염료가 만들어지기 시작하면서 기독교 건축물에 파란색 바람이 일어난 점을 직시한 때문이다.

미셀 파스트로는 1,100~1,110년까지 대성당 스테인 글라스에 청색이 나타나지 않았다가 1,140~1,160년 후대에서야 비로소 파랑이 교회로 들어오고 인기를 얻기 시작했다고 한다. 13c중반, 천국으로 가는 문이라고 까지 알려진 파리의 생트 샤뻴 성당은 빛과 색의 성소로 구상되고 건축한 15개의 거대한 스테인글라스에 청색(파랑 ; 사파이어 색)이 사용되면서 청색은 모든 색 중에 황제로 인정되기에 이르렀다. 그 이후 1,360~1,380년에 청색염료를 만들 때 부터 청색은 도덕적 색이 되어 중세 말기를 휩쓸었다.[49]

인천 가톨릭대학의 윤인복 교수는 성경의 메시지를 채색에서 찾았다. 그는 42편의 성화를 선정해서 그림에 숨겨진 하나님을 만나려는 시도를 했다.[50]

색채를 영적 시각에서 다룬 루돌프 쉬타이너 (Rudolf Steiner;1861-1925)는 그의 책 '색채의 본질'에서 검은색=영의 죽음, 녹색=생의 죽음, 살색=혼의 생명, 흰색=영의 생명으로, 녹색은 자기를 한정시키려 하

---

48) Joann Eckstut & Arielle Eckstut. 2013. *Color, The secret language of color.* 신기라 옮김. 2014, "컬러, 그 비밀스런 언어" 샤마북스.

49) 미셀 파스트로의 앞 책. pp 67.128, 149~150,153 참고.

50) 윤인복 지음, 2016. "그림에 숨겨진 하느님" 바오로의 딸.

고, 노랑은 영의 빛남, 파랑은 혼의 빛남, 빨강은 생명의 빛남을 상징한다는 말을 한다. [51]

종교개혁과 색

미셸 파스트로에 의하면 종교 개혁파들 사이에는 성상 파괴주의와는 별도로 "색 파괴주의(C.Chromoclasme)"가 존재했는데 이는 예배의식에서의 미술, 의상, 그리고 일상생활의 여러 분야에 나타났다. [52] 기독교 교회에 색이 있어야 하는지의 논쟁은 오래된 문제였다. 칼빈은 교회 안에서 아이들에게 성화를 교구로 해서 가르치는 것을 아예 금지했다. 그 대신 가정이나 교회 밖에서는 허용되었다. 교인들의 다수가 문맹이던 시대에 그림은 신의 메시지를 전달하는 수단이었지만 이를 빌미로 은밀히 성적 쾌락을 유도하고 조잡하고 난잡한 그림들이 상품화되어 퍼져나갔기에 경계해야 했던 것이다. 16c의 종교 개혁가들에게 가장 각광받은 색은 청색이다. 사회적, 종교적인 입장에서 청색은 도덕적인 색이라고 표명했다.

개신교

기독교는 오래전부터 복음을 색으로 전해온다. 초록을 창조세계를, 검정을 죄로, 빨강을 보혈, 희색을 중생, 노랑에서 하나님 나라의 영광을 상징한다. 개신교 신학자 맥랜 돈 역시 십계명을 수여할 때의 시내산 전경을 칼라풀(colorful)하게 나타내 보이신 사건이었다고 말하는 유대교 입장과 생각을 같이 했다. [53]

십계명을 신명기 6장과 레위기 19장의 요약으로 본 라콕은 마 22:37~40의 대 명제를 광학에서 빛을 굴절 분산하는데 쓰이는 프리즘(prism)으로 묘사하고 십계명을 그 프리즘의 단면으로 설명했다. 그는 "창조주와 피조물에 대한 완전한 사랑 안에서 살인, 간음, 도적질, 남의 것을 탐내는 것 등은 마치 우상숭배나 하나님의 이름을 함부로 부르는 것과 같이 상상할 수 없는 것이다. 그리고 '살인하지 말라'를 포함한 모든 계명들은 상호 간에 신명기 6장과 레위기 19장 속에 표현된 하나님 사랑과 이웃 사랑이라는 프리즘의 한 단면에 불과하다"라고 하였다. [54]

이것은 하나님 사랑과 이웃 사랑이 십계명의 본체이며 십계명의 각 계명은 프리즘을 통해 분산된 빛이라고 말할 수 있겠다. [55]

---

5 1) Rudolf Steiner. *Theo sophy*. 양억관, 타카하시 이와오 옮김 "색채의 본질" pp.30, 44. 물병자리.

5 2) 미셸 파스트로의 앞 책 p160.

5 3) James Wm. McClendon, JR. 2002. *Ethics*. p.182. Nashville : Abingdon Press.

5 4) Andre LaCoeque, & Paul Ricoeur. 1998. *Thinking Biblically: Exegetical, and Hermeneutical, Studies*. 김창주 옮김. 2006. "성서의 새로운 이해" p138. 살림.

5 5) Paul Ricoeur. ed.by Richard Kearney. 1996. *The Hermeneutics of Action*. p.27. London : Sage Publications.

4. 유대교와 가톨릭, 기독교의 색채 해석 비교

유대교가 빨강을 6계명의 살인과 연관하였다면 가톨릭과 기독교는 예수 그리스도의 보혈을 상징한다. 유대교가 2계명의 우상숭배 금지를 보라색과 연관되어 가르친다면 로마 가톨릭은 보라색을 억압당한 자의 울분과 그리스도의 고난을 표현한다. 유대교의 주황이 영광과 관련된 신성 모독 금지의 3계명 칼라로 묘사되었다면 로마 가톨릭은 주황을 인성에 적용한다. 유대교가 노랑을 8계명의 절도 행위 금지의 색깔로 사용했다면 기독교에서 노랑은 하나님 나라와 영광을 묘사한다. 유대교가 친절과 연관된 음행 금지에 파랑을 도입한 반면 로마 가톨릭과 기독교는 하나님의 신성과 경건과 신의를 의미하는 가장 도덕적인 색이다. 유대교가 초록을 동물을 산채로 먹는 행위 금지에 사용했다면 로마 가톨릭은 영생을 상징하는 색깔로, 기독교는 그리스도인의 성장을 묘사하는 색채로 사용되고 있다. 유대교에서 왕의 신분과 관련된 법정을 세우라는 칼라는 갈색이다.

 "리, 리, 릿자로 끝나는 말" 리듬에 맞춰 불러 보세요.

누가 파랑을 알고 있나요? 내가 파랑을 알고 있어요
파랑, 파랑, 1계명의 색

누가 빨강(노랑, 검정, 연두, 분홍, 보라, 남빛, 회색, 주황)을 알고 있나요?
내가 빨강(노랑, 검정, 하양, 연두, 분홍, 보라, 남빛, 회색, 주황)을 알고 있어요.
빨강, 빨강, 2계명의 색
노랑, 노랑, 3계명의 색
검정, 하양, 4계명의 색
연두, 연두, 5계명의 색
분홍, 분홍, 6계명의 색
보라, 보라, 7계명의 색
남빛, 남빛, 8계명의 색
회색, 회색, 9계명의 색
주황, 주황, 10계명의 색

4장
색채신학 (Color Theology)

머리카락 염색, 자동차 도색으로 낡은 차는 새 차처럼 변신한다. 칼라 덕분이다.

색(color)이란 단어는 감추다, 속이다는 뜻의 라틴어 'celare'라는 어원에서 왔다.

염소 피로 염색한 요셉의 옷에 감쪽같이 속은 야곱의 경험이 보여주듯이

기독교 역사에서 보면 중세까지 그리스도교회에 색이 있어야 하는지의 끊임없는

논쟁이 이어왔고, 심지어 종교개혁의 일환으로 색 파괴 주의자들 까지 있었으니

색에 대한 신학을 정립하기에 어려움이 있었음을 짐작케 한다.

하나님이 보시기에 좋았다고 하신 color를 신학으로 재 조명해 보기로 하자.

1. 빨간색의 신학

태초의 대륙은 빨간색을 띠고 있었을 가능성이 높다. 성경에서 태초의 대지는 빨간색으로 묘사되었다. 라틴어로 "adamus" 는 "붉은 흙으로 만든"이라는 뜻이다. 흙에서 온 아담, 'dam' 은 '피'를 뜻한다. 핏빛처럼 붉은 대지를 'adama(=붉다)'라고 한다. 베리 촘(Anne Verichom)에 의하면. 많은 문화권에서 빨간색을 띤 흙을 대지의 굳어버린 피로 여긴다. 지구 표면에 넓게 분포된 안료가 산화철이라는 것은 이미 화학적으로 증명된 사실이다. 산화철은 공기와 접촉하면 붉게 변한다. 애리조나주 모뉴먼트 계곡은 산화철로 덮인 붉은 계곡이다. 지각변동으로 생긴 대륙의 퇴적층에는 산화철과 망간이 풍부했으므로 지표면은 빨간색을 띠었다. 현재는 생명체의 기본 구성요소인 아미노산이 스팩트럼 분석에서 빨간색을 나타낸다.[56)]

빨간빛은 기독교를 대표한다.

"빛이 어둠에 비치되 어둠이 깨닫지 못하더라" 요 1:5.

예배의 요소에 언급된 대표적인 색이 청색, 자색, 홍색, 베실(흰색), 검정(염소털)이다. 고대 이스라엘인들이 광야에서 성막을 지을 때 필요한 물품 중에 '실(yarn)'의 색깔을 청색, 자색, 홍색의 순으로 기록된 점은 눈여겨볼 일이다. 이 실들은 어디로부터 얻었을까? 일부는 이집트 산 일게다. 이집트를 떠나올 때 부녀들은 왜 그 많은 실뭉치를 여행가방에 챙겼을까? 이것은 그 시대 여인들의 바느질의 일상을 보여준다. 숫양의 가죽을 붉게 물들였다는 것에서 염색업의 발달을 엿볼 수 있다. 성경에서 언급한 색을 순서대로 살펴보기로 하자.

2. 청색, 자색, 홍색

"청색 자색 홍색 실과 가는 베 실과 염소 털과 붉은 물 들인 숫양의 가죽과 해달의 가죽"
출 25:4,5.
NIV; "blue, purple and scarlet yarn and fine linen; goat hair; ram skins dyed red and hides of sea cows; acacia wood."

1) 청색(blue)

'blue'의 기원이야말로 의견이 분분하고 정립이 잘 되지 않는 색이다. 색의 이름만 해도 그렇다. 파랑, 쪽빛, 남색, 청색, 하늘색이 모두 blue로 통한다. indigo, old blue, deep blue, Sapphire, light blue, navy 등. 청색은 보통 검정이나 녹색에서 유래를 찾곤 해서 파랑은 검정이나 녹색으로 묘사한다. 색채학 연구가들에 의하면 고대에는 파란색이 거의 존재하지 않았다고 한다. 파란 꽃, 파란 열매

---

56) Anne Verichom. 2005. *The color* 채아인 옮김. 2012. "세계를 물들인 색" p85, 86. 도서출판. 이종.

는 존재하지도 않았고 오디세이와 일리아드, 호모는 단 한 번도 파란색을 언급하지 않았고 세계 어떤 문화의 초기 작품에도 파란색을 볼 수 없다는 것이 그 이유다. 그만큼 색으로 표현하기에는 적절한 물감이 희귀했다는 말일 것이다. 하지만 안상락은 고대 이집트는 파란색을 인식했다는 사실을 찾아낸다. 당시 청금석(선명한 청색의 보석)과 남동석(남청색의 광물)은 드물지만 바로 파란색이고 람세스 2세의 아들 아몬 코페체프 무덤의 벽화에 파란색이 사용된 것이 밝혀졌다.[57]

이렇게 드물게 여겨지는 청색이 이스라엘의 광야 시대에는 아녀자들의 반짇고리(housewife)에서 흔하게 볼 수 있는 색이 아닌가!

(1) 파랑의 정체

2c고대 랍비 Meir는 기도 숄에 파란색이 필요한 이유에 대해서 기록했는데 'blue'라는 단어는 히브리어 'Tekhelet'을 해석한 것으로 청록색, 자주색 사이에 있는 모든 색을 말한다고 하였다. 그대로 옮기자면 "텍헬렛은 바다의 색과 닮았고 바다는 하늘의 색과 닮았으며 하늘은 사파이어 색과 닮았고 사파이어는 영광의 보좌의 색과 닮았다."라고 했다.[58] 그는 청색이 빛의 강도, 음영에 따라서 어둡게 또는 진하게, 연하게 밝게 만들어냄을 인정한 것이다. 그러니까 성경이 말하는 청색이란 어두운 청색(blue)도 파랑이고, 밝은 청색도 파랑(blue)이다. 하늘은 하나의 색이 아니다. 이것을 색의 기본색으로 다시 살펴보자.

오늘날은 빛의 3 원색(빨, 파, 초)과 색의 3 원색 (빨 + 노 + 파 = 검정)을 바탕으로 해서 시안(초록 + 파랑) =파랑, 파랑=시안(백색-빨강)을 기본색으로 하고 있다. 그런데 청색은 빛의 섞임에 따라서 deep blue, light blue, 어떤 때는 검정으로, 어떤 때는 하늘빛 색이 된다. 남색을 old blue 라고 하여 초록+보라색 사이의 진한 파랑으로 알지만 뉴턴의 파란색은 우리가 지금 청록색이라고 부르는 파랑과 초록 사이에 있는 연한 청색(하늘빛)이다. 뉴턴은 1669년(1642~1727)에 빛을 섞는 것에 관심을 가졌는데 빨 + 주 + 노 + 초 + 파 + 보 = 흰빛이 나온다는 사실을 밝혔다. 흰색은 태양광선 스팩트럼의 모든 색과 빛을 반사한다. 뉴턴이 남색을 파랑에 묶은 것은 남색을 연한 파랑으로 본 때문이다. 오늘날 남색(navy)을 분류해 보라고 하면 진한 파랑이지만 현재 우리는 빨, 주, 노, 초, 파, 남, 보라를 원색으로 간주한다. 이 7 기본색이 색을 구분한다고 해서 색상(hue)이라고 부른다. 파랑은 다음과 같이 다채롭다.

파랑 = 청록색(파랑 + 초록).

파랑 = 남색 = 빨, 파, 초의 파랑

파랑 = 무지개의 5번째 색으로 우리가 하늘빛색이라고 부르는 밝은 파랑.

5 7)   안상락, 송종윤 "색, 색채 디자인" 의 책에 있는 "color, 그 비밀스런 언어" p.185.

5 8)   미셸 파스트로의 앞책. p.185.

> 파란 피를 가진 참게.
> 철분이 다량으로 함유된 혈장을 가진 생물들과 달리, 참게의 피에는 구리 성분이 풍부해서 산소와 섞이면 피가 파란 색으로 변한다. 참게의 파란색 피는 온갖 세균 독소를 감지하여 그 혈전을 제거함으로써 생물학적 위험을 식별하고 약이나 접종에서 치명적인 물질을 제거할 수 있다.[59]

(2) 파란색의 암호(Blue Code)

a.청색 끈

청색은 여호와의 모든 계명을 기억하여 준행하고 방종하게 하는 자신의 마음과 눈의 욕심을 따라 음행 하지 않게 하는 색으로 묘사되었다(민 15:38-39).

나는 앞에서 이미 미셸 파스트로의 연구에서 파랑은 중세 이후부터 고결하고 도덕적인 색깔로 인식되고 종교개혁자들도 이를 표명했다는 말을 했다. 청색은 여러 종교에서 하늘의 신의 색으로 쓰여온다.[60]

"너는 에봇 받침 겉옷을 전부 청색으로 하되" 출 28:31.

"청색 끈으로 흉패 고리와 에봇 고리에 꿰어 흉패로 정교하게 짠 에봇 띠 위에 붙여서 에봇에서 벗어지지 않게 하였으니 여호와께서 모세에게 명령하신 대로 하였더라 그가 에봇 받침 긴 옷을 전부 청색으로 짜서 만들되 그 옷의 두 어깨 사이에 구멍을 내고 갑옷 깃 같이 그 구멍 주위에 깃을 짜서 찢어지지 않게 하고 청색 자색 홍색 실과 가는 베 실로 그 옷 가장자리에 석류를 수놓고" 출 39:21-24. *출 24:10, 39:21~34, 민 4:7, 15:38 참고.

"그 패를 청색 끈으로 관 전면에 달았으니 여호와께서 모세에게 명령하신 대로 하였더라 이스라엘 자손이 이와 같이 성막 곧 회막의 모든 역사를 마치되 여호와께서 모세에게 명령하신 대로 다 행하고 그들이 성막을 모세에게로 가져왔으니 곧 막과 그 모든 기구와 그 갈고리들과 그 널판들과 그 띠들과 그 기둥들과 그 받침들과 붉은 물을 들인 숫양의 가죽 덮개와 해달의 가죽 덮개와 가리는 휘장과" 출 39:31-34.

b. 청색은 기억을 끄집어낸다.

---

59) Joann Eckstut & Arielle Eckstut . 2013. *The secret language of color.* 신기라 옮김. 2014. "컬러 그 비밀스런 언어" p.192. 샤마북스.

60) 김선현. "색채 심리학" 앞 책. p61.

"청색 끈을 너희가 보고 모든 계명을 기억하여 준행하고."

색은 심리치료의 가능성뿐 아니라 기억에도 중요한 역할을 한다. 초록색을 보게 되면 무엇이 연상되는가? 빨간색은? 청색 끈을 보면?

"이스라엘 자손에게 명령하여 대대로 그들의 옷단 귀에 술을 만들고 청색 끈을 그 귀의 술에 더하라 이 술은 너희가 보고 여호와의 모든 계명을 기억하여 준행하고 너희를 방종하게 하는 자신의 마음과 눈의 욕심을 따라 음행 하지 않게 하기 위함이라" 민 15:38-39

색 이미지가 주는 메시지는 우리의 기억 속에 잠재되고 그 색은 그 기억을 찾아내고 끄집어내는 기능을 한다. 십계명에 부여한 색채는 십계명 말씀을 떠오르게 하고 문자와 색채의 결합은 기억한 것을 준행하도록 이끌 것이다.

c. 청색 보자기

"진설병의 상에 청색 보자기를 펴고 대접들과 숟가락들과 주발들과 붓는 잔들을 그 위에 두고 또 항상 진설하는 떡을 그 위에 두고 홍색 보자기를 그 위에 펴고 그것을 해달의 가죽 덮개로 덮은 후에 그 채를 꿰고 청색 보자기를 취하여 등잔대와 등잔들과 불 집게들과 불똥 그릇들과 그 쓰는 바 모든 기름 그릇을 덮고 등잔대와 그 모든 기구를 해달의 가죽 덮개 안에 넣어 메는 틀 위에 두고 금 제단 위에 청색 보자기를 펴고 해달의 가죽 덮개로 덮고 그 채를 꿰고 성소에서 봉사하는 데에 쓰는 모든 기구를 취하여 청색 보자기에 싸서" 민 4:7~12요약.

"진설병의 상에 청색 보자기를 펴고 대접들과 숟가락들과 주발들과 붓는 잔들을 그 위에 두고" 민 4:7, 9, 11, 12 참고.

왜, 청색 보자기일까?

파랑 계열은 식욕을 돋워 주 지 못하는 색으로 알려져 있다. 성기혁은 그의 책 "색의 인문학"에서 파랑은 음식의 배경색으로 좋은 색이라고 한다(p39). 인간의 먹거리로 만드신 창조물 중에 파란 과일이나 야채는 찾아보기 드물다. 조물주께서 셋째 날 식물들을 땅에서 나오게 하실 때 파랑은 식재료에서 선택받지 못한 색채다. 파랑은 음식 그 자체의 색으로는 적합하지 못하나 음식의 배경색으로는 아주 좋은 색이므로 파란색 식탁 위에 놓인 음식은 깔끔하고 맛있게 느껴진다.[61]

---

61) 파버비렌, "색채심리" 앞 책. p229.

(3) 파랑의 신성

랍비 Meir가 'blue'를 뜻하는 히브리어 'Tekhelet'이 영광의 보좌의 색과 닮았다는 주장은 성경에서 찾은 것이다.

"머리 위에 있는 궁창 위에 보좌의 형상이 있는데 모양이 남보석(푸른색: 사파이어) 같고 그 보좌의 형상 위에 한 형상이 있어 사람의 모양 같더라" 겔 1:26, 출 39:11, 계 21:19, 욥 28:16.
"앉으신 이의 모양이 벽옥(푸른 빛나는 옥=하나님의 자비와 청결 속성)과 홍보석 같고 또 무지개가 있어 보좌에 둘렸는데 그 모양이 녹 보석 같더라" 계 4:3.

중세 이후부터 청색 염료의 발달은 모든 색 중에 황제라는 칭송을 받기에 이르고 청색이 도덕적 색이 되어 중세 말기를 휩쓸고 20세기 피카소는 청색시대를 열었다.

 알고가기

> 비 현실적인 생각을 "blue-sky thinking"이라고 한다. 가빈 에반스(Gavin Evans)가 말하는 블루칩(blue- chip)은 도박사들에서 기인했다. 빨간색과 하얀 칩, 파란 칩을 사용해서 돈을 버는 도박사들에게서 파란 칩은 흰 칩에 25배, 빨간 칩의 5배의 가치가 있다고 한다. [62]
>
> 앞에서도 이미 언급했듯이 청바지(indigo blue-zin)를 육체 노동자들이 즐겨 입는다는 이유로 블루 칼라, 노예 블루스로 부른다. 노동자들이 쪽(쪽빛)으로 염색한 청색 셔츠와 바지를 입은 것은 쪽이 가장 값싼 염료인 데다가 때가 눈에 띠지 않았기 때문이다. 쪽은 인도에서 많이 생산되어 인도의 쪽을 가지려는 열강들로 인해서 인도인들이 엄청나게 착취당했다. 그래서 쪽은 "노예 블루스"라고 부른다. [63] 올림픽의 오륜 마크에서 유럽을 파란색으로 표현한다. [64] 이것은 유럽에 편재한 기독교 문화가 청색을 지향한데서 유래한 듯하다. 20세기는 청색 물결이 휩쓸었다.

2) 자색(purple)

purple 즉, 담자색은 보라violet에 흰색을 조금 섞은 연보라다. 자주색은 '보라색'으로도 부른다. 자색은 페니키아의 도시 '티레'의 이름을 딴 고대용어 '티리언 퍼플(Tyrian puple)'에서 유래했다는 설과 '두드럭 거둥 (purpura)'에서 색소를 얻어서 지어진 이름이라는 설도 있다. 주전 1,500년 우가릿(페니키아의 고대도시) 유적에 의하면 두로와 시돈에서 생산되는 뿔 고둥에서 자주색을 추출했다.

---

62) 에반스 앞 책. p128.

63) 에반스 앞 책. p131.

64) 미셀 파스트로의 앞 책. p36참고.

자줏빛은 햇빛에 쬐면 색이 달라지는 신비로운 색이다. 주전 950년경 솔로몬은 두로의 장인을 데려와서 자주색으로 물들인 천으로 예루살렘 신전을 장식했다. 자줏빛(보랏빛) 1g을 생산하려면 바다달팽이라고 불리는 뿔고둥 1만 2천마리가 필요했다고 하니 웬만한 부자가 아니고는 접하기 어려운 색이다. 가빈 에반스의 자료에 의하면 시저는 클레오파트라가 입은 보라색 옷에 홀딱 반해서 거의 나라를 넘겨줄 뻔했고, 네로는 자신 만이 입는 보라 옷을 누군가가 입었는지를 색출해서 처벌했고 영국 여왕 엘리사벳은, 보라는 여왕과 친척들만 입을 수 있고 공작, 백작, 후작은 망토의 안감에 한해 보라를 사용하도록 했다고 한다.[65]

이렇듯이 청색만큼이나 구하기 어려운 자주색 실을 이스라엘의 여인들은 어디서 구한 걸까? 아가서에는 자줏빛(royal tapestry)을 왕의 이미지로 묘사하였고 머리카락을 염색하는 염색술의 발달도 짐작된다. 예수께서는 귀한 자색 옷 입고, 에브리데이 럭셔리하게 살고 지옥에 간 한 부자를 언급했다.

"한 부자가 있어 자색(purple) 옷과 고운 베옷(fine linen)을 입고 날마다 호화롭게 즐기더라
 (luxury every day)" 눅 16:19.

자색 옷과 고운 베옷은 왕족이나 사제들만이 입는 전통적인 복장의 칼라다. 팔레스타인에서 이 정도의 인생을 누리며 살 수 있는 사람이라면, 그는 왕족이거나 사제. 그가 아브라함을 첫눈에 알아보고는 "아버지 아브라함이여"(눅16:24)라고 부른 걸로 봐서 그는 유대교 사제다. 예수께서 이 비유를 바리새인들 앞에서 들려주신 걸로 봐서 그는 바리새인이었을 것이다. 모세도 선지자의 말도 믿지 않는 무늬만 사제다. 그의 형제 다섯이 모두 같은 업무 종사자로 보인다. 예수께서는 넌지시 그의 사회적, 종교적 지위, 신분을 의상으로 암시하셨다.

3) 홍색(scarlet)

홍색은 한자어에서 붉을 홍, 빨강이라고 해서 붉은색을 말하지만 엄밀히는 빨간색에 가까운 진홍이다. "빨강"하면 무엇이 연상되는가? 5세 미만 유아들에게 이 질문을 했더니 어떤 한 아이가 빨간 토마토!라고 대답하자, 아이들은 연이어서 사과! 수박! 등의 음식에서 답을 찾는다. 앞에서 나는 홍색을 태초의 대지의 색깔이라고 말했는데 빨간색이야말로 인류의 기억에 첫 번째로 기억되는 색이다. 고대로부터 가장 얻기 쉬운 색은 빨강이다. 산파들에게도 홍색 실은 요긴했다. 아기는 엄마의 출혈로 인해 그 어떤 다른 색도 금세 홍색으로 물들 텐데 홍색 실이 무슨 도움을 주었는지는 의문이다.

"해산할 때에 손이 나오는지라 산파가 이르되 이는 먼저 나온 자라 하고 홍색 실(scarlet
 thread)을 가져다가 그 손에 매었더니" 창 38:28.

65) Gavin Evans. 앞 책. p140.

기독교는 언제부터인지 빨간색은 구속과 보혈의 은유다. 유다의 아들 세라의 손목에 감아 준 홍색 실처럼, 빨간색은 생명 구속과 관련을 맺는다. 라합의 붉은 밧줄을 "life line"이라고 말한다. 아내의 불륜을 의심하는 남편이 아내의 혐의를 증명하는 정결의식을 할 때도 붉은 송아지 가루를 사용한다 (민 5장 참고). 예수를 십자가에 처형하기 전에 살인자들은 예수께 홍포를 입혔다. 이 장면은 마치 민 5장의 "붉은 소의 제사"를 연상시킨다. 성경에서는 죄의 빛깔을 주홍 빛(scarlet), 진홍 빛(red)으로 묘사했다(사 1:18.)

예수님께 홍포(scarlet robe; 주홍= 자색에 가까운)를 입힌 사람들은 로마 총독의 관저에서 파견된 군인들이 었다. 스카렛은 고관의 예복색으로 사병의 신분으로는 감히 만지지도 못하는 이 귀한 자색 망토를 어디서 가져온 걸까? 이것이야말로 사제와 총독의 권력자들이 사병들과 동조했다는 증거물이다.

17c에 와서 유럽 전역에 사치 금지법(Sumptuary laws)이 폐지되었고 자주 빛 보라색의 자유는 양성애, 동성애의 상징물로 남용되었다. 보라색을 문화의 한 복판으로 밀고 들어온 1967년대 히피들에 의해서다. 그들은 왜 보라를 선택했을까? 뻔하다. 그들의 내면 깊은 곳에 차곡차곡 숨겨 둔 열등의식 을 칼라로 드러 낸 것이다.

빨간색은 우리의 몸 내부의 빛깔이다. 인도 출신 아티스트 Anish Kapoor는 "우리 몸을 뒤져보면 빨간색이다."라는 말을 한다.[66]

Jude Stewart가 쓴 "무지개에는 왜 갈색이 없을까?"라는 책에 보면, 전 세계 194개국의 국기에 빨간색이 들어가지 않은 나라는 26개국에 불과하다(p9). 기독교에서 빨간색은 예수의 보혈을 상징한다.

 알고가기

> 민 5장의 "붉은 송아지"의 정결의식은 아내의 불륜을 의심하는 남편이 부적을 만들 때 붉은 실을 사용하는 미신으로 이어졌다. 안네 베리 촘(Anne Verichom)에 의하면, 붉은 실은 곡식을 지키는 역할을 했다. 러시아 시대에 추수한 밀단에 붉은 리본을 묶어서 신에게 드리며 풍작을 기원했다고 한다. 오늘날 유대인들은 오순절에 추수한 밀단을 붉은 샤브옷 꽃, 즉 홍색실에 묶어서 장식한다.

*빨간색을 2계명으로 채택한 것은 2계명에 예수의 은혜가 흘러넘치기 때문이다. 2계명이 말하는 "천대까지"란 무한대의 은혜를 의미한다. 이 은혜는 예수 그리스도의 보혈로 만 가능하다.

---

66) Jude Stewart, 2013. Royg.Biv. 배은경 옮김, 2014. "무지개에는 왜 갈색이 없을까?" 아트북스.
 * Royg. Biv= 스팩트럼의 색상은 빨, 주, 노, 초, 파, 남, 보라다.

3. 치유의 광선

1) 여호와의 빛

여호와의 빛은 치료하는 광선이다(말 4:2참고). 빛이 스펙트럼에 의해 분광되어 우리 눈에 들어온 색채마다 에너지를 품고 있어서 인체와 심리치료에 도움을 줄 뿐 아니라 영혼을 치료하고 거룩한 삶을 유지시켜준다(참고 성구: 출 24:10, 39:21~31, 민 4:7, 15:38). 이 빛은 태양 에너지가 쏟아내는 감마선, 엑스선, 자외선 그 이상의 것이기에. 성경은 그 빛을 말씀이신 예수 그리스도, 여호와에게서 나온 것이라고 답한다. 하나님은 빛이시고 그래서 그분은 칼라풀하다.

"참 빛 곧 세상에 와서 각 사람에게 비추는 빛이 있었나니" 요 1:9
"그 사방 광채의 모양은 비 오는 날 구름에 있는 무지개 같으니 이는 여호와의 영광의 형상의
모양이라 내가 보고 엎드려 말씀하시는 이의 음성을 들으니라" 겔 1:28.

알고가기

무지개는 태양광선과 물방울에 의한 빛의 현상이다. 순수한 우리말인 '무지개'는 '무지'와 '개'의 합성어다. 물의 고어 '묻'이 무지의 어원이며 '개'는 '가이'의 준말인데 빛깔의 갈과 같은 말인 '갈이'가 변한 것으로 빛 또는 볕의 뜻을 지닌다. 결국 무지개란 '물의 빛'이란 뜻이다.[67] 성경에서 무지개는 신의 영광을 뜻한다(계 4:3).

2) 보석의 광채

최초의 레이저는 루비 보석으로 만든 막대를 사용해서 만들었다고 한다. 성경에는 스스로 빛을 내는 자연 발광체 원석의 보석 이름들이 왜 이렇게 많을까? 왜 이것들이 장차 도래할 새 하늘, 새 땅을 묘사하는 엑세서리가 되어 있는 걸까? 왜 많은 보석들이 천국을 치장하고 있을까? 새 예루살렘은 성곽, 기초석, 문(door)은 말할 것 없고, 도로는 아예 보석으로 포장했다.

마취, 수술 등 내과 의술이 발달하지 않았던 고대는 자연석의 광채로 치료의 효험을 가졌다. 보석마다 특유한 광채가 있다. 빛은 체내에 흡수되어 뇌 속의 시상하부를 자극하여 체온, 혈압, 소화, 성기능, 기분, 면역체계, 노화 등의 조절 기능을 원활히 한다. 루이스 체스킨(Louis Cheskin)은 시각을 일으킨 색채가 시각 외에 다른 감각으로 전이되는 현상을 감각전이라고 하고 이것은 촉각, 후각, 미각 등으로 파급된다고 말한다. 색채의 지각은 시각에 이뤄지는 메커니즘으로 색의 지각은 생리적인 현상인 동시에 감각을 통하여 하나의 감정을 일으키는 심리적 현상이기도 하다. 장차 도래할 새 예루살렘 성과 대제사장의 흉패에 붙였던 보석들을 살펴보자.

---

67) 사단법인 한국색채학회, "색이 지배하는 세상, 이제는 색이다!" 김영인. 2002 "무지개 이야기" p80. 도서출판 국제.

1) 새 예루살렘 성

"다시는 사망이 없고 애통하는 것이나 곡하는 것이나 아픈 것이 다시 있지 아니한"(계 21:4) 것은 여호와의 빛(치료의 광선)이요, 그 빛을 반사시키는 천연 석을 사용했기 때문이리라. 우리가 천국에 가면 치료의 광선에서 일광욕을 하게 될 것이다.

"그 성곽은 벽옥으로 쌓였고 그 성은 정금인데 맑은 유리 같더라 그 성의 성곽의 기초석은 각색 보석으로 꾸몄는데 첫째 기초석은 벽옥이요 둘째는 남보석이요 셋째는 옥수요 넷째는 녹보석이요 다섯째는 홍마노요 여섯째는 홍보석이요 일곱째는 황옥이요 여덟째는 녹옥이요 아홉째는 담황옥이요 열째는 비취옥이요 열한째는 청옥이요 열두째는 자수정이라 그 열두 문은 열두 진주니 각 문마다 한 개의 진주(pearls:히브리어=페니님) 로 되어 있고 성의 길은 맑은 유리 같은 정금이더라" 계 21:18-21

그 열두 문은 열두 진주니 각 문마다 한 개의 진주로 되어 있고! 이 문 밖에 있을 사람들의 명단을 이어서 공개했다. 그 기준은 계명이다.

"개들과 점술가들과 음행하는 자들과 살인자들과 우상 숭배자들과 및 거짓말을 좋아하며 지어내는 자는 다 성 밖에 있으리라" 계 22:15.

유대주석가 라시(S. I. Rashi)는 진주와 보석을 이렇게 묘사했다. [68]

"창조주의 신비로운 방법은 인간의 깨달음을 넘어서서 낯 설기만 하다. 그분은 많은 비천한 피조물들에게도 그에게 적합한 기이하고 놀라운 재능(지혜)을 주신다. 돌들이 얼마나 흔한가? 그런데 어떤 돌은 보석을, 작고 볼품없는 조개가 아름다운 진주를, 바닥을 기어 다니는 누에는 얼마나 작은가? 그 꿈틀거림으로 인해서 혐오감을 주는 벌레가 아름다운 실크를, 작은 곤충의 벌이 정교한 꿀을 생산한다. 우유 빛 물체의 투명하고 아름다운 진주는 뼈도 없고 팔 다리도 없고 서 있거나 움직일 수 조차 없는 미물의 생명체에서 생산된다. 그래서 굴은 진주의 어머니 (진주모) 라고 불린다. 많은 다른 피조물들이 그같이 경이로운 일로 사람을 위해 봉사한다." 라고.

예수님은 진주를 천국에 비유하셨을 만큼 높은 평가를 받은 보석이다. 생명에서 생명이 나오듯이 천국은 생명이신 예수님에게서만이 만들어진다.

조개는 코셔(레 11장에 허용된 식품)가 아니다. 예수님은 조개를 드시지 않으셨다. 그런 예수님이

---

68) Rasshi 의 주석 "Mishelei Shulomo" 서문 글에서.

천국의 기쁨을 조개의 진주에 비유하셨다니. 홍해의 망망대해에서 1톤이나 되는 조개의 입을 다 열어도 한 개 있을까 말까 한 진주, 그 진주를 발견한 기쁨을 천국에 비유하신 것이다. 유대인을 영적으로 구별된 코셔라고 하면 코셔가 아닌 이방인들이 누릴 구원의 기쁨이 이렇게 큰 것이다. 진주는 이방인의 구원을 예표한다. 그 진주 문은 그리스도 안에서만 유대인이나 헬라인이나 이방인들에게 열려있다.

진주(pearls. 히 ; 페니님)

진주는 다이아몬드, 사파이어 같은 보석들과 다르다. 대부분의 보석이 땅으로부터 캐낸 광물질인 "돌"이다. 그들은 쪼개지는 강도에서 반사되는 빛에 의해 다양한 색깔을 내며 눈부신 보석이 된다. 하지만 진주는 땅에서 발견되는 것이 아니다. 그것은 바다에서 온 것이다. 그것은 살아 있는 바다 생물의 위장(살)에서 창조된다. 조갯살에서 생산된 진주는 그래서 부드럽고, 빛을 흡수해서 자신만의 우아한 광택을 가지고 있다. 자신이 스스로 만들어내는 은은한 빛이다.

진주는 잠언에서 네 차례, 욥기(28:18)와 애가서(에이코흐애가 4:1-7)에서 한번씩 나온다. 선지자 예레미야가 예루살렘과 성전의 파괴에 통곡했는데 아이들을 진주에 비유했다. "시온의 보석처럼 진귀한 아이들"이라며 눈보다 순수했고, 우유보다 희고 진주와 사파이어보다 더 영롱했던 아이들의 사라짐을 슬퍼했다(애가 4:1~7). "전에는 존귀한 자들(=나실인)의 몸이 눈보다 깨끗하고 젖보다 희며 산호들(히; 진주들) 보다 붉어 그들의 윤택함이 갈아서 빛낸 청옥(사파이어) 같더니" 애가 4:7. 모래의 작은 입자나 이물질이 굴 안에 들어갈 때, 양파처럼 겹겹이 쌓여 있는 동물의 살 덮개에서 작은 광물질의 결정체가 분리된다. 진주모의 층은 아주 얇고 그들은 부분적으로는 투과하고 부분적으로는 빛을 반사한다. 진주의 침대인 굴에서 진주를 찾기 위해 낮으면 48피트, 깊으면 120피트 깊은 바다로 내려가야 한다. 예수께서 진주를 천국에 비유하신 새 예루살렘의 대문이 진주로 만들어졌다.

 알고가기

오늘날 세상에서 최고로 비싼 진주 어업은 페르시안 만에 있다. 1894년에 '미키모토'라는 이름의 일본인이 양식 진주를 만드는 방법을 특허 냈다. 천국은 마치 양식 진주처럼 엄청난 구원의 수혜자들을 받아들인다.

잘 포장된 보석 도로의 한가운데로 수정 빛 같은 물 색의 물이 흐른다. 수정은 무색투명한 광물질인데 빛의 반사에 따라서 황색, 갈색, 홍색, 청색, 흑색, 녹색 등 여러 가지 빛깔이 된다. 강물의 색이 형형 각색으로 바뀌는 그 현란함, 강 좌우의 가로수는 달마다 열 두 과일을 맺는데 잎사귀는 치료에 효험이 있다. 강물의 색이 각도에 따라 바뀌는 도시, 얼마나 환상적인가!

"또 그가 수정 같이 맑은 생명수의 강을 내게 보이니 하나님과 및 어린 양의 보좌로부터 나와서 길 가운데로 흐르더라 강 좌우에 생명나무가 있어 열두 가지 열매를 맺되 달마다 그 열매를 맺고 그 나무 잎사귀들은 만국을 치료하기 위하여 있더라"계 22:1, 2.

십계명 돌판을 보관한 언약궤가 거기 있다. 시내 산의 번개와 음성들, 우레와 지진과 우박과 함께.

"이에 하늘에 있는 하나님의 성전이 열리니 성전 안에 하나님의 언약궤가 보이며 또 번개와 음성과 우레와 지진과 큰 우박이 있더라" 계 11:19.

새 예루살렘의 열두 기초석의 보석의 색깔도 분석해 보자.

	보석 이름	특징과 칼라
1	벽옥(Jasper)	푸른 빛이 나는 옥
2	남보석(Sapphire)	푸른색의 아름다운 광택, 보좌의 형상(겔 1:26) 두로 교역품(겔 27:16)
3	옥수(Chalcedony)	석영 결정이 모여 서릿 발 모양의 투명한 흰 빛
4	녹보석	녹보석(Chrysolite. 히 ; 타르쉬쉬)
5	홍마노(Sardonyx)	호마노의 일종의 붉은색
6	홍보석(Ruby)	붉은 루비 두로의 교역품 중 하나(겔 27:16)
7	황옥(topaz)	노랑, 오렌지색(출 28:17) 바퀴의 형상(겔 1:16)인자의 몸(단 10:6)
8	녹옥(beryl)	녹주옥 초록색. 출 28:17, 39:10 겔 28:13 = 홍옥
9	담황옥topaz.	토파즈 계열의 보석. 노랑
10	비취옥chrysoprase	황녹색의 반 투명체 보석
11	청옥(sapphire)	파란 색(출24:10) 히 ; 싸피르 욥기=남보석(욥28:6). 출 28:18. 겔 28:13= 청보석. 두로가 단장하기 위해 사용됨
12	자수정Amethyst	자주색 .헬 ; 아메튀스토스 = 중독을 막는 것

참고) 빛의 삼 원색, 빨 +파 +초 = 하얀 색이 나온다.

"그 성곽은 벽옥으로 쌓였고 그 성은 정금인데 맑은 유리 같더라 그 성의 성곽의 기초석은 각색 보석으로 꾸몄는데 첫째 기초석은 벽옥이요 둘째는 남보석이요 셋째는 옥수요 넷째는 녹보석이요 다섯째는 홍마노요 여섯째는 홍보석이요 일곱째는 황옥이요 여덟째는 녹옥이요 아홉째는 담황옥이요 열째는 비취옥이요 열한째는 청옥이요 열두째는 자수정이라 그 열두 문은 열두 진주니 각 문마다 한 개의 진주로 되어 있고 성의 길은 맑은 유리 같은 정금이더라" 계 21:18-21, 53 참고.

2) 흉패에 붙인 12보석

다음은 대제사장 흉패에 붙인 열두지파의 열 두 보석과 빛깔이다. 보석의 칼라를 살펴보자.

녹주옥(beryl) = 초록색 출 28:17, 39:10 겔 28:13 = 홍옥	황옥(topaz)= 노란 오렌지색(출 28:17) 바퀴의 형상(겔 1:16), 인자의 몸(단 10:6)	홍보석(Ruby) 붉은 루비 두로의 교역품 중 하나(겔 27:16)
홍마노(emerald) KJV, NASB=다이아몬드. 교만한 두로 왕의 단장품(겔 28:13). 백수정(공동번역)	남보석(Sapphire) 푸른 색의 아름다운 광택 보좌의 형상(겔 1:26) 두로 교역품(겔 27:16)	석류석(carbuncle) 빨강, 노랑, 갈색, 검정 빛깔의 광택. 겔 27:16, 28:13= 남보석. 새 예루살렘의 성문 재료가 될 것이다(사 54:12)
자수정(Amethyst) 자주색 수정 (히 ; 아홀라마) 요계= 자정(계 21:20)	백마노(Agate) 백색과 갈색 줄무늬 적색으로 반짝임 = 옥수, 석영, 홍옥수로도 표현됨	호박(jacinth) 오렌지색
벽옥(Jasper) 푸른 빛 나는 옥	호마노(Onyx) 창 2:12, 출 25:7. 밝은 붉은 색, 내부는 흰색 과 검정	녹보석(Chrysolite. 히; 타르쉬쉬)

성경시대의 대제사장은 가슴에 12개의 보석을 붙인 의복을 입었는데 보석이 발하는 광채는 인체에 어떤 것으로든지 치료에 영향을 끼쳤을 것이다.

"호마노 두 개를 가져다가 그 위에 이스라엘 아들들의 이름을 새기되 그들의 나이대로 여섯 이름을 한 보석에 여섯 이름은 다른 보석에 새기라 보석을 새기는 자가 도장에 새김같이 너는 이스라엘 아들들의 이름을 그 두 보석에 새겨 금 테에 물리고 그 두 보석을 에봇의 두 어깨 받이에 붙여 이스라엘 아들들의 기념 보석을 삼되 아론이 여호와 앞에서 그들의 이름을 그 두 어깨에 메워서 기념이 되게 할지며 너는 금으로 테를 만들고 순금으로 노끈처럼 두 사슬을 땋고 그 땋은 사슬을 그 테에 달지니라 너는 판결 흉패를 에봇 짜는 방법으로 금 실과 청색 자색 홍색 실과 가늘게 꼰 베 실로 정교하게 짜서 만들되 길이와 너비가 한 뼘씩 두 겹으로 네모 반듯하게 하고 그것에 네 줄로 보석을 물리되 첫 줄은 홍보석 황옥 녹주옥이요 둘째 줄은 석류석 남보석 홍마노요 셋째 줄은 호박 백마노 자수정이요넷째 줄은 녹보석 호마노 벽옥으로 다 금 테에 물릴지니 이 보석들은 이스라엘 아들들의 이름대로 열둘이라" 출 28:9~21요약.

대제사장의 흉패에 물리는 보석에서 왜 진주는 빠졌을까? 그들은 페르시야 만을 끼고서 광야생활을 하였는데 그들에게 진주가 귀했을까? 진주는 이방인 구원의 상징이다.

3) 보석에 대한 색채 치료 학자들의 해석[69]

강한 레이저를 자유롭게 굽힐 수 있는 광섬유는 암이나 종양을 태우거나 파괴시키는 엄청난 위력을 지니고 있다. 파버 비렌이 소개하는 헤세의 색채론에 의하면 색은 치료제다.

갈빛

갈색의 마노(瑪瑙)는 열병, 간질 및 광증(狂症)을 몰아낸다고 믿었다. 신체조직이 지니고 있는 특유의 스펙트럼이 형광 되는 성질과 결합해서 눈에서 흐르는 진물과 월경불순을 멈추게 해 주며 수종증(水腫症)을 없애 주는 데 사용되었다.

빨간빛

스펙트럼의 빨간 색 끝부분이 염증을 일으키는 색인데 우울증이나 전반적인 기능 감퇴 치료에 유용하다.

파란빛

스펙트럼의 파란 색 끝부분은 염증을 가라 앉히는 색으로 각광을 받고 있다. 동맥을 수축하여 혈압을 상승시키는 혈액 강장제요 방부제인 동시에 피부 질환, 류머티즘 및 온갖 염증을 치료한다.

초록빛

신경계에 영향을 미쳐서 혈압을 낮춰주고, 안정제나 최면제로 작용하기 때문에 신경과민, 극도의 피로, 신경통, 두통, 초조감, 신경성, 불안감 등을 치료하는데 도움이 된다. 다혈질(多血質)인 사람들은 초록색이나 파란빛이 나오는 보석을 몸에 지녔다.

주황빛은 정서적으로 기운을 돋우고, 노란색은 정신적인 흥분제로서 신경쇠약이나 결핵 등을 치료하고, 심장, 폐 및 혈관에, 화를 잘 내는 사람들과 신경질적인 사람들에게는 초록 또는 파란색의 빛, 우울한 기질의 사람들에게는 빨간색이나 주황색 또는 노란색, 폐결핵에 걸린 사람들과 빈혈이 있는 사람들에게는 빨간 빛, 다혈질(多血質)인 사람들에게는 초록색이나 파란빛이, 안색, 눈빛, 및 머리칼이 짙은 사람들은 흔히 혈액순환이 잘 이루어지지 않으며 따라서 빨간빛이 필요하다.

---

69) 파버 비렌. 앞 책. p94,100~102. 박혜원 신수정 공저. "색 읽고 보는 눈" 참고.

알고가기

호박(琥珀)= 귀앓이나 시력 감퇴에는 호박을 꿀에 섞어서 먹었다. 호박가루는 위의 통증을 덜어주고, 신장, 간 및 장의 기능을 도와주는 것으로 여겼다.

자수정 = 통풍(엉긴 피가 생기는 병)을 치료하고 자수정을 베개 밑에 넣어 두면 잠잘 때 즐거운 꿈을 꾼다고 했다.

녹주석(綠柱石) = 최면 작용을 통하여 안질을 치료한다고 생각되었다.

황주석 = 황달이나 간의 치료제로 처방되었다.

홍옥수(紅玉髓) = 혈석으로 인한 출혈을 막아주고 종기, 여드름, 살갗에 생긴 상처를 없애준다고 생각되었다.

옥수(玉髓) = 열을 내리고 담석이 쉽게 빠져나오도록 해 준다고 고 생각되었다.

산호 = 불임증을 치료하기 위한 것이었다.

다이아몬드 = 정신과 육체를 모두 강하게 해 주고 질병을 치료해 주는 것으로 여겼다.

에메랄드 = 눈에 생긴 여러 가지 질병들을 치료하는데 쓰였다.

석류석(石榴石) = 피부발진을 치료하는데 쓰였다.

적철광(赤鐵鑛) = 충혈된 눈을 맑게 하고 폐출형, 자궁출혈을 막아주고 일사병, 두통 예방에 쓰였다.

비취(翡翠) = 아기의 분만을 돕고 수종증을 치료하고 갈증을 가라 앉히며 항진을 완화해 주었다.

벽옥(碧玉) = 임신을 하는데 도움이 되는 것이었다.

흑옥 = 간질, 치통, 두통, 갑상선 부종의 치료에 쓰였다.

오팔 = 눈에 생긴 질병의 치료에 쓰였다.

감람석(橄欖石) = 간 질환을 완화하는데 쓰였다.

루비 = 루비를 담갔던 물은 건위제로 복용되었고 가루는 하혈(下血)을 막는데 쓰였다.

사파이어 = 전염병을 퇴치하는데 쓰였다.

터키옥 = 독약에 중독되거나 뱀에 물리는 것을 막아주며 안질에 걸리지 않는다고 생각되었다. [70]

 "반짝. 반짝. 작은 별" 리듬으로 불러 보세요.

노랑, 노랑, 황금 집 yellow, yellow, yellow's, ark

아름답고 신비해 how I wonder what you are

높고 높은 하늘에 up a above the sky high

내 아버지의 집   It's the hevenly father's house

노랑, 노랑, 황금 집 yellow, yellow, yellow's, ark

아름답고 신기해 how I wonder what you are.

---

70) 파버 비렌, "색채심리" 앞 책. p.65~67참고.

여호와?

"여호와? 처음 들어보는 이름인데, 내 신들의 명단에도 없는 그 자가 나에게 명령해? 여호와가 대체 누구냐? 난, 그가 누군지 모른다."(출 5:2참고).

거대한 제국의 통치자 바로는 "노예들이 섬기는 하나님이 오죽하랴?"라며 픽 웃었었다. 그런 그가 "내가 나보다 훨씬 더 큰 힘을 가진 자와 상대하고 있구나!"라는 현실을 깨달았을 때는 늦었다.

엘라 골짜기의 골리앗도 쪼끄만 애가 섬기는 하나님의 이름을 듣고 웃었었다.

그런 그가 "내가 나보다 훨씬 더 큰 힘을 상대하고 있었다"는 사실을 알았을 때는 이미 늦었다.

열강 제국의 왕들은 작은 변방의 사람들이 섬기는 하나님이라며 여호와를 멸시했다.

지구는 여전히 잘 돌아가고 태양은 내일도 떠오를텐데 무슨 별 일이 있겠느냐며 밤까지 먹고 마시며 시집가고 장가들던 사람들은 40일 폭우로 깨끗이 사라졌다.

당신은 지금 누구를 상대로 싸우고 있는가?

전능자의 힘을 상대해서 이기기를 바라는가?

십계명 중에서 가장 잘 모르는 계명은 어떤 계명이라고 생각하는가?

이길 수 없다고 판단되면 그냥 섬겨 드리자. 그리고 그의 말을 받아들이자.

그분은 그분 자신을 경멸하는 자를 묵인하지 않으신다.

5장
십계명 색채와 캐릭터론

그동안 색채를 인문학, 심리학, 치료, 그리고 성경에서 두루 살펴보았다.

"구슬이 서 말이라도 꿰어야 보배라"는 말처럼

열 개의 십계명 보석을 꿰어 색채라는 그릇에 차곡차곡 담을 차례다.

십계명 말씀으로 이 세상을 아름답게 채색해 보자.

십계명의 각 계명에게 색깔을 주고 왜 그 색깔을 주었는지

그에 부합하는 근거를 다시 한번 정리하였다.

part 1 십계명 색채

0. 서문 = 연두, 검정, 빨강, 하양, 노랑

서문은 가을의 색깔이다. 서문은 11월, 12월에 가르치는 것이 좋다. 서문의 바탕색은 갈색(베이지)인데 이 빛이 프리즘을 통해 분광되면 연두, 검정, 빨강, 하양, 노랑 빛이 나오고 모두 섞으면 갈색이 된다. 갈색과 다섯 색깔은 가을의 아름다운 정서를 느낀다. 갈색에서 구원의 복음을 가르치기에 적합한 다섯 색깔이 나온다. 애굽에서 인도해 내신 하나님의 출애굽 역사는 예수 그리스도의 구원을 예표(promise; pro-missio)한다. 기독교 전통은 예로부터 구원의 복음을 전할 때 이 다섯 가지 색채가 사용되고 있다.

1. 1계명= 파란색

파랑은 겨울의 색깔이다. 1월에 가르친다. 파란색(청색) = 하나님의 신성을 나타낸다.

> "이스라엘의 하나님을 보니 그의 발 아래에는 청옥을 편 듯하고 하늘 같이 청명하더라"
> 출 24:10.

1계명은 무지개의 다섯 번째 색깔인 그 파랑이다. 1계명의 색을 하늘빛 색(밝은 파랑)으로 하고 이 색상을 색의 3 원색의 범주에 넣은 것은 뉴턴의 이론을 받아들인 것이다. 색채는 미학 만이 아니라 물리학의 연구분야인 동시에 심리학의 연구 과제이기도 하고 랍비 메이어(meir)의 해석처럼 영적 세계이기도 하다. 따라서 색의 3 원색을 기준하되 단순히 미학적 관점으로만 '파랑'을 볼 것은 아니라는 말이다. 색상 표현에 있어서 서양인이 내린 빛과 색의 삼원색 정의는 정확한 비율, 빨, 파, 노랑 또는 빨, 파, 초의 비율로 정해 버린다. 하지만 동양의 색상 표현은 섬세하다. 파란색 하나 만해도 푸르끼리 하다, 파르스름 하다, 시퍼렇다, 푸루 둥둥하다, 새파랗다 등의 표현이 있다.

색은 빛의 섞임과 프리즘의 각도에 따라 독특한 색채를 만들어낸다. 파랑은 어둡기도 하고 밝기도 하고 때로는 검정도 파랑이다.

1계명도 파랑이고, 8계명의 색도 파랑이다. 그런데 1계명의 파랑은 맑은 파랑이고, 8계명의 파랑은 짙은 파랑이다. 그래서 이것을 파랑과 구분하기 위해서 남색, 또는 쪽빛으로 부른다. 남색은 여름색이다.

1계명의 파랑은 하늘을, 2계명의 빨강은 대지의 피를 연상한다. 그래서 1, 2계명은 상천하지의 계명이다. 예수께서는 천지(상천 하지)가 없어지기 전에는 율법의 일점일획도 결단코 없어지지 않을 것이라고 공언하셨다(마 5:18).

2. 2계명= 빨강

빨강은 2월의 색깔이다. 2계명에게 빨간색을 준 것은 3가지에 근거한다.

1) 빨간색은 죄를 상징(사 1:18 = 주홍같이 붉은 죄)

믿지 않는 불신앙이 가장 큰 죄다(요 3:18 참고). 부적, 붉은 용, 붉은빛 짐승 등, 우상은 붉은색으로 묘사된다(계 12:3, 17:3 참고).

> "그가 음행을 더하였음은 붉은 색으로 벽에 그린 사람의 형상 곧 갈대아 사람의 형상을 보았음이니" 겔 23:14.

2) 그리스도의 보혈과 속죄의 상징

이스라엘 백성이 금송아지 우상을 섬겼을때 모세는 가루로 빻아서 흐르는 물에 뿌리고 백성들로 마시게 했다. 모세가 왜 이런 이상한 행동을 했을까?

여기에 의문을 갖고 연구한 과학자들이 있다. 그 중에 미국 쉐프 연구소의 윌리엄 쉐프(William Schepp) 박사는 출 32장을 실제로 실험하였다. 금은 물에 녹지 않는다. 금을 불에 녹여서 먼지처럼 고운 가루로 빻으면 불순물이 제거되고 정결하게 하는 특성을 가지게 된다. 금가루를 물에 뿌리면 금은 아교질(콜로이드)의 상태가 되어 물에 뜬다. 금가루 입자의 크기가 10미크론(약 0.01mm)정도로 물과 1:100,000대의 비율을 이루는 희석액이 될 때 빨간 장밋빛을 띠게 된다고 한다. 모세는 화학적 분야의 지식을 갖고 있었음을 확실히 알 수 있다. 그는 어두운 적색을 띤 금가루의 물을 마시게 했다. 하나님은 그 피(?)를 보시고 모세의 기도를 들으셨다. 붉은 물은 예수 그리스도의 보혈의 모형이다.[7 1)]

> "모세가 율법대로 모든 계명을 온 백성에게 말한 후에 송아지와 염소의 피 및 물과 붉은 양털과 우슬초를 취하여 그 두루마리와 온 백성에게 뿌리며 이르되 이는 하나님이 너희에게 명하신 언약의 피라 하고 또한 이와 같이 피를 장막과 섬기는 일에 쓰는 모든 그릇에 뿌렸느니라 율법을 따라 거의 모든 물건이 피로써 정결하게 되나니 피 흘림이 없은즉 사함이 없느니라" 히 9:19-22.

민 19:2의 붉은 암송아지, 붉은 물들인 숫양의 가죽은 예수 그리스도의 속죄를 상징한다.

---

7 1)   M.R.De Haan, *The chemistry of the Blood*. 정동수, 서현정 옮김, "하나님의 과학" pp82, 83. 생명의 말씀사.

3) 분노의 상징

2계명에는 "나를 미워하는 자"와 분노하시는 하나님의 얼굴을 대비시켰다. 2계명은 우상숭배자에 대하여 질투하시는 하나님, 분노의 형상을 보여 주신다.

3. 3계명 = 노랑

노랑은 3월의 색이다. 노란 나리꽃이 화사한 계절이다. 노랑은 신자의 선행으로 나타내지는 3위 하나님의 신성과 영광을 상징한다. 신자의 선행은 세상을 밝히는 빛이다.

> "금 향로와 사면을 금으로 싼 언약궤가 있고 그 안에 만나를 담은 금 항아리와 아론의 싹난 지팡이와 언약의 돌판들이 있고 그 위에 속죄소를 덮는 영광의 그룹들이 있으니 이것들에 관하여는 이제 낱낱이 말할 수 없노라" 히9:4-5.(출34:29참고).

4. 4계명 = 검정과 하양

검정과 하양은 예수그리스도의 상징이다. 검정은 그리스도의 고난, 속죄, 죽음을, 하양은 부활의 상징이다. 4계명은 고난과 부활을 상징하는 두 가지 색깔이다. 성막을 덮은 네 개의 검은색 덮개는 그리스도의 속죄를 상징했다(출 26:1-14참고). 하양은 부활한 성도를 표현하고 있다.

> "장로 중 하나가 응답하여 나에게 이르되 이 흰 옷 입은 자들이 누구며 또 어디서 왔느냐 내가 말하기를 내 주여 당신이 아시나이다 하니 그가 나에게 이르되 이는 큰 환난에서 나오는 자들인데 어린 양의 피에 그 옷을 씻어 희게 하였느니라" 요계 7:13-14.

5. 5계명 = 연두 = 초록+ 노랑

연두는 봄(5월)의 색깔이다. 색채학에서 연두는 성장, 예의바름을 상징한다. 부모는 자녀에게 육을 주시고 사랑으로 기르신다. 자녀는 신체적으로 영적으로 성장해야한다. 시 128:3에서 자녀는 어린 감람나무의 새싹으로 묘사 되었다.

6. 6계명 = 분홍 = 빨강 + 하양

분홍은 6월의 색이다. 악 4:3은 사랑을 진 분홍으로 묘사한다. 네 입술은 홍색 실 같고 네 입은 어여쁘고 너울 속의 네 뺨은 석류 한 쪽 같구나.

7. 7계명 = 보라 = 파랑 + 빨강

보라는 7월의 색이다.

파버 비렌은, 보랏빛은 심장, 폐 및 혈관에 영향을 주는 치료 효과가 있다고 했다. 성경에서, 여자는 남자의 가슴에서 나오지 않았는가! 보라는 파랑과 빨강의 조합으로 이루어진 색이다. 파랑은 1계명의 유일신하나님 경외의 색인 반면, 빨강은 영적 간음 행위를 지적하는 2계명의 색깔과 결합된다. 보라는 남녀의 순결을 상징하는 빛깔이자 반면 타락한 음녀를 상징한다. 색채 심리에서 보라는 남녀의 우아함과 고상함을 나타내는 품 위있는 빛깔이지만 이 빛깔이 퇴색하면 음녀가 된다. 시 128:3에 "안방의 아내는 결실한 포도나무"로서 보랏빛 이미지다. 반면 계 17:4는 자주 빛과 붉은빛 옷을 입은 음녀로 묘사되었다.

 * 무지개의 일곱 번째 색이 보라인데 십계명의 일곱째 계명이 '보라색'임을 인지하면 기억하기 쉽다.

8. 8계명 = 남색 = 파랑 + 보라

남색은 여름의 색이다.

"도둑질하지 말라"는 8계명은 우리 생계의 근원적인 수단과 관련이 있다. 남색은 신성을 표현한 1계명의 빛깔인 파랑 계열이면서 파랑보다 짙고 색이 깊다. 파랑을 덧 칠하면 남색이 나온다. 8계명은 두 가지 의미를 반영한다. 남색은 근면, 성실을 상징한다. 인간이 어떻게 해야 절대 빈곤으로부터 벗어날 수 있을까? 먼저는 근면해야 할 것이다. 도둑질하는 자가 다시 도둑질하지 말고 제 손으로 수고하여 가난 한 자에게 나누어 주는 사람이 되려면 근면해야 한다. 하늘빛과 깊은 청색은 구분되듯이 하나님과 재물은 구분된다. 하나님과 재물을 겸하여 섬길 수 없다(말 3:8-10 참고).

9. 9계명 = 회색 = 검정 + 흰색

회색은 9월의 색이다.

회색은 심리학에서 명상, 침묵, 말의 절제를 상징한다. 예수는 위선자를 "회칠한 무덤" 같다고 하셨다(마 23:27 참고).

10. 10계명 = 주황 = 빨강 + 노랑

주황은 10월의 색이다.

색채 해석에서 주황은 욕망을 상징하는 대표적인 색깔이다.

> "야곱에게 이르되 내가 피곤하니 그 붉은 것을 내가 먹게 하라 한지라 그러므로 에서의 별명은 에돔이더라" 창 25:30.

모든 죄는 탐욕에서 기인하는 것으로 죄의 빛깔은 주홍같이 붉다(사1:18). 히브리어 '아담' 이란 뜻이 '붉다'이다(창3:18-19참고).

색채가 인간 행동의 변화를 가져오는데 가능하다는 이론과 함께 십계명의 각 계명에게 빛깔을 부여하고 십계명 메시지를 색깔로 표현했다. 이것을 정리하면 다음과 같다.

계명	색의조합	칼라	참고성구
서문	갈색 brown / 훔	연두 – 까망 – 빨강 – 하양 – 노랑	출 19:16
1계명		파랑 blue / 카홀	출 24:10, 민 15:38-39, 겔 1:26, 출 39:11, 계 21:19, 욥 28:16, 민 4:7-12
2계명		빨강 red / 아돔	사 1:18, 히 9:19-2, 민 19:2, 겔 23:142, 계 12:3, 계 17:3
3계명	색과 빛의 3 원색	노랑 yellow / 자호브	히 9:4-5, 출 34:29
4계명		검정과 하양 black & white / 샤호르&레벤	출 26:1-14, 겔 1:22, 요계 7:13-14, 눅 23:58
5계명		초록 green / 야록	시 128:3
6계명	빨강 + 하양 2 + 4	분홍 pink / 베로드	창 9:6, 약 4:3
7계명	빨강 + 파랑 2 + 1	보라 violet / 사골	계 17:4
8계명	파랑 + 까망 2 + 4	남색 deep blue / 아목카홀	말 3:8-10
9계명	검정 + 하양 4	회색 grey / 아포르	마 23:27
10계명	노랑 + 빨강 3 + 2	주황색 orange / 카톰	창 3:18-19, 창 25:30

아이들의 반응

각 계명에 고유한 색깔로 가르친 반응은 다양했다. 노란 옷을 입고 온 친구를 보더니 "너, 3계명 옷을 입고 왔구나."라고 한다. 연두 색 잎사귀를 보면서 "5계명이다!"라고 한다. 세상을 말씀으로 보는 훈련이 된 것이다. 이미지가 메시지를 떠오르게 하고 메시지로 연결해 준다.

만약, 누군가가 "왜 1계명을 파랑으로 표현했는가?"라고 묻는다면 "색은 스스로를 드러 내지만 색은 경험하는 인간에 의해 만들어지며 그 색은 하나님에게서 왔다."라고 말하고 싶다. 이런 의미에서 나는 열개의 십계명에 12 색깔 색동옷을 입혀 주었다. 인간의 감성은 빛(색)으로 인해 새로운 가치를 표현할 수 있겠다. 21세기 사이버 사회가 색으로 말한다면 기독교는 기독교를 대변해 줄 색의 정립이 필요하다. 빛은 색이요 말씀이기 때문이다(창 1:3). 기독교는 자신의 빛깔을 만들어야 할 것이다.

태양 광선의 파장에 가시광선이 반사되면서 빛은 이 세상을 아름답게 채색한다. 십계명의 빛깔로 인지하면 세상은 말씀으로 보인다. 세상은 말씀이다.

교사 진단하기

신앙이 믿음으로 구원을 받는다면 무엇 때문에 그렇게도 많은 영적이고 세속적인 법규들이 있으며 사람들에게 선행을 재촉하고 권장할까? 루터는 십계명이 필요한 사람들의 신앙을 네 가지 유형으로 구분했다. (*Luther's Works*. 1983. p47~48). 교사는 어떤 유형에 속하는 사람일까?

첫째, 성숙한 믿음의 사람

"율법은 의인을 위하여 만들어진 것이 아니다"(롬 1:9)라고 하였음에도 아무 율법도 필요로 하지 않는 성숙한 믿음의 사람에게도 필요하다. 믿음이 약한 사람들이 율법을 범할 때 성숙한 믿음의 사람은 사랑을 가지고 그들에게 율법을 가르쳐야 하는 때문이다.

둘째, 구원받고 맘대로 사는 사람

"너희는 자유로운 사람처럼 살 것이나 죄를 가리기 위하여 너희 자유를 사용하지 말라"(벧전 2:16)라고 했음에도 자유를 오용하고 잘못 신뢰하는 사람을 위해 주셨다. 오직 믿음으로(sola fidei) 살면 된다며 맘대로 사는 사람들에게 십계명은 충분한 의미가 있다. 주제넘은 오만 때문에 간과하는 비윤리적 행위 때문에 윤리적 개혁이 필요하다.

셋째, 사악한 사람

알면서도 죄를 범하기 쉬운 사악한 사람들을 위해 십계명은 필요하다. "너희는 믿음이 약한 자를 받아들여 가르쳐 주라"(롬 14:1)고 하였듯이 믿음은 하나님과 개인적이지만 그 믿음은 다른 이에게 하나님을 보여주어야 하겠기에 말이다.

넷째, 몰라서 죄를 짓는 무지한 사람

무엇이 선인지 모르는 신앙과 영적인 생활에 대한 이해가 완미(頑迷)한 사람들을 위해서 십계명은 필요하다.

십계명에는 하나님의 성품이 있다. 하나님의 표정을 그려보는 것은 어떨까?

십계명은 "하나님이 이 모든 말씀을 말씀으로 말씀하여 말하신 말씀이다"(출 20:1참고). 십계명은 그분의 입에서 나온 생기의 말씀이다. 사람은 동물과 달리 입 모양으로 자신의 마음을 표현하고 감정을 드러내는 유일한 존재다. 아무리 강아지가 사람의 마음을 사로잡는 동물이라 해도 그 입이 웃는 표정은 짓지 못한다. 인간만이 울고, 웃고, 화내는 감정표현을 입으로 보여준다. 입은 감정표현과 전달의 도구다. 십계명 하나, 하나에 어울릴 법한 입 모양의 캐릭터를 만들어보았다.

서문

사랑의 하나님, 구원자 예수 그리스도
단지 우리를 사랑하셔서 자녀로 삼으신 사랑의 하나님이시다.

1계명

좋으신 하나님
하나님 한분 만을 섬겨드리는 한 가지만 해도 좋아하시는 좋으신 하나님

2계명

우상을 섬기지 말고 예수님을 믿으세요!
우상의 'ㅇ' 예수님의 'ㅇ' 'ㅇ' 은 입이 된다.

3계명

하나님의 영광
자기 자녀가 세상의 빛이 될 때 하나님의 얼굴은 환해지신다. 환하게 웃는 입.

4계명

죽음과 부활(주일)
고난을 상징하는 v v v 입 모양은 victory가 셋,
사흘 만에 부활하신 예수 그리스도의 상징이다.

5계명

부모공경
부모님은 하나님을 대신하는 대리자.
따라서 1계명의 하나님 입 모양과 비슷하게 빙그레 웃는 입

사람사랑

6계명

방긋 웃는 사랑의 입 v

살인의 'ㅅ'의 반대모양.

좋으신 하나님

7계명

1부 1처, 몸과 마음의 순결

1부 1처를 상징하는, 한 'ㅡ'자 의 입.

훔치지 말라

8계명

'훔' 할 때의 입 모양, 소중한 물건을 잃어 버렸을 때의 슬픈 표정의 입.

거짓말하지 말라

9계명

'거짓말'의 '거'의 'ㄱ'을 구부려서 된 'ㅅ' (입) 모양.

"입은 비뚤어져 있어도 말은 똑바로 하라."는 속담이 있다.

욕심 부리지 말라

10계명

콩 한 쪽도 나눠먹자 콩! 할 때의 입모양이다.

십계명캐릭터 사용법

1. 아이들은, "십계명 캐릭터 모으기"를 좋아한다. 각 계명들을 공부할 때 격려해 주고,아이가 선행을 할 때마다 캐릭터를 선물하고 많이 모으는 어린이에게 시상한다.

2. 어떤 계명을 배우는지 알려 주는 아이콘(icon)을 사용하면 좋다. 십계명 표정 캐릭터에 계명에 주어 진 색칠을 해서 교실 문이나 강의 실 중앙이나, 실내를 장식한다. 심벌 교육으로 적합하다.

3. 설교자나 교사가 십계명 교육 시간에 십계명 캐릭터를 왕관처럼 머리에 쓰고 설교하거나 손목에 묶고 가르치면 반응이 좋다. 학습자들은 자신이 배우는 것을 정확하게 알 때 의욕과 성취도가 높아진다.

십계명은 무슨 색?

1, 1, 1!　1계명은 무슨 색? 파랑 only GOD

2, 2, 2!　2계명은 무슨 색? 빨강 Idol no!

3, 3, 3!　3계명은 무슨 색? 노랑 Holy name

4, 4, 4!　4계명은 무슨 색? 검정 하양 Holy day

5, 5, 5!　5계명은 무슨 색? 연두 obey

6, 6, 6!　6계명은 무슨 색? 분홍 Hate no!

7, 7, 7!　7계명은 무슨 색? 보라 Holy body

8, 8, 8!　8계명은 무슨 색? 남색 Don't steal

9, 9, 9!　9계명은 무슨 색? 회색 Don't lie

10, 10, 10!　10계명은 무슨 색? 주황 Don't covet

0, 0, 0!　서문은 무슨 색? 연두, 검정, 빨강, 하양, 노란색

이 다섯 색깔은 복음의 Grace ~ colors!

6장
12색 홀리 북 사용법

플라스틱보다는 자연에서 얻은 펄프 소재의 종이책이 좋고

더 좋은 것은 천으로 된 책이다.

우리는 지금 플라스틱의 포로가 되었다.

던져도 깨지지 않는 단단한 플라스틱을 접하면서 무의식적인

폭력성을 잠재시킨다.

포근하고 따뜻한 느낌, 촉감, 12색으로 된 십계명 헝겊 책은

감성과 인성과 영성을 자라게 한다. 12색 휄트 천으로 십계명 책을 만들어서

가르치자.

*이 장은 실습 교재라서 대화체로 엮었다.

1. 색이 말하는 소리를 들어 보세요!

색으로 나타나는 아이의 마음

파랑 : 집중력, 해방감, 고결함.

빨강 : 감정 폭발, 몸의 에너지 표현.

노랑 : 희망과 자신감.

흑백 : 지적 활동이 왕성해질 때.

초록 : 예절, 마음의 치유, 여유를 갖고 기르는 마음.

분홍 : 부드러운 기분.

보라 : 고상함, 고결한 사랑.

남색 : 근면, 성실.

회색 : 절제, 침묵.

주황 : 열정, 용기.

2. 홀리 북의 하트이야기

그림을 그리고 색을 사용하면 건강해집니다. 크레파스 기본 12색에는 하나님과 사람 사이에 새겨진 말씀이 있어요. 크레파스 12색이 우리에게 열 두 마디 말을 합니다. 우리는 예쁜 크레파스 색깔에 숫자를 줍니다. *홀리 북 책에는 하트가 들어 있어요. www.holyi.com.

하나는 뭐니?   하나님 외에 다른 신들을 두지 않아요.

둘은 뭐니?   우상숭배는 NO! 예수님 믿으세요.

셋은 뭐니?   성부 성자 성령 3위 하나님 이름을 존경합니다.

넷은 뭐니?   주일을 기억하여 거룩하게 지켜요.

다섯은 뭐니?   다 같이 부모 공경합시다.

여섯은 뭐니?   여러분 서로 사랑합시다.

일곱은 뭐니?   일부일처! 간음하지 말아야 해요.

여덟은 뭐니?   여기저기 기웃거리며 훔치지 않아요.

아홉은 뭐니?   아이참, 거짓말하지 말아야지.

열은 뭐니?   손가락은 열! 감사하는 손, 나눠 주는 손.

1. 파란색

예수님은 "하늘에 계신 우리 아버지"라고 기도하셨어요. 하나님(아버지) 나라에는 어떤 사람들이 들어갈까요? 하나님을 세상의 주인으로 믿지 않고 다른 신들을 섬기는 사람은? 당연히 들어갈 수 없어요. 왜냐하면 하나님이 주인이신 나라이니까요. 우주를 창조하셨고 다스리시는 분이시며 그 분만이 경배받으실 세상의 주인이십니다. 예수님은 우리에게 먼저 그의 나라와 그의 의를 구하라고 하셨어요.

하나는 뭐니? 하나님 외에 다른 신들을 두지 않아요.

2. 빨간색

우상 숭배하지 말아야 해요. 우상을 섬기는 자에게 하나님은 질투(빨강)하시는데 그것은 살아 계시다는 증거예요. 죽은 우상은 질투하지 못해요. 우상이 제일 무서워하는 색이 빨간색이에요. 모든 사람이 하나님을 떠나 우상숭배에 빠져 사망에 이르매 하나님은 그 아들 예수님을 세상에 보내셨어요. 예수님은 우리 죄를 대신해서 십자가에 못 박혀 죽으셨어요. 하나님이 다시 살리신 예수님을 믿는 사람만이 들어갈 수 있는 나라가 천국이에요. 빨강은 예수님의 보혈을 생각하게 합니다.

둘은 뭐니? 우상숭배는 NO! 예수님 믿으세요.

3. 노란색

예수님을 영접한 사람은 하나님의 자녀가 됩니다. 하나님을 아버지라고 부를 수 있는 권세를 주셨어요. 거룩하신 이름을 함부로 부르거나 그 이름으로 쓸데없는 맹세하지 말라고 하셨어요. 우리가 착한 일을 하면 사람들이 "하나님 믿는 사람은 다르구나."하며 칭찬을 합니다. 노랑은 밝은 색이에요. 우리의 착한 행실은 세상을 밝게 하는 빛이에요

셋은 뭐니? 성부 성자 성령 3위 하나님 이름을 존경합니다.

4. 검정과 하얀색

검은색

검정은 죽음, 십자가의 고난을 생각하게 해요. 왜 모든 사람이 죽을까요? 죄 때문이에요. 우리 죄를 용서하시고 하나님의 자녀삼아 주시기 위해 죄없으신 예수님께서 우리 대신 십자가에 못 박혀 고난 받으시고 죽기까지 하셨어요. 주일은 이 사건을 기억해서 거룩하게 지내는 날입니다. 또 있어요.

하얀색

예수님은 사망 권세를 이기시고 사흘 만에 부활하셨어요. 누구든지 예수님께 죄를 자백하면 우리의 붉

은 죄가 흰 눈처럼 하얗게 씻어져요. 주일은 교회에 나와 부활하신 주님을 경배해요. 교회 올 때는 눈부시게 깨끗한 옷을 입고 나오세요.

넷은 뭐니? 주일을 기억하여 거룩하게 지켜요.

5. 연두색

어린 새싹은 보드라운 바람과 따스한 햇살, 보슬비를 맞으며 자라지요. 어린이는 지극한 사랑으로 길러주시고 보살펴주시는 부모님의 은덕으로 자랍니다. 하늘에는 하늘에 계신 우리 하나님 아버지가 계시듯이 땅에는 우리를 낳아주신 부모님이 계셔요. 부모님 말씀에 순종하고 따르게 될 때 올바른 성장을 할 수 있어요. 그리고 복이 임한다고 하셨어요.
다섯은 뭐니? 다 같이 부모 공경합시다.

6. 분홍색

부모님 다음에 누가 있을까요? 가족과 형제들, 그리고 친구와 이웃이 있습니다. 예수님은 '서로 사랑하라'고 하셨어요. 누구나 미워하고 싸워요. 가능하면 빠른 시간에 화해해야 해요. 용서하고 잠자리에 드는 것은 가장 좋은 방법입니다.
여섯은 뭐니? 여러분 서로 사랑합시다.

7. 보라색

보라색은 우아함과 품위를 상징해요. 하나님은 남자와 여자를 가장 우아하고 가장 품위있게 창조하셨어요. 결혼하기 전에 남자와 여자는 품위를 지켜서 순결하게 교제해야 해요. 결혼하면 남자와 여자는 1부1처로 사랑하며 사는 것이 가장 행복해요. 보라색은 분홍색과 형제예요. 분홍은 서로 사랑하라고 말하듯이 보라는 남녀가 품위 있게 사랑하라고 말해요.
일곱은 뭐니? 일부일처! 간음하지 말아야 해요.

8. 남색

남색은 깊은 하늘색이에요. 남색은 파랑과 형제예요. 예수님은 우리 재물을 하늘나라에 쌓아두라고 하셨어요. 우리 재물로 이웃을 돕고 나누는 것은 하늘나라 창고에 쌓는 것이에요. 가장 안전하고 도둑이 절대 털러 들어가지 못하는 안전한 창고예요. 왜 사람들은 훔치나요? 우리가 이웃과 나누게 되면 사람들 사이에 훔치는 일이 줄어 들 수 있어요.
여덟은 뭐니? 여기저기 기웃거리며 훔치지 마세요.

9. 회색

회색은 검정의 형제예요. 흰색도 아니고 검은색도 아닌 중간색이에요. 회색은 말을 절제하도록 도와주는 색입니다. 예수님은 예는 예, 아니면 아니오, 라고 거짓 없이 말하라고 하셨어요. 겉과 속이 다른 사람은 속으로는 '아니오' 하고 입으로는 '예' 합니다. 이런 사람을 회칠한 무덤 같다고 하셨어요. 겉으로는 친절하면서 뒤로는 이웃을 모함하거나 지어내는 말들이나 거짓증거를 했으면 빨리 회개해야 합니다.
아홉은 아이참, 거짓말하지 말아야지. 이웃에 대하여 거짓증거 하지 말아야 해요.

10. 주황색

주황은 빨강과 노랑과 한 형제예요. 하나님은 사람을 흙(붉음)으로 지으셨어요. 그리고 가장 영광스러운 (노랑)위치에 두셨어요. 사람의 몸은 죽어서 흙으로 돌아가게 됩니다만 영혼은 하나님 나라로 돌아갑니다. 이처럼 흙으로 돌아갈 몸을 위해 먹을 것, 입을 것, 집, 재물에 집착하여 욕심내지 말라고 하셨어요. 땅에 속한 사람이 아니라 하나님 나라에 속한 사람은 하나님이 주신 모든 것에 감사하며 하나님과 인류의 번영을 위한 뜨거운 열정을 가집니다.
열은 뭐니? 손가락은 열 감사하는 손, 나눠 주는 손!

십계명에서 사람들이 가장 모르는 계명이 뭘까?
십계명에서 가장 지키기 어려운 계명이 뭘까?
9계명은 어떤 직업을 가진 사람에게 불리한가?
주일에 여행, 스포츠, 외식, 학업, 사업에 종사한다면, "지금 내가 하고 있는 이 일이 거룩한가, 아닌가?"를 생각해 보는가?

7부.. 십계명으로 전도하기

"만약 취학 전 연령의 어린이 교육을 견고하게 다져 놓기만 한다면 후일 그릇된 개념을 해체하거나 재건하는 일은 하지 않아도 될 것이다."

조이스 깁슨(Joyce L. Gibson).

1장
전도대상 만나기

전도가 어려운 이유들을 나열하자면 끝이 없습니다.

전도해 본 경험이 전혀 없는 사람들이 전도를 두려워합니다.

전도는 할수록 두려움이 사라지고 열정은 커집니다.

전도법을 배워야 하고 무엇보다도 전도는 현장경험이 제일 중요합니다.

다른 사람이 경험한 성공과 실패 사례의 간접경험을 공유하십시오.

주 하나님은 자신의 일을 대행하는 사신에게는 특별한 용기와 지혜를 주십니다.

1. 엘리베이터

엘리베이터의 좁은 공간에서 이웃과 단 둘이 만나면 멋쩍지만 서로 안면 익히는 데는 최적의 공간입니다. 아파트에 거주한다면 엘리베이터 안에서, 또는 단지 내 헬스장에서 안면을 익힙니다. 같은 동, 같은 라인에 거주하는 이웃의 이름을 적어 보세요. 특징, 그 가족에 관해서. 예를 들면, 제가 사는 라인의 301호 집은 8개월 된 여아가 사는데 현재 이유식을 배달해서 먹고 있습니다. 엘리베이터에서 가끔 만나면 아기가 저를 빤히 쳐다봅니다. 아기 이름을 잊지 않도록 집에 돌아와서 수첩에 메모해둡니다. "정다혜(가명)." 그리고 아이와 그 집 가족을 위해서 축복 기도를 하기 시작합니다. 만약, 엘리베이터에서 오랜만에 다시 만났을 때 "다혜야"라고 부르면 아이 엄마는 깜짝 놀랍니다. 기도 그룹이 있다면 기도해 줄 것도 요청하세요. 기도가 가장 좋은 전도용품입니다.

설령 교회에까지 데려와서 등록을 시키지 못하더라도 교회와 기독교의 좋은 이미지를 심어 주는 것만으로도 보람 있는 일을 하신 것입니다.

2. 놀이터

놀이터에 놀러 나온 아이들이 없다고요? 해질 무렵의 동네 놀이터나 운동시설이 있는 곳에 가면 자녀들을 데리고 나온 어머니들을 만납니다. 코로나로 학교를 쉬게 되자 아이들은 놀이터로 항상 나옵니다. 그런데 특별히 쏟아져 나오는 날이 있습니다. 비 온 후, 날씨가 좋은 날은 전도하기 좋습니다. 금요일 오후, 또는 주일 오후에 나가 보십시오. 아이들은 해지기 전에 유모차나 자전거를 타고 놀이터를 한 바퀴 돕니다. 그네 타는 아이를 지키는 엄마가 벤치에 앉아 계십니다. 같은 단지 엄마들끼리는 경계심이 없어서 눈치 보지 않아도 됩니다.

저는 가끔 놀이터에 나가서 앉아 있으면 놀러 나온 아이들과 그동안의 안면이 있어서 서로 인사를 합니다. 한 명의 아이만 붙들고 대화를 시작해도 그다음에는 아이들이 모입니다. 어른들은 남이 얘기를 하거나 말거나 누가 앉거나 말거나 무반응이지만 아이들은 그렇지 않습니다. "단 둘이 무슨 얘기를 하지? 혹시 내 얘기하는 거 아냐?"라는 듯이 와서 뺑 둘러앉기 시작합니다.

6살 남궁헌, 6살 이하율, 6살 김민재, 7살 조하리, 5살 민재 동생 민우. 아이들에게 "예수님에 대해서 들어 본 적이 있니? 누구 아는 사람 있니?"라고 물으면 믿는 아이와 믿지 않는 아이가 금방 분류됩니다. 그중에 궁헌이가 예수님에 대해서 체계적으로 잘 알고 있었습니다. 탄생, 죽음, 부활, 승천, 천국 순서로 얘기를 하는데 아주 조직신학적으로 대답을 하는 겁니다. 6살 아이인데 말이죠. "궁헌아, 너의 부모님은 교회 다니시니?"라고 물었더니 "아뇨"라고 해서 놀랐습니다. "그럼 어떻게 그렇게 아니?"라며 칭찬해 주었더니 4살 때 에코 P(학원이름)에 다녔는데 그때 어떤 할머니가 와서 들려주었다고 합니다. 4살 때 들은 이야기를 생생히 기억하고 있구나!

아이들의 끝없는 질문이 이어집니다.

> 예수님은 죽으시기 전에 무슨 일을 하셨어요?
>
> 하나님은 누가 낳았나요?
>
> 예수님은 어떤 착한 일을 하셨기에 천국에 가셨나요?
>
> 우리 할아버지는 돌아가셨는데 지금 땅 속에 있어요. 그런데 어떻게 천국에 가요?

아이들이 모이더니 뺑 둘러앉아서 예수님에 대해서 이런저런 질문을 퍼부어댑니다. 예수님에 대해서 저렇게 알고 싶어 하는구나! 그중에는 불교사상이 이미 몸에 밴 아이도 있습니다.

놀이터에 앉아 있으면 아이들에게 예수님의 구원 이야기를 얼마든지 들려줄 수 있습니다. 아이들을 사랑하고 축복해주면 아이를 찾으러 온 엄마의 표정도 따뜻합니다. 낯선 장소에 가서 아이를 붙들고 전도하면 부모들이 공격적으로 따집니다. 하지만 단지 내 이웃에게는 그러지 않아요. 같은 동에 산다는 것은 신뢰심과 동질의식이 있거든요. 이것이 놀이터 전도의 장점이랍니다.

*저의 놀이터 전도경험으로 만든 전도현장에서 필요한 대화 자료들이 "아기의 천재성을 발달시키는 영아부 교육" p.150~162에 있습니다. 자료 31종을 참고해서 전도를 나가 보십시오. 십계명으로 하는 이야기전도, 토론식 전도의 상세하고 실제적인 자료들은 십계명 총서 17~26권, 27~29권에 있습니다. 그 중에 몇 편을 2장에서 소개해 드리겠습니다.

♪ "Happy Birthday to you" 리듬으로 불러 보세요.

Lead me, Lead me, Saviour

Lead me, Lead me, Saviour

lead me Saviour, Lest I stray

Lead me Saviour, all the way.

나를 이끄소서

나를 이끄소서

딴 길로 가지 않도록 (Lest I stray)

주여, 나를 이끄소서.

원골 댁 어르신

마을 어르신 중에 원골 댁 어르신은 남묘호랭겔교 골수분자였다. 불편한 몸으로 하루도 빠지지 않고 매일 유모차를 끌고 "화광"이라는 남묘호랭겔교 전도 신문을 집마다 돌리신다.

우리는 그 무렵에 교회의 건물을 지어야 하는데 어르신 땅이 교회 땅에 들어와 있다고 측량을 다시 해야 한다고 억지를 부리시며 어디서 그런 힘이 나왔는지 커다란 대들보로 교회 앞을 가로막아 두어서 우리가 다니지 못하도록 심술을 부리셨다.

그토록 우리를 방해하던 원골 어르신이 갑자기 부산 병원에 입원하게 되셨다. 그동안 우리 교회는 아무런 방해도 받지 않고 무사히 초스피드로 예배당을 지었다. 어르신께서 퇴원해서 오셨을 때는 이미 예배당이 완성되었고 우리는 새로 지은 예배당에서 예배를 드렸다. "전도사가 어떻게 기도하기에 교회에 큰일만 있으면 내가 병원에 가게 되오?"라며 고래고래 고함지르곤 하셨다.

예배당을 짓고 1년이 지난 후 그분이 교회에 나오시고 새벽 기도, 수요, 금요, 공 예배에 빠지지 않고 꼭 참석하셨다. 평생을 엉뚱한 길로 다녔던 죄를 회개하는 마음이라면서 주일마다 손수 지으신 농사의 재료로 정성껏 맛있는 반찬을 만들어서 5년 동안 성도들을 잘 섬기시다가 95세 되시던 따뜻한 봄, 평안히 하나님 품에 안기셨다.

한 영혼을 천하보다 귀히 여기신 주님의 마음으로 복음을 전할 때 아름다운 열매를 맺는다. 그러려면 날마다 예수 그리스도로 옷 입어야 할 것이다. -경주 갈릴리교회를 개척한 백명자 목사.

2장
5계명으로 전도하기

십계명으로 하는 전도는 5계명부터 시작하세요.

가장 반응이 좋고 아이들을 통해서 부모님과의 피드백이 활발합니다.

5계명 다음에는 6, 7, 8, 9, 10계명 순서로 합니다.

복음을 받을 마음 판이 무르익었다고 판단되면 1, 2, 3, 4계명을 하세요.

1. 5계명 생활체크 전도법

얘들아, 오늘은 내가 쪽지를 한 장씩 줄게, 예, 아니오로 체크 해봐! 그리고 대화합니다.

미취학어린이(4~7세)

1) 놀고 난 후 장난감은 엄마가 치워 줍니다.
2) 부모님 방에 들어갈 때 노크했어요.
3) 부모님의 가방을 뒤지고 물건들을 꺼냅니다.
4) 부모님이 쥐고 계신 TV 리모컨을 빼앗지 않아요.
5) 부모님이 휴식을 취하실 때 조용히 놀았어요.
6) 친척에게 부모님 흉을 봅니다.
7) 나는 정직하게 체크했습니다.

초등저학년 어린이(8~10세)

1) 세탁물을 접어 드렸어요.
2) 부모님이 물으실 때 공손하게 대답했어요
3) 부모님께 하루 일과의 이야기를 들려 드립니다
4) '먼저 드세요'라고 권하고 먹었어요.
5) 부모님이 전화 하실 때 조용히 했습니다.
6) 착한 일 할 때도 부모님과 의논해 합니다.
7) 부모님은 나를 버리셨습니다. 나도 복수할겁니다.
8) 나는 정직하게 체크했습니다.

초등고학년 어린이(11~13세)

1) 부모님이 들어오실 때 마중 나와 인사합니다.
2) 부모님이 자동차에 타실 때 문을 열어 드립니다.
3) 부모님을 배웅할 때 보이지 않으실 때 까지 손을 흔들어 드립니다.
4) 부모님의 손님이나 친구 분에게도 친절합니다.
5) 아침에 일어나 부모님께 인사했어요.
6) 나는 정직하게 체크했습니다.

그렇다, 아니다, 잘 모르겠다, 라고 답해 보세요.

1) 어머니에게 대들고 아버지에게는 순종합니다.
2) 이담에 커서 돈 벌면 자동이체로 꼬박꼬박 용돈만 부쳐 드리면 됩니다.
3) 사귀고 있는 이성 친구를 부모님께 소개하고 교제합니다.
4) 해 준 게 하나도 없는 부모를 공경할 필요는 없습니다.
5) 부자 부모에게 태어나지 못한 것이 분하고 억울합니다.

아이들의 교정된 행동이 가장 즉각적으로 나타나는 곳이 가정입니다. "너, 이런 거 어디서 배웠니? 누가 가르쳐 주던?"하며 묻는 엄마의 얼굴은 밝습니다. 아이가 선량해지는데 싫어할 부모는 세상에 없습니다. 부모가 가르치지 못하는 것을 누군가가 가르쳐서 사람 만들어 준다는 데에 고마워하며 협력자가 될 것입니다. 만약, 그중에 믿는 엄마를 만나게 되면 금상첨화겠지요.

2. 토론으로 하는 놀이터 전도법 (5~9세)

제목; 엄마, 내 맘이 불편해요
준비물; 모든 어린이에게 노랑, 파랑, 빨간 색종이가 각각 한 세트씩 필요합니다.

이야기 들려주기

옥희가 금봉이의 장난감을 던져서 깨뜨렸단다. 금봉이가 "내 장난감을 어떻게 할 거야?"라고 하자 옥희는 "이 곱슬머리야, 넌, 내 마음을 깨뜨렸어, 깨진 내 마음을 넌 어떻게 할 건데?"라며 따졌어요. 너희들 같으면 이런 경우 어떻게 할 거 같니?
금봉이가 며칠 전에 옥희에게 "우리 단지에서 제일 못 생긴 너"라고 놀렸대요. 화가 난 두 사람은 서로를 노려보며 "너하고 친구 안 할 거야!"라고 쏘아붙이고 헤어졌어요.

금봉은 그날 집에 가서 엄마에게 "옥희가 장난감을 부서뜨렸어요"라고 말씀드렸습니다. 그랬더니 엄마가 "가서 때려 주고와, 그런 애 하고 다시는 놀지 마라"고 하십니다.
그런데 며칠이 지나서 옥희가 사과하러 왔어요. "금봉아, 네 장난감 망가뜨린 것 내가 잘못했어. 진심으로 미안해." 금봉이도 사과했어요. "너의 외모를 못 생겼다고 말한 거 미안해."

금봉은 "엄마, 옥희와 화해했어요. 다시 친구해도 되지요?"라고 했어요. 하지만 엄마가 화를 내시며 "그 애와 놀지 말라고 했어, 안 했어? 그게 얼마짜리 장난감인데? 얼마나 비싼 건지 알아? 혼내 주게 그 애 데리고 와"라고 하십니다. 금봉은 엄마의 말에 순종해야 할까요? "너희들은 어떻게 생각하니?"

금봉 이는 옥희가 왜, 장난감을 부서뜨렸는지 그 이유를 엄마에게 말씀드렸나요? 금봉이는 어떤 말을 생략했지요?

다음 두 문장에는 어떤 차이가 있을까요?

a. "엄마, 내가 옥희에게 '우리 단지에서 제일 못 생긴 돼지'라고 흉을 보았어요. 그랬더니 그 애는 내가 자기 마음을 부서뜨렸다면서 내 장난감을 부셨어요."

b. "엄마, 옥희가 내 장난감을 부서뜨리고 갔어요."

금봉이가 엄마에게 어떻게 말했어야 한다고 생각하세요?
십계명에는 이런 말씀이 있어요. "네 부모를 공경하라 그리하면 네가 땅에서 잘되고 장수하리라"
이 말씀도 읽어보세요. "자녀들아 주 안에서 너희 부모에게 순종하라 이것이 옳으니라" 엡 6:1.

3. 5계명 스토리 전도법 (4~6세)

제목; 내 털을 깎을 수 없어!
준비물; 홀리 북(팰트지로 된 헝겊 책)

얘들아 너희들 주변에는 어떤 어른들이 계시니? 생각나는 대로 말해봐.
경비원 아저씨
우유, 요구르트 배달원
선생님
할아버지와 할머니
전기공 아저씨.

그분들을 만나면 어떻게 말하니? 어떻게 행동하니?

다음의 이야기를 듣고 너희들의 생각을 말해봐

* 아래의 이야기는 홀리 북(팰트 천)에 그림을 붙여가며 구연동화식으로 들려주세요. (이야기 자료집에 있습니다. 총서 27권. www.holyi.com.

> 겨울이 다가오는 늦가을입니다. 양털 깎는 이발사가 털을 깎아 주려고 목장에 왔어요. 한 마리 양이 달아났어요. "싫어, 싫어, 난 털을 깎지 않을래." "아무도 내 털을 깎을 수 없어." 어떤 양은 털 깎는 내내 시끄럽게 '메에 메에' 울었어요. 털을 깎는 동안 울거나 움직이면 어떻게 될까? (아이들의 반응을 듣습니다). 그리고 추운 겨울이 왔습니다. 어떤 양이 얼어 죽었을까요?

a. 털을 깎은 양   b. 털을 깎지 않은 양

왜 그렇게 생각했나요?

털을 깎은 양들은 새로운 털이 자라서 면역력이 높고, 얼어 죽지 않으려고 부단히 움직이며 추위에 적응하는데, 털을 깎지 않은 양들은 털이 더러워서 진드기들이 기생하고, 털의 무게로 인해서 가만히 움츠려서 다닥다닥 붙어 있다가 전염병 확진 자가 되어 죽는 경우가 오히려 더 많다고 합니다.

준빈은 미장원에 갔을 때 머리 털을 깎지 않으려고 내내 울어대서 미용사를 힘들게 했어요. 현민은 엄마와 기차여행 내내 사이렌 나팔처럼 울었습니다. 여러분은 사람들이 많은 장소에서 큰 소리로 운 적이 있나요? 울면 실례되는 장소와 울어도 되는 장소를 구분해 보세요.

1) 극장에서 슬픈 영화를 보았어요.
2) 강아지가 물에 빠졌어요.
3) 형이 공부하고 있어요.
4) 장 보러 가시는 엄마를 따라 마트에 갔어요.
5) 치과에 갔어요.

* "개념 없는 이야기는 아이들의 가슴에 심어지지 않습니다. 궁현이라는 아이가 예수님의 생애를 마치 조직신학 꿰듯이 기억한다고 했지요? 체계적이기 때문입니다. 하나님, 그리고 사람. 주제가 분명한 십계명은 주제파악이 쉬워서 탁월한 커리큘럼입니다. 대화는 관계를 깊어지게 합니다.

4. 어떻게 카드 (4세 ~10세)

얘들아, 바구니에 내가 "어떻게 카드"를 담아왔어. "어떻게 카드가 뭐예요?" "응, 뽑아보면 알아. 한 장씩 뽑아 볼래? 뽑은 내용을 읽고 그 상황에서 어떻게 하는 것이 부모를 공경하는 지혜인지 친구에게 들려줄 수 있지?"

카드

이런 경우, 어떻게 해야 하지?

1) 부모님이 휴식을 취하셔요. 나는 공으로 벽치기 놀이를 하고 싶어요.
2) 아빠가 전화 통화를 하고 계셔요 나는 동생하고 싸움을 시작했어요.
3) 엄마가 청소, 요리, 세탁 일로 분주하셔요.
4) 엄마가 외출하셨는데 옆집에서 다리미를 빌리러 오셨어요.
5) 가족과 기차 여행을 하는데 어떤 애가 객실을 뛰어다닙니다.
6) 아빠가 화장실에 들어가서 나오지를 않으셔요.
7) 엄마가 동생을 재우고 계셔요
8) 아빠가 화장실에서 "휴지 갖고 와!"라고 하셔요. 나는 아슬아슬한 게임을 하는 중입니다.

내가 뽑아내겠다

교회에 나오는 40대 초반의 젊은 남자분이 집에 전도할 사람이 있으니, 와 달라고 해서 갔더니 알코올 중독자로 소문난 남자를 비롯해서 남자 세 사람이 나를 반겼다. 전도하려는 열심만 가지고 그들이 있는 방으로 들어갔는데 말씀을 전할 분위기가 아니었다. 그동안 음흉한 속셈으로 교회에 나왔던 것이다. "당신들, 이런 식으로 하나님의 종을 희롱하면 하나님께서 가만두지 않을 것이다!"라고 호통을 치고 방을 나와서 그 길로 3일을 작정하고 금식했다. 새벽에 하나님께서 "내가 뽑아내겠다."는 음성을 들려주셨는데 그날 아침, 마을에 난리가 났다. 새벽에 살인 사건이 났는데 이 사건에 그 남자가 연루되어 붙잡혀 가게 된 것이다.

재판이 끝날 때까지 그가 수감된 대구 교도소에 면회 가서 복음을 전하고, 법정에 가서도 복음을 전했다. 그 사람은 "나는 아무것도 해 준 것이 없는데 이렇게 찾아와 주니 감사하다"라며 눈물을 흘린다. -경주 갈릴리 교회를 개척한 백명자 목사.

3장
1계명으로 전도하기

기독교의 하나님(예수님)만 믿으라는 1계명의 배타성 때문에

다른 종교로부터 비난을 받습니다.

예수님만이 구원하신다는 기독교의 도그마(진리)는 창조주 하나님이 정해 놓으신

불변의 법칙이니 우리도 어쩔 도리가 없습니다.

그분의 권한에 도전할 수 있는 피조물은 없습니다.

선택의 여지없이 받아들여야 하는 것을 운명, 필연,

기독교 신학용어로는 '섭리'라고 합니다. 필연은 즐기십시오.

"예수께서 이르시되 내가 곧 길이요 진리요 생명이니

나로 말미암지 않고는 아버지께로 올 자가 없느니라" 요 14:6.

1. 토론으로 하는 1계명 전도법 1 (9~13세)

대화 1
기독교는 왜 하나님 한분만 믿으라고 하나요? 여러 신들을 모시면 안 돼요?

세상에서 나를 낳아주신 아버지는? 한분, 학교의 교장 선생님은? 한분입니다. 국가의 대통령? 한 명만 뽑습니다. 세계 어느 나라도 대통령을 두 명 뽑는 국가는 없습니다. 왜, 온 인류가 only one 방식을 택할까요? 이것이 최선의 방법이라는 것을 알기 때문입니다. 하나님 한 분을 섬기자는 것이 이기적인 가요? 기독교가 왜, 유일하신 한 분 하나님을 믿으라고 하는지 현명한 분은 이제 아셨을 것입니다. 기독교는 현명한 선택을 한 종교입니다. 다른 어떤 신을 우주의 왕으로 뽑아드리면 세상을 구원 할 자신이 있다고 보십니까? 하나님께 도전한 많은 신들, 사람들이 추대한 주피터(제우스)를 비롯한 많은 신들이 자신 없다는 걸 알고 현명하게 포기했는데 여러분도 자신 없으면 그냥 하나님을 믿으십시오.

> "이제는 나 곧 내가 그인 줄 알라 나 외에는 신이 없도다 나는 죽이기도 하며 살리기도 하며
> 상하게도 하며 낫게도 하나니 내 손에서 능히 빼앗을 자가 없도다" 신명기 32:39.

대화 2
기독교는 왜, 어린 아이에게 까지 종교를 강요하는 거죠? 이 애가 17세가 되면 그때 스스로 결정할 거예요. 그러니까 강요하지 마세요!

수영, 태권도를 배울지, 말 것인지를 아이가 커서 결정하면 되는데 왜 어른들은 어린아이에게 수영, 태권도를 가르치려 들까요? 왜 예방주사를 맞힙니까? 보험은 왜 미리 들어 두시죠? 이 세상 어떤 부모도 자기 아이가 얼마나 살게 되는 지, 내일 어떤 일이 생길지 모르므로 그러는 것이 아닙니까? 살아 있는 지금, 아이의 영생을 준비시켜 주는 부모가 현명합니다. 불감증 환자들은 세상이 불 안전하다는 것을 뻔히 알면서도 안전대책을 세워 두지 않습니다. 그래서 화를 당하지요. 자기 자식을 지옥에 보내는 어리석은 부모가 있습니다.

2. 토론으로 하는 1계명 전도 법 2 (9~13세, 성인들)

제목; 기독교는 이상해
너는 나 외에는 다른 신들을 네게 두지 말라(출 20:3) 고 하셨어요. 기독교는 왜 다른 종교의 구원관을 인정하지 않는지 그 이유를 증명할 예화나 아이디어가 있으면 들려주고 토론하세요.

기독교는 이기적이야?

숙이 엄마는 말합니다. "기독교는 참 이기적이야, 다른 신들을 두지 말라고? 왜 다른 종교에는 구원이 없다고 하지? 다른 종교를 인정하면 안 되나? 하나님만 유일한가?"

여러분은 어떻게 생각하나요?

빵순이의 산수 시험 성적표 이야기를 들어 보세요.

산수 시험에서 0점 성적표를 받은 빵순에게 열 받은 빵 순 엄마는 묻습니다. "얘, 옆집 떡보는 몇 점 받았니?" "떡보는 100점 받았어요." 빵순 엄마는 떡보를 불러서 빵순이와 떡보가 푼 답안지를 비교해 보았습니다. 알고 보니 빵순이는 모든 계산에서 2 x 8 =15라고 했습니다. 빵순이가 구구단을 잘못 외웠던 것입니다. 빵순 엄마는 빵순이가 아기이었을 때 자장가로 들려준 구구단이 틀린 줄 몰랐습니다. 빵순 엄마가 아이를 낳고 나서 구구단도 헷갈린다고 합니다.

2 X 2 = 4? 왜 4인가요? 5는 안 되나요? 1+1 = 2. 왜 2죠? 3이라고 하면 안 되나요?

결론 내리기

수학이나 화학에도 절대원칙과 기본 공식이 있습니다. 정해진 공식대로 해야 문제가 풀립니다. 1계명은 구원의 절대 공식이랍니다. 오직 예수 그리스도 외에는 다른 길이 없다는 만고불변의 이 절대 원칙은 세상이 세워지기 전에 이미 설계된 것입니다. 집의 대들보를 뽑아버리는 어리석은 사람은 없어요. 구원공식, 외워 보세요.

> "너는 나 외에는 다른 신들을 네게 두지 말라" 출 20:3.
> "다른 이로서는 구원을 얻을 수 없나니 천하 인간에 구원을 얻을만한 다른 이름을 우리에게
> 주신 일이 없음이니라 하였더라" 행 4:12

*십계명 전도 법은 계명 별로 만들어진 체크, 토론, 동화집을 활용하시기 바랍니다. 이러한 자료와 실습 수업은 십계명 총서 3, 4, 5, 6권 십계명 강의안 집에 상세히 수록되어 있습니다.

8부.. 대대손손 프로젝트

과거에는 부모들이 아이들의 할아버지와 할머니와 함께 살며 양육의 도움을 받았으나 요즘은 자녀가 아장아장 걷기 시작할 때부터 어떻게 키워야 할지를 몰라서 쩔쩔맵니다. 맞벌이 부부가 늘어남에 따라 가족 모임이 현실적으로 어렵고 국민소득 4만 불 시대는 가사와 업무의 겹친 스트레스로 인해 신앙과 헌신의 열정은 식어가고 해마다 늘어나는 주말 여행자들로 주일 예배 조차 외면당합니다.

게다가 아이를 기관에 맡겨 키우는 우리 세상은 마치 '단절의 법'부터 가르치듯이 매몰차게 부모 손을 잡고 있는 아이를 뿌리치고 떼어 놓습니다. 어린이들의 영혼에 관심을 가지고 영의 교육(nurturing soul)에 매달려야 하는 교회도 어쩔 수 없이 학과목 가르쳐 주는 학원이 되고 있습니다. 이러한 우리의 현실에서 어떻게 하면 부모와 자녀 간에 마음이 소통하고, 부모 신앙은 다음 세대와 연결될까요? 교회와 기독교 가정의 역할은 무엇인가요?

교회와 세상을 일으킬 돌풍을 일으킬 파워풀한 할아버지, 할머니에게 소망을 걸어 봅니다. GRAND PARENTS!

※ 대대손손 프로젝트는 한 권으로 된 강의안 책이 별도로 있습니다. 여기서는 큰 개요만 소개합니다.

1장
대부모는 십계명 교육사명자

대부모는 위대한 교육 사명자

손 자녀를 보신 50대 후반에서 70대 초반 부모들은 지적 능력과 건강,

어느 정도의 안정된 경제력을 가지셨고 육신은 쇠잔하나 경험과 지혜가

풍부하십니다. 무엇보다도 여분의 시간은 어르신들의 재산입니다.

이러한 저력으로 인생의 남은 시간을 일꾼 키우는 일에 투자하십시오.

그 일꾼은 내 가정에 있습니다. 바로 당신의 손자녀입니다. 자녀를 잘못 키웠다고

생각되면 이제라도 늦지 않습니다. 자식에게 못한 신앙교육을 손자녀에게

잘하면 됩니다. 어떻게 하는 것이 잘 기르는 것일까요?

십계명으로 하는 대대손손 신앙 대물림 프로젝트가 있습니다!

"늙은 자들아 너희는 이것을 들을지어다 땅의 모든 주민들아

너희는 귀를 기울일지어다 너희의 날에나 너희 조상들의 날에 이런 일

이 있었느냐 너희는 이 일을 너희 자녀에게 말하고 너희 자녀는 자기

자녀에게 말하고 그 자녀는 후세에 말할 것이니라" 요엘 1:2~3.

1. 할아버지, 할머니(grandparents)의 사명 선서!

나는 하나님 경외의 신앙을 대물림하는 신앙교육 사명자!
나는 자손에게 부와 번영을 전달하는 축복 사명자!

망설이지 마십시오! 당신에게는 든든한 백 그라운드가 있습니다!

> "야곱의 집이여 이스라엘 집에 남은 모든 자여 내게 들을지어다 배에서 태어남으로부터 내게 안겼고 태에서 남으로부터 내게 업힌 너희여 너희가 노년에 이르기까지 내가 그리하겠고 백발이 되기까지 내가 너희를 품을 것이라 내가 지었은즉 내가 업을 것이요 내가 품고 구하여 내리라" 사 46:3~4.

남은 시간 동안 내가 할 일이 무엇인가? 이제 결정하십시오

_____

_____

"하나님은 아들 대신 손자를 택하신다. 하나님은 훌의 아들 우리를 택하지 않으시고 그의 손자 브짤렐을 택하셔서 하나님의 영으로 채우시고 지혜, 명철을 부어 주셨다." 왜 그러셨을까요? (출31:2).

● 한센의 법칙

아들은 잊었는데 손자는 아버지가 잊은 것을 기억해 내려고 한다. 총서2권 QA42를 읽어보세요.

 '리. 리. 릿자'로 리듬으로 불러 보세요.

7, 7, 7하면 생각나는 말?
럭키세븐 안식일이죠.

일, 일, 일자로 시작하는 말?
♫ 일- 곱- 째- 날 안식일이죠
♪ 일-요-일은 주일입니다.

2. 명칭 바로 부르기

어르신들을 부르는 호칭은 매우 다양합니다. 정리하면 다음과 같습니다.

1) 한글(자)

(1) 조부모 (祖父母)

조부모란 사당에 제를 올리는 조상(할아버지)을 뜻하는 한자어에서 파생된 단어입니다.

(2) 노부모 (老父母)

노부모의 '늙을 老'는 "썩다, 쉬다, 흙에 묻히다, 벼슬을 그만두다"입니다.

(3) 대부모 (大父母 : grandparents)

이 책에서는 50 후반부터 70 중반을 大부모(grandparents), 70대 후반은 王大부모(grand king pa /grand king ma.)로 표기했습니다. *代父母가 아닙니다.

(4) 할아버지, 할머니

순우리말인 할아버지, 할머니는 원래 '한 아버지, 한 어머니'라는 말인데 발음상 할아버지, 할머니로 부르게 되었습니다. 우리의 전통에는 할아버지와 할머니가 손자녀를 데리고 자면서 교육하는 격대교육(隔代教育)이라는 아름다운 전통이 이미 존재하고 있습니다.
*이외 늙은이, 노인이라는 명칭도 있습니다.

2) 영어

영어는 할아버지와 할머니, 손자, 증손자, 이렇게 3대에게 'grand'라는 접두어를 붙입니다. 가족 중에 이들에게 '엄청 위대하다'라는 명예로운 칭호를 준 것입니다.

할아버지 grandfather, 또는 granddaddy (제1인자,대가)
할머니 grand mother, 또는 granny
손자 grandson
손녀 grand daughter
증손자 great grand son
증손녀 great grand daughter.

grand그룹 3대가 뭉치면 위대한(grand) 가문이 됩니다. 우리 시대가 앉고 있는 태산같이 산적한 문제의 해결사는 grand group에 달려 있습니다. 3대는 "위대한 킹스 클럽(grand king's club)"입니다.

G= Grandparents are

R= Respectable grandee

A=And

N=Noble

D=Disciples of Jesus

할아버지 할머니는 존경받아 마땅한 귀인이며

예수의 고결한(기품있는) 제자!

3) 히브리어

히브리어 성경에서는 노인을 뜻하는 '자켄'과 '야센'이라는 두 단어가 있는데 '자켄'은 '턱수염'을, '야센'은 '고풍스러운, 고상한'이라는 뜻입니다.

3. 손자녀 교육명령

1) 성경은 어떻게 말하는지 들어 보세요.

"곧 너와 네 아들과 네 손자들이 평생에 네 하나님 여호와를 경외하며 내가 너희에게 명한 그모든 규례와 명령을 지키게 하기 위한 것이며 또 네 날을 장구(長久, you may enjoy long life)하기 위한 것이라(생략) 그리하면 네가 복을 받고 네 조상들의 하나님 여호와께서 네게 허락하심같이 젖과 꿀이 흐르는 땅에서 네가 크게 번성하리라" 신 6:2~3.

* "내가 너희에게 명한 그 모든 규례와 명령"에는 십계명이 있으며 5계명을 그 사례금으로 명시했습니다.

"네가 생존하는 날 동안에 그 일들이 네 마음에서 떠나지 않도록 조심하라 너는 그 일들을 네아들들과 네 손자들에게 알게 하라" 신 4:9요약.

"오늘 내가 네게 명령하는 여호와의 규례와 명령을 지키라 너와 네 후손이 복을 받아 네 하나님 여호와께서 네게 주시는 땅에서 한 없이 오래 살리라" 신 4:40.

"오늘 내가 네게 명하는 이 말씀을 너는 마음에 새기고 네 자녀에게 부지런히 가르치며 집에 앉았을 때에든지 길을 갈 때에든지 누워 있을 때에든지 일어날 때에든지 이 말씀을 강론할 것이며" 신 6:5~7.

*"이 말씀"이란 6 장의 앞에 기록되어 있는 (신 5장) "십계명"을 뜻합니다.

"이는 우리가 들어서 아는 바요 우리의 조상들이 우리에게 전한 바라4. 우리가 이를 그들의 자손에게 숨기지 아니하고 여호와의 영예와 그의 능력과 그가 행하신 기이한 사적을 후대에 전하리로다 여호와께서 증거를 야곱에게 세우시며 법도를 이스라엘에게 정하시고 우리 조상들에게 명령하사 그들의 자손에게 알리라 하셨으니 이는 그들로 후대 곧 태어날 자손에게 이를 알게 하고 그들은 일어나 그들의 자손에게 일러서 그들로 그들의 소망을 하나님께 두며 하나님께서 행하신 일을 잊지 아니하고 오직 그의 계명을 지켜서 그들의 조상들 곧 완고하고 패역하여 그들의 마음이 정직하지 못하며 그 심령이 하나님께 충성하지 아니하는 세대와 같이 되지 아니하게 하려 하심이로다" 시 78:2~8.

2) 건강하게 오래 살아야 할 이유

우리의 날이 "장구 (長久. you may enjoy long life) 하기 위한" 하나님의 계획은 그분의 위대한 가치를 위해서입니다.

첫째는, 자녀와 손자녀에게 하나님을 대물림하는 신앙교육의 전수자로 장수해야 합니다.

둘째는, 복지가 잘된 세상에서 자손이 번영하도록 축복의 사명자로 장수해야 합니다.

나는 하나님 경외의 신앙을 대물림하는 신앙교육 사명자!

나는 부와 번영을 전달하는 축복의 사명자!

3) 십계명 교육사명자

십계명은 하나님이 친히 짜 주신 완벽한 커리큘럼이란 것은 이미 다 아시지요? 수영장에서 무조건 풀장에 뛰어들지 못하게 하지요? 준비체조라는게 있어요. 아이가 세상에 태어나자마자 세상으로 '풍덩' 뛰어들게 하시면 어떡해요? 자동차에 태우면 안전띠(life line)를 매어 주지요? 십계명= life line! 신앙양육 필수과목!

하나님과 나, 나와 인간(가족, 이웃), 우리와 자연 관계, 어떻게 관계 맺으며 살것인가?라는 물음의 답이 십계명에 있습니다. 모호하고 불 안전한 세상에서 반드시 필요한 안전수칙입니다. 세상에서, 해야 하는 것 두 가지, 해서는 안 되는 것 여덟 가지를 손자녀에게 반드시 가르쳐야 합니다.

십계명에 다 ~ 있어요!

대대손손 주제가

손자녀 신앙교육

이영희 2019.4.10

나 - 는 - 손자손녀의   신앙교육사 명 자

나 - 는 - 손자손녀를   축복하 는사 명 자

대 대 손 - 자 자 손   말씀 축복   사 명 자

나 - 는 - 후손 에 게   예수믿음전 한   다

예수 사랑 전 한   다

*예수 구원, 예수 복음, 예수 은혜

나의 남은시간 ,나는 무엇을 물려줄까

2장
대부모 학교 커리큘럼

예수님도 이 세상에 애 보러 오셨습니다.

시므온과 안나는 아기 예수를 안아 주려고 오래 살았습니다.

우리는 힘은 없지만 자자손손 말씀을 전해 주려는 목적으로 삽니다.

자녀를 잘못 키웠다고 생각되면 이제라도 늦지 않았습니다.

자식에게 해 주지 못한 십계명 신앙교육을 손자녀에게 잘하면 됩니다.

그 방법이 여기 있습니다.

은혜는 하나님이 인간에게, 계명은 인간이 하나님께!

대부모 학교 10주 콘텐츠

순서	시간	1주	2주	3주	4주	5주
1	10:00 ~ 10:30	축복예배, 찬양, 아침 체조, 사명선서! 소리 내어 십계명 선포하기				
2	10:40 ~ 11:00	인사와 소개	지난주 배운 것 복습 및 경험 발표하기			
3	11:00 ~ 11:20	굿 모닝♬, 차와 다과. 몸 마사지 * 화장실 다녀오기				
3	11:20 ~ 11:50	반 편성 반장 뽑기	손자녀 양육미션	손자녀 훈육법	손자녀 사랑하는 법	야외 나들이
4	11:50 ~ 12:10	손자녀 축복시간 (기도책)				
5	12:10 ~ 13:10	맛있는 점심 / 가벼운 체조				
6	13:10 ~ 13:30	노래, 악기, 율동으로 배우는 십계명말씀암송				
7	13:30 ~ 14:00	손 기술, 게임, 놀이, 스토리로 배우는 십계명레슨 서문, 1, 2, 3, 4				
8	14:00~	귀가하기	♪ 다음 주에 만납시다 !!				

반 편성

같은 나이, 또는 비슷한 연령으로 그룹을 묶습니다. 반 이름은 반의 학생들이 정합니다. '반 이름 발표하기' 시간에 반 이름의 유래를 설명할 기회를 드리세요. *무연령으로 하면 나이 한 살이라도 더 드셨다고 꼰대(?) 부리는 분에게 괴롭힘 당하는 일이 가끔 생깁니다.

교사는 반의 명단, 주소, 연락처 리스트를 한 장에 만들어서 나누어 드립니다.

00 교회 폰번 ;			지도해 주는 사역자 이름과 폰번 ;
반 이름;			반장이름; hp;
순서	이름	폰번	집주소
1			

순서	시간	6주	7주	8주	9주	10주
1	10:00 ~ 10:30	축복예배, 찬양, 아침 체조, 사명선서! 소리내어 십계명 선포하기				*가족초청 수업발표회 및 수료식
2	10:40 ~ 11:00	지난주 배운 것 복습 및 경험 발표하기				
3	11:00 ~ 11:20	굿 모닝, 차와 다과. 몸 마사지 * 화장실 다녀오기				
3	11:20 ~ 11:50	손자녀의 발달이해	미취학 손자녀 초청수업	업고 안아주기 축복하기	손자녀 대화법	
4	11:50 ~ 12:10	손자녀 축복수업(기도책)				
5	12:10 ~ 13:10	맛있는 점심				
6	13:10 ~ 13:30	십계명 컬러링 / 바느질 / 말씀암송				
7	13:30 ~ 14:00	손기술, 게임, 놀이, 스토리로 배우는 십계명 레슨 5, 6, 7, 8, 9, 10				
8	14:00~	귀가하기	♪ 다음 주에 만납시다 !!				

숙제

하나, 집에 돌아가면 배운 것을 손자녀에게 꼭 레슨하세요.

둘, 손자녀와 본인 사이에 있었던 이야기를 메모하세요. 수업 9 주째 되는 날, 제출하세요. 책으로 엮어서 수료식에 드립니다.

1. 입학식

담당교사는 미리 받아 둔 등록원서를 참고해서 이름표를 만들고 환경판에 이름표를 게시해 둡니다.

2. 축복예배

예배진행은 조별 반장이 돌아가며 맡습니다. 성경본문은 부록에 있는 노인의 교육사명 관련 성경구절 또는, 2강, 3강을 참고하세요.

3. 가족초청 수업발표회는 가족이 올 수 있는 특별한 날을 정해서 합니다.

4. 수료식 및 수업발표회에는 공부한 것을 펼치는 전시회를 엽니다.

5. 입학원서

대부모 대학 입학원서　　NO.				
이 름:　　(남, 여)		나이: 만　세		
생년월일: 년　월　일　　　　(음, 양)		교회: 직분:		
TEL :		e-mail :		
집 주소:				
가 족 소 개				
이 름	관 계	나 이	직 업	종 교

사진 또는 자기소개	

20   년   월   일   이름_____   서명_____

수료증, 입학식, 수료식배너, 이름 출석표, 전시물의 샘플은 www.holyi.com을 참고하세요.

요일	기독교 요일이름	이날의 과제 한글표기	이날의 과제 영문표기
일 sun	주일	우리 영혼을 구원하소서 Save Our Souls	SOS 워십데이 SOS Worship
월 mon	주일 후 첫째 날	말씀 암송하는 날	메모리 데이 memory day
화 tues	주일 후 둘째 날	십계명 레슨하는 날	십계명 트레이닝 데이(TTTDay) The Ten Training day
수 wed	주일 후 셋째 날	마을 산책하는 날	워킹데이 walking day
목 thu	주일 후 넷째 날	십계명 레슨하는 날	십계명 트레이닝 데이(TTT Day) The Ten Training day
금 fri	주일 후 다섯째 날	쯔다카, 착한 일, 복습으로 선행으로 열매 맺는 날	프룻풀 데이 fruitful day
토 sat	주일 후 여섯째 날	같이 자며 '십계명 스토리 교육' 하는 날 (침대머리교육)	슬리핑 데이 sleeping day

1. SOS= 아들(S), 노부모(Old), 손자(S)! Save Our Souls

2. TTT DAY = The Ten Training Day. 조부모님은 십계명 트레이너가 되는 날입니다. 십계명 교관!

3. 금(fri)요일은 fruitful day 입니다. 보람 있는 일 한 가지를 해서 선행의 열매 맺는 날입니다.

　금요일은 쯔다카, 또는 선행, 또는 십계명 수업복습을 합니다.

대대손손 프로젝트 지도자를 위한 강좌

하나, 즐겁게 오래 사는 복. you may enjoy long life.

두울, 복을 누리는 복. you may go well.

세엣, 복지가 잘 된 땅에서 잘 사는 자손을 보는 복. you may increase greatly.

네엣, 하나님께서 할아버지 할머니에게 주신 특권.

"너희가 축복하면 내가 그들에게(네 아들과 자손) 복을 주리라"

1. 질문 있어요!

Q1 체력과 육아 스트레스

저의 다섯 살 손주는 정신없이 뛰어다닙니다. 늘어놓고, 어지럽히고, 잠시도 얌전히 있지를 못해서 골치가 아픕니다. 허리, 무릎관절이 쑤시고, 안 아픈 데가 없고 육아 스트레스로 뒷골이 땡 기는데 어떻게 손자녀를 돌볼 수 있나요?

A1 맞습니다. 오죽하면 "오면 반갑고 가면 더 반가운 것이 손 자녀."라는 말이 있겠습니까? 한 조사에 따르면 60세가 지난 인생의 불행은 '황혼육아'라고 말할 정도입니다. 이미 자녀 양육에 온 정열과 젊음을 바친 노인들은 그동안 하지 못한 취미생활을 즐기며 노후를 쉬고 싶어 합니다. 손 자녀 양육을 맡겠다고 나섰다가 오히려 후회하는 분도 계십니다. 매일 9시간 이상의 손자를 돌보는 노인들에게서 심근경색 발병률이 50% 높은 것으로 나타났습니다. (SBS 스페셜. 2013. "격대 육아법의 비밀" p160~162. 참고. 경향미디어).

1) 문제는! 시간의 양이 아니라 질입니다. 하루 4시간 정도의 시간을 손주와 보낸다는 조부모들은 한결같이 생활 만족도가 높고 우울증 위험도가 현저히 낮았다고 합니다. 적당한 시간의 손자녀 양육은 조부모의 정신 건강에 오히려 좋다는 것입니다.

2) 신6:2의 조부모의 신앙 양육 사명은 육체노동을 요구한 것이 아닙니다. a. 같이 먹고, 자고 b. 책 읽어주고 c. 축복기도 해 주고 d. 같이 놀아주라는 것입니다. 이것이 장수의 비결이라고 성경이 가르쳐줍니다(신6:2).

3) 아이를 어린이집에 데려다주고 데려오는 일, 낮잠 한 소금 재우는 일, 간식 챙겨 먹이는 일, 성경 읽어주고 함께 성경게임하며 놀기. 저녁에 아이의 부모가 퇴근해서 오면 손 자녀 육아근무 끝! 일주일에 4

일 근무제! *주말 육아의 경우도 2)와 같습니다.

Q2 정신건강

나는 아동 전문가도 아니고 기억력도 가물가물해서 금방 들은 것도 까먹는데 어떻게 손자녀를 가르치는 선생이 될 수 있나요?

A2 노년이 되면 체력뿐 아니라 기억력이 현저하게 저하됩니다. 이는 기억을 관장하는 해마가 줄어들기 때문이지요. 하지만 나이가 들수록 더 활발하게 작용하는 부분이 있습니다. 캘리포니아 대학 샌디에이고 캠퍼스 연구진이(UCSD), MRI(자기 공명 영상법)등 을 통해서 뇌를 연구한 결과 노년은 감정 호르몬의 영향을 덜 받아 종합적 판단력이 젊은 층보다 한층 높다는 결과가 나왔습니다. 노인에게는 감정에 치우치지 않는 유연함이 있습니다. UCSD 정신의학과 리사 엘리(Lisa T. Elyer)는 노년층이 젊은 이들과 다른 점을 찾아내었는데 노인들의 뇌는 한 가지 일을 두서너 가지 방식으로 해보는데 익숙해서 해결법을 찾는데 노련합니다. (SBS 스페셜, "격대 육아법의 비밀." 앞 책. p25, 28 참고).

Q3 과도한 애정

손자녀를 너무나 귀여워해서 버릇없는, 응석받이로 키울까 봐 걱정입니다. 아무리 절제하려 해도 아이 재롱 앞에서는 꼼짝 못 하니 어떻게 하면 좋습니까?

A3 조부모는 비교적 아이를 많이 혼내지 않습니다. 이것은 조부모가 아이의 뇌를 키울 수 있는 아주 큰 장점입니다. 아이에게 애정을 넘치게 주면 독립적이지 못하고 의존적이며 응석받이가 되거나, 버릇이 나빠질까 봐 걱정되지만 사랑 결핍이 더 위험한 것입니다. 아이들의 부모는 일과 자기 발전에 온 시간과 정력을 쏟으며 앞만 향해 달려갑니다. 아이에게 충분한 애정을 주지 못합니다. 조부모의 손자녀 사랑은 절실하고 더욱 필요합니다.

Q4 뭘 가르쳐야 하나요?

배운 것도 다 까먹었고 무식해서 아는 게 없고 손자에게 오히려 영어를 배워야 하는 판국에 뭘 가르칠 수 있나요?

A4 성경이 명령하는 조부모 역할은 평생에 여호와 경외하는 법을 자녀와 손 자녀에게 가르치고 축복하라는 것입니다. 영어는 영어교사에게, 태권도는 사범에게, 그림은 미술학원, 십계명은 대부모님께!

Q5 며느리가 싫어하면 어떻게 합니까?

아이의 부모와 교육관이 다르다는 이유로 며느리(딸)와 사이가 나빠질까 봐 두렵습니다. 교육방법이 다르면 아이에게도 혼란을 주어서 오히려 교육에 역효과를 주지 않을까요?

A5 십계명 교육의 우선권을 조부모에게 주셨습니다(신 6:2). 그러므로 십계명 하나만 제대로 잘 배우셔야 합니다. 교과는 기독교 전 세대의 공통 필수 과목인 십계명입니다. 축복의 십계명으로 교훈하고 축복해 주는 일을 하십시오. 예수 믿는 며느리도 잘 모르는 것이 십계명이니까 자부심을 가지세요.

* 교육의 일관성을 위해서 자녀와 손 자녀에게 필수교과 십계명을 가르치십시오.

2. 손 자녀 축복 문

유대인들은 8일 된 사내아기를 위한 종교의식으로 할례 식을 합니다.
이 날 할례 식의 주인공은 조부모나 증조부입니다.
아이의 부모는 아이의 조부모가 아기를 안고 파티 장에 입장할 특권을 양보합니다.
생전에 손 자녀까지 보는 것을 최대의 영예로운 일이라는 취지에서 조부모가 손 자녀를 안고서 축복하는데 내용은 다음과 같습니다.

할례식에서 손자에게 하는 축복문

"아멘 케쉠 쉐니크나스 라브릿트
켄 이카네스
레토라
우레후파
우레마아쉼 토빔."

1) 아브라함이 하나님과 계약을 체결한 것처럼,
2) 그가 율법을 공부하도록 인도된 것처럼,
3) 그가 결혼한 것처럼,
4) 그가 선행을 한 것처럼.

지금 이 아이가 하나님의 언약에 인도된 것처럼, 적당한 연령이 되었을 때 토라를 연구하는 길에 결혼하는 길에 하나님 앞에서 인도되기를 바랍니다. 아멘.

3. 우리는 이렇게 축복합니다.

아무개의 손자(손녀) 아무개가

1) 예수를 믿음으로. 지혜가 자라게 하시고

2) 생명의 길로 이끌어주는 현명한 스승을 만나게 하시고

3) 학업을 마치고 직업을 구할 때에

4) 결혼하는 길에 하나님 앞에서 인도되기를 바랍니다. 아멘

율법(십계명)에는 세 가지의 기능이 있다(벤자민 팔리 편역, 1991. "칼빈의 기독교강요." 41).

첫째

율법(십계명)은 하나님의 의를 나타냄과 동시에 인간의 불의를 조정시키고 이를 정죄한다.

둘째

율법(십계명)은 그들의 구원의 날까지 죄 지을 생각을 단념시키고 중생하지 않은 자들을 견제한다.

셋째

그리스도인들에게 거룩한 삶을 향한 하나님의 뜻을 가르치고 그들에게 묵상과 순종을 권고한다.

칼빈이 말한 세 가지 기능에서 가장 맘에 드는 기능은 어떤 것입니까?

의욕은 있는데 엄두가 나지 않는 분들에게 행정과 운영을 소개해 드립니다.

1. 등록

1) 등록은 본 교회 등록 교인이 우선이다.

   *외부인이 신청을 할 경우는 다니는 교회 목사의 추천을 받거나 이에 준하는 서류를 갖춰야 한다.

2) 입학 연령은 50대 후반부터 70 초반이며 손 자녀를 두신 분을 환영한다. 만약 70대 후반이라도 건강하고 학습능력이 있으면 등록을 받을 수 있다

2. 등록비

1) 교회가 나름 정하며 교회 지원과 소정의 개인 납부금이 있다.

2) 할아버지와 할머니가 함께 등록할 경우에도 등록비는 할인되지 않는다.

   *부부동반의 경우 식사, 간식, 교육자료 등, 모든 자료를 각자 받는다.

3) 등록금은 미루지 말고 기간 내에 납부하는 습관을 갖는다

4) 수업을 받은 후에 일주일 이내에 환불을 요청할 경우 수업받은 기간을 제외하고 환불한다.

5) 제공하는 기본 교육자료 외에 필요해서 구입하는 교재들은 자비로 구입한다.

3. 교과

1) 강의안은 1인 1권으로 본부가 제공한다.

2) 개인의 불찰로 분실한 경우 사비로 재구입한다.

4. 규칙

대부모 재학생은 품위를 지키는 예수의 제자GRANDEE(귀족)이다. * grandeeship 참조할 것.

1) 성실한 수업 참여로 사람들을 자주 만나기.

2) 자기 몫 외에 더 챙기지 않기.

4) 나이 순으로 깍듯한 예절 지키기.

5) 공공질서 지키기.

5. 장학제도

1) 학기 중에 타의 모범이 되며 성실한 학업 태도의 모범생은 소정의 장학금 또는 특별 선물을 선사한다.

2) 가족으로부터 장학금 후원을 받을 수 있다.

6. 수업기간

학기는 봄가을 2회이며 각 학기는 10주다.

7. 수료

출석 2/3가 되어야 수료 자격이 있다. 수료식에는 손 자녀와 가족의 축하 속에서 한다.

8. 강사 자격증 반

수료생 중에 십계명 레슨 전문 강사 과정을 마치면 강사 자격증을 수여한다.

교과목

1. 손 자녀 양육 실습.

2. 교회의 실버대학 운영 현장실습.

3. 노래로 말씀 암송하자, 20분.

4. 십계명 게임으로 두뇌의 기억력을 키우자, 30분.
   브레이니 십계명 카드게임, 십계명 색채, 칼러링, 캐릭터, 수독 게임.

5. 가벼운 신체놀이 10분.

6. 조부모가 만든 십계명 팝업 책 50분.

7. 손 자녀 축복 식 10분.

8. 수면 동화 20분.

9. 현장 실습하기.

10. 조별 학습.

11. 배운 것 복습 수업 출석하기.

12. 아들, 며느리, 사위, 딸, 손 자녀 초청 수업.

part 6

손 자녀, 아들, 며느리, 딸, 사위 초청수업

수료식이나 또는 학기 중간 즈음에 손 자녀, 아들 딸, 가족을 초청해서 함께 공부하고 화합하는 D-Day가 있다. 맛있는 음식, 가족 친교, 교육으로는 어르신의 발달 심리 이해하기, 아들 며느리와의 대화법, 어르신들에 대한 예절 배우기 등을 기획해 보세요. 주말이나 주일 오후가 좋다.

1. 손 자녀가 대부모님과 부모님을 공경하는 말, 태도, 예절 배우기

* 5계명 설교와 토론집, 예터지기 행복학습센터. 2018. 광명시 평생 학습원. "손 자녀 양육교실." 윤지영, 장현순, 박미경 강의안. 서울시 교육청 조부모 교육자료 참고.

"칭찬 기술을 배웠단다."
"너를 야단치는 법을 배웠어."
"네가 만약 할머니이고 내가 너라면 너는 어떻게 할 것 같으니?"

1) 보람을 느끼게 하는 말

친구들이 어머님(아버님)을 부러워해요.
아이가 할아버지, 할머니를 좋아해요.
아이들이 보고 싶어해요.
저도 어른을 공경하게 돼요.
삶의 지혜를 배워요.
덕분에 아이가 정서적 안정감이 높아요.

2) 실례되는 말

어머니, 저희가 알아서 할게요.
아버님, 요즘엔 그렇게 안 해요.
애가 어리광만 잔뜩 늘고 버릇이 없어졌어요.
기준이 달라서 아이가 혼란스러워해요.

2. 역할 구분하기

아이의 엄마 아빠가 할 일과 조부모가 할 일을 구분하세요.

1) 훈육 원칙을 아이의 엄마 아빠와 수시로 의논해요.

2) 가족일수록 예의를 지켜요.

3) 내 아이의 모든 것을 GP(Grand parents)께서 알아서 하실 것이라는 기대는 하지 마세요.

4) 육아는 아빠, 엄마의 몫이에요. GP는 도와주는 입장이라는 점을 기억하세요.

5) GP의 십계명 육아법을 존중해 드리세요.

6) 양육비는 정해진 날짜에 GP께서 원하시는 방법으로 드리세요.

7) 아이에게 들어가는 돈은 용돈과 구분해서 따로 드리세요.

8) GP께 드리는 돈을 아까워하지 마세요. 가장 안전한 투자입니다.

시어머니(시아버지) 에게 가장 듣고 싶은 말은

_____이다.

시어머니(시아버지)에게 가장 하고 싶은 말은

_____이다.

며느리(사위)에게 가장 듣고 싶은 말은

_____이다.

며느리(사위)에게 가장 하고 싶은 말은

_____이다.

손 자녀 축복송

이영희 2019.2.10

이 - 아이로 인하여 우리가 문이 복을 누리고
이 - 아이로 인하여 우리가 문이 대 대 손 - 손

번 영 하게 하 소 서 예 수 님 안 에 서
주 만 경 외 하게 하소 서 주 님 오실 때 까 지

이 아이를 위하여 기도했더니

한나의 기도

서문-9

삼상1:27참고

이영희곡 1997

이 - 아이를 위하여 기도했 더 니

여 호 와 께 서 내 - 게 허락하 신 지 라

여 호 와 께 - 서

9부..

1. 해석학(할라카)과 토론, 질문, 실습자료

2. 십계명의 해석학(hermeneutics)적 접근

십계명이 예수 그리스도의 윤리가 되려면 해석이라는 제3의 시간이 필요하다.

성경이 캐논은 되지만 삶이 직면한 문제에 시원한 답을 주지 못한다는 점은 끊임없이 지적받아옵니다. 복잡한 현대사회가 세분화된 윤리를 필요로 하는데 성경은 이미지만 제공하고 신학의 해석도 일치하지 않고 시대는 변하는데 기존의 질서를 고집하는 것도 문제입니다. 성경의 상당 부분은 3천 년쯤이나 오래되었으며 성서의 그 어느 것도 1,800년 이내의 것은 없고 신약의 제일 늦은 부분도 주후 120년까지 거슬러 갑니다. 성경의 사건이나 교훈이 적용 되지 않는다는 폐기 이론도 범람합니다. 십계명이 현대의 삶에 응답하고 인간을 위해 봉사할 방법을 찾을 수 있을까요?

해석입니다. 기독교는 처음부터 해석학이 있습니다. 케리그마 자체가 옛 문서를 다시 읽은 것이기 때문입니다. 구약과 신약은 서로를 해석합니다. 토론은 해석입니다.

* 여기에 실은 내용은 이 책 1부 2장 9. "십계명교육 방법 2 토론" p44의 실제적인 사례 제시다.

1. 해석학(할라카)과 토론, 질문 실습자료

이야기가 입말(spoken language)이라면 토론은 담론(discourse)이다. 이야기 윤리가 한 사람의 일방적인 전달이라면 토론은 누구나 청자나 화자 사이를 넘나 들 수 있다. 토론은 현실의 윤리적 딜레마와 토라를 동시 선상에 올려놓고 토라에게 묻는다. 왜 토라는 이렇게 말했는가? 이것이 오늘 우리에게 무슨 의미가 있느냐?라고. 텍스트의 앞과 최종 결론을 토라에서 찾는다는 점에서 상황 윤리와 다르다. 리쾨르는 율법에서 오늘 나의 문제를 보려면 저자의 세계로 들어가는 것이 아니라 자기 세계로 들어가서 이해해야 한다고 말한다. 본문의 의미는 텍스트 배후에 있는 것이 아니라 내 앞에 있기 때문이다. 하지만 내 의견으로는 저자의 세계로 들어가서 이해하는 방법(성경이 왜 이렇게 말할까?)과 자기의 세계로 들어가서 (영철이의 행동은 옳은 것일까? 성경은 뭐라고 말할까?) 저자의 세계로 나오는 것이다. 앞에서 보는 방법과 뒤에서 보는 방법이 교차하는 교차로를 들락거리며 오방(동서남북 +위)을 볼 필요가 있다.

이스라엘 공립 초등학교 토라 교과서에 나오는 토론과, 질문. 랍비들의 할라카에 있는 토론 사례 몇 편을 여기에 소개한다.

A토론실습

딜레마 1. 6계명 'Human being'에 관한 토론[1)]

자기 세계로 들어가는 해석학적 접근 토론.

토론1 6계명; 생명윤리

네가 기르는 강아지와 낯선 사람이 물에 빠졌다. 누구를 먼저 구해야 할 것인가?

만약 그 사람이 너의 원수라면 어떻게 할 것인가?

인간과 동물의 차이가 무엇이라고 생각하는가?

토론2

저자의 세계로 들어가는 해석학적 접근 토론

---

1) Rabbi Joseph Telushkin, *The book of Jewish Values*. N.Y.2000. p268~270. 유대 랍비 Dennis Prager는 이 책에서 말하기를, 15년 동안 1천 명의 미국 공립학교 학생들에게 이 주제를 던졌는데 사람을 먼저 건져야 한다는 학생은 1/3도 되지 않았다고 말한다. 2/3가 '모르겠다'와 '강아지를 먼저' 선택했다. 사람을 먼저 건진다고 답한 학생들은 '왜 사람을 먼저 구해야 하는가?'에 인간이 동물보다 더 지적인 존재라고 대답한 학생들이 많았다. 본인은 2005년 기독교 초등학생 800명에게 던진 질문에서 680명이 강아지를 먼저 건진다고 답했다.

"여호와여 주는 사람과 짐승을 보호하시나이다" 시 36:6 에서 야훼는 왜 사람을 먼저 앞세우는가?

"하나님이 자기 형상 곧 하나님의 형상대로 사람을 창조하시되 남자와 여자를 창조하시고." 창 1:27 란 무슨 뜻인가?

딜레마 2. 8계명 잃어버린 물건 찾아주기 'Return lost object.' [2)]

저자의 세계로 들어갔다가 자기 세계로 나오는 해석학적 접근 방법의 토론.

토론 8계명 ; 잃어버린 물건, 주인 찾아주기

> "네 형제의 우양의 길 잃은 것을 보거든 못 본체 하지 말고 너는 반드시 끌어다가 네 형제에게
> 돌릴 것이요 네 형제가 네게서 멀거나 네가 혹 그를 알지 못하거든 그 짐승을 네 집으로 끌고
> 와서 네 형제가 찾기까지 네게 두었다가 그에게 돌릴지니 나귀라도 그리하고 의복이라도 그
> 리하고 무릇 형제의 잃은 아무 것이든지 네가 얻거든 다 그리하고 못 본체 하지 말 것이며" 신
> 22:1~3.

'못 본체 하지 말 것이며'란 무엇을 의미하는가?

성서시대는 분실물 신고 센터나 파출소가 없었다. 농경, 목축 시절에 준 토라의 가르침을 현대에 적용하려면 해석이 필요하다. 본문의 핵심은 이웃이 곤경에 처했을 때 어떻게 해야 하는가? 의 문제다. '못 본체 하지 말라' 는 것이 본문의 요지다.

토론 1 자기 세계로 들어가기

주유소 화장실에서 20달러 지폐로 총 400 달러가 들어있는 작은 지갑을 발견했다. 이 돈을 어떻게 하면 좋은가? 어떻게 해야 주인을 찾아 줄 수 있을까?

토론 2 도로에 떨어진 1달러는 어떻게 할 것인가?

 알고가기

> 히브리어에서 'mitzva'는 '잃어버린 물건을 돌려주는 것'(hashavat aveidan)으로 잘 알려져 있다. 분실물 신고
> 센터가 없던 성경시대는 잃어버린 물건을 발견한 사람은 그 물건을 제 주인에게 돌려줄 의무가 있다. 토라
> 법은 잃어버린 물건을 발견한 사람이 그가 발견한 것(예를 들어 그녀가 지갑을 발견한 후 메모와 전화번호를 남긴 것)을
> 알릴 의무가 있다. 그때 특별한 표시를 요청한다.(지갑에 돈이 얼마가 있었나요? 화장실 어디에 그것을 두었나요?

---

2) Rabbi Joseph Telushkin, 앞책 p37. ch. Day 26.

같은). 길에 떨어진 1달러 같은 소액은 잃어버린 사람이 그것을 찾기를 포기할 것이라고 추측해서 그것을 주은 사람이 갖는 것을 허락한다.

유대 윤리학자들은 잃어버린 물건을 가지는 것은 특별한 죄를 짓는 것과 같은 것으로 간주한다. 도둑질의 형식은 아니지만 뉘우칠 수 없는 죄인이다. 부정직한 행동을 후회해도 그가 물건의 제 주인을 찾아주는 것이 쉽지 않기 때문에 물건을 발견한 사람은 그가 위탁받은 물건으로 악으로 행해서는 안된다. 우리 대부분은 한번 혹은 그 이상 가치 있는 물건을 발견하곤 한다. 예를 들면 개인에게 가치가 있는, 신용카드나 신분증 혹은 추억이 담긴 중요한 물건 등, 잃어버린 사람에게 가치 있는 것 등.

해석학적 토론에서 은유, 비유는 기술적 주장이 약하거나 문제 들 사이의 관계가 분명하지 않다면 담론은 의미(sens)를 찾음에 있어서 명확하다.

반면 이전에 주어진 것의 의미(sens), 실존하는 것의 의미, 존재하는 것의 의미가 되려면 존재에 대한 맹목적 믿음을 내려놓고 초월적인 주관성과 경험적인 자아의 상관성을 찾아야 할 것이다.

딜레마 3. 8계명 레위기 24장

이 토론은 이스라엘 공립 초등학교 4학년 토라 교과서에 있다.

토론 1 "여호와의 보시기에 정직하고 선량한 일을 행하라." 18절.[3]

선택문제

한 가지 문제만 택하고, 대답하세요.

1. 법을 잘 지키는 사람이나, 백성은 어떤 일을 행함에 있어서 정직하고 선해야 합니까?

2. 정직하고 선량한 일은 무엇입니까?

3. 21절에 "너는 네 아들에게 이야기하라"라고 기록되어 있는데, 백성들의 법을 아들에게 전하는 것이 왜 그렇게 중요합니까?

교실에서 이야기 하기

질문하고 확인해 봅니다.

(친구들에게, 어른들에게, 또는 변호사에게 물어볼 수 있습니다).

*우리들 시대에는 법이 어디에 기록되어 있습니까?

*사람들은 어떻게 법을 알 수 있습니까?

*백성을 위해 필요한 새 법을 누가 만듭니까?

*변호사의 역할은 무엇입니까?

---

3) 164~167. 『שמות ויקרא שלי』 דליה שגב-קורח יונה זילברמנ (1998, בע"מ ישראל: מודן הוצאה לאור

*법을 지키지 않는 사람들에겐 어떤 일이 일어납니까?

교실에서 이야기하기
레위기 24장, 가난한 자들과 약한 자들을 위한 법(레 24:10-22절).
오늘날에는 두 종류의 일꾼이 있습니다.
자영업자: 자기의 사업이 있는 사람. 사주에게 월급을 받지 않음. 그 자신의 노동으로 소득을 얻음.
그가 팔거나, 그의 행하는 일로부터 돈을 벌어들임.
노무자, 품꾼: 다른 사람 아래서 일하는 사람. 공장, 비즈니스 등은 다 사주의 것이며, 일꾼의 것이 아님.
일꾼은 월급을 받음.

묻고 확인합니다.
우리 가정에서는 누가 품꾼입니까?
그는 무엇을 위해 일합니까?
얼마 간격으로 그는 월급을 받습니까?
그가 제시간에 월급을 받지 못하면 어떤 일이 생길까요?

옛날에 가난한 사람은 그의 전토를 잃어버리거나, 자기의 기업을 잃어버린 사람입니다. 보통 가난한 사람은 일용직 노동자와 같습니다. 이따금, 또는 매일 고용자에게 가서 일해야 합니다.

내가 재판관이고, 두 명의 노동자를 두 가지 다른 경우를 놓고 재판해야 합니다.
모든 상황을 읽어봅니다.
피고인이 혐의가 있는지 밝혀냅니다. 피고의 행위가 어떠했는지를 알아냅니다.
적절한 결정을 합니다(토라의 법에 따라서, 또는 그와 유사한 것을 따라서).

첫 번째 케이스
노동자 A가 말합니다. : 한 주일 전에 나는 집을 짓는 사람의 집에서 우물을 파는 일을 했는데 내 일을 마쳤을 때, 그 집주인에게 삯을 달라고 했습니다. 그는 내가 다음날 오면 주겠다고 했습니다. 그 다음날 그 삯을 받으러 갔더니, 그는 자기에게 돈이 없다고 했습니다.
그는 다시 2-3일 후에 오라고 했습니다. 그러나 그 다음에도 그는 품삯을 주지 않았습니다.
판결: 집주인, 당신은 지불해야 합니다.
나는 당신께 판결합니다.
(범법한 것에 대한 적절한 벌을 생각해 보세요).

두 번째 케이스

두 번째 노동자가 하소연합니다. 한 달 전에 난 아파서 일할 수 가 없었습니다. 저와 우리 가족은 생활하고, 먹고, 살 돈이 없었습니다. 나는 벌써 돈이 될 만한 팔 수 있는 물건은 다 팔았습니다. 집기구들, 보석들, 가구들, 전부 말입니다. 이젠 아무것도 남은 것이 없습니다. 나는 내 이웃, 여호수아 벤가디씨에게서 돈을 빌릴 수밖에 없었습니다. 내 이웃은 말하기를, 나는 당신에게 돈을 빌려 줄 준비가 되어 있습니다. 그러나 나에게 안전하게 돈을 돌려준다는 보장을 위해서 저당이 필요합니다.

나는 말하기를, 나에겐 선택의 여지가 없었습니다. 그에게 저당물(우리 가족의 이불)을 주었습니다. 우리 이웃은 그것을 7일 정도 가지고 있습니다. 우린 이 겨울밤에 추위에 떨고 있습니다. 그리고 나는 더 추워 떨게 되었습니다. 어떻게 하시겠습니까? 재판관님?

재판 : 여호수아 벤 가디, 당신은 ~해야 합니다. ~할 수 있도록. 나는 당신이 ~하도록 언도합니다.

(법을 어긴 자에게 적절한 벌을 생각해 보세요).

교실에서 토론하기

세 번째 케이스

우리 조상의 현인들은 이렇게 말했습니다. "가난한 자를 부끄럽게 말라."(탈무드).

이 단락으로부터 지혜 자들의 말씀과 관계되는 법을 적어 보세요.

(도움이 필요한자, 가난한 자를 학대하는 일에 관한 법).

딜렘마 4. 3계명 '세속을 씻는 것(sanctifying the Secular)'

다음은 유대이즘의 랍비 죠셉 텔러스킨의 할라카 토론이다.[4]

> "네가 새 집을 건축할 때에 지붕에 난간을 만들어 사람으로 떨어지지 않게 하라 그 피 흐른 죄
> 가 네 집에 돌아갈까 하노라 " 신 22:8.

해석학의 배경

토라는 집을 새로 짓는 사람은 지붕에 난간을 만들어야 한다는 법을 제정했다. 고대 근동지역에, 집들은 거의 평평한 지붕이어서 사람들은 대개 지붕 위에서 걷고 쉬곤 했다. 토라는 울타리를 만들 근본적 이유를 제시했다. 이 명령은 유대 사회에서 천년 이상 시대마다 새롭게 해석되어 지켜 왔다.

---

4) Rabbi Joseph Telushkin, *The book of Jewish Values.* 앞 책. day 295. p411~412.

해석학적 순환

이 법이 선포된 지 천년 동안 유대사회는 사람들의 집에 다루기 힘든 개를 기른다거나 위험한 사다리를 가지고 있는 것을 금지하는 법으로 사용했다. 텔러스킨은 "로스앤젤레스에 있는 내 회당에서 이 법을 공부하면서, 나는 사람들에게 현재 할 수 있는 성경의 명령에서 할 일과 하지 말아야 할 일들을 생각해보라고 했다. 계속되는 토론에서, 많은 제안이 나왔다는데 정리하면 다음과 같은 내용이다.

할라카

1) 집에서 총을 장전하지 않는다.
2) 어린이에게 안전한 집이 되도록 위험한 물건들을 제거한다. 만약 집에 어린아이가 없다면, 어린아이가 손님으로서 방문할 경우에 미리 안전 점검을 하여 안전 조치를 한다.
3) 눈보라나 비가 온 후, 즉시 집 앞을 청소한다.
4) 연기, 화재 경보 장치를 설치한다.
5) 아이들이 떨어지는 것을 막기 위해 집의 창문에 안전한 울타리를 한다.

*집의 창문에 도둑이 들어오는 것을 막기 위해 창틀에 격자문을 해놓았다면, 긴급할 때 사람이 탈출할 수 있도록 안쪽에서 빗장을 열 수 있도록 해 둘 것.

모든 제안들은 상식적인 것이다. 그러나 토라 법에서 실행하는 이 상식이 실행될 때, 행동은 종교적인 활동으로 이루어진다. 눈보라가 친 후에 집 앞 길을 깨끗하게 하려고 나가서 치운다면 신성한 명령을 수행하는 것이다. 이러한 토라 정신은 일을 쉽게 할 뿐 아니라 거룩을 느끼게 한다.

딜레마 5. 7계명 자유 경쟁 공정 거래 '영역법(parnasa)'[5]

토론주제들

> 출 20:14, 간음하지 말지니라.
> 겔 18:6, 이웃의 아내를 더럽히지 말라 월경 중에 있는 여인을 가까이 하지 아니하며.

겔 18:6에서 "이웃의 아내를 더럽히지 말라 월경 중에 있는 여인을 가까이 하지 아니하며"라고 되었는데 이 말을 정당한 경제 활동에 적용하자면, 어떤 경제윤리와 질서, 또는 비즈니스 법을 만들 수 있는가?

우리 유대 조상들이 창안해낸 백화점, 홈쇼핑의 거래법의 유래를 조사해 보라.

유대 할라카는 이 말씀을 비즈니스 차원에서 다음과 같이 해석하여 자유경쟁 공정거래 '영역법

---

5) Rabbi Moshe Weissman, *The Midrash says 2, the book of Sh'mos*. 앞 책 p194~ 195.

(parnasa)'을 창안했다.

"이스라엘의 현인들은 이런 점(위에 제시한 목록)을 감안해서 다음과 같은 비즈니스 법으로 해석하여 금지시키고 있다. 자유 경쟁의 거래에서 상인의 사업영역에 바짝 붙어서 같은 업종을 차리는 것은 그의 영역(livelihood)을 침범하는 것이다. 다른 사람의 소유권을 이용해서 비즈니스 하는 것은 월경 중에 있는 여인을 가까이하는 것과 동일하다(유대법이 지정한 구역의 영역 안에서 같은 종류의 사업허가를 내주지 않는다). 유대 사회에서는 같은 매매(same trade)를 같은 영역에서 종사하므로 그 이웃의 유익을 박탈하지 않도록 법으로 정했다. 공정하게 비즈니스 하는 사람은 칭찬을 받는다고 하나님은 말씀하셨기에."[6]

딜레마 6. 4계명 출 35:3 : 안식일에는 너희의 모든 처소에서 불도 피우지 말지니라.

유대인의 안식일 법에는 전기, 가스, 양초 등의 사용을 금지하고 있다.
현대에 와서 이 법이 말하는 '불'의 의미란 무엇인가?
저자는 왜 이러한 명령을 내렸을까?

*오늘날 '불'의 의미론적 해석은 '분노 (angry)'를 뜻한다. 그래서 안식일에는 화를 내서는 안 된다는 법으로 재해석된다.

딜레마 7. 6계명 네 이웃을 네 몸처럼 사랑하라

다음은 이스라엘 공립 초등학교에서 가르치는 토라 교과서에 있다.[7] 이 토론의 의미는 유대사회가 율법에 나타난 윤리를 오늘 어떻게 해석하여 적용하는가를 배운다.
네 이웃을 네 몸과 같이 사랑하라는 계명에서 우리는 이웃을 어떻게 사랑해야 하는가?

교실에서의 대화

"너희는 화목제 희생을 하쉠(=여호와께)께 드릴 때에 너희의 의지대로 (진심으로)드리고 " 레 19:5절.

할라카

---

6) Rabbi Moshe Weissman, *The Midrash says 2, the book of Sh'mos* 앞책 p195. 유대사회가 에스겔 본문을 비즈니스 공정 거래법에 적용한 해석은 다른, 다른 , 다른 상품가게를 열다가 백화점이라는 아이디어와 홈 쇼핑을 처음 창안했다.

7) שמות ויקרא שלי קורח שגב-קורח יונה זילברמן דליה של, 앞책 162~163.

화목제란 사람이 맹세(중요한 약속을 하다)를 하였을 때, 빚을 갚아야 할 때 또는 감사의 보답을 치러야 할 때 드리는 희생제물을 이렇게 불렸다. 과거의 사람들은 이것을 이렇게 말한다. "만약 나에게 이렇고 이런 일이 생길 경우, 나는 하쉠에게 희생제물을 드릴 것입니다"라고. 오늘날 이것은 사람이 이렇게 말하는 것과 같다. "만약 나에게 이렇고 이런 일이 생길 경우, ~을 위해 기부금을 기증해요"라고. 화목제는 사람이 자신의 의지대로 드리는 제사다. 그런데 토라는 현대 이스라엘 백성의 문제를 걱정한다.

이 규례(법)는 이렇게 해석 될 수 있다.

> "너의 땅의 곡물을 벨 때에 너는 밭모퉁이 까지 다 거두지 말고 너의 떨어진 이삭도 줍지 말며 (9절)너의 포도원의 열매를 다 따지 말며 너의 포도원에 떨어진 열매도 줍지 말고 가난한 사람과 타국인을 위하여 버려두라(10절)너의 밭 베는 것(추수하는 것)을 마칠 때에, 얼마의 곡식단을 선물로 가난한 이들에게 주어라."

새로운 표현으로 하자면, '너의 포도원의 포도열매 따는 것을 마칠 때에, 포도 광주리를 가난한 이들에게 기부해라.'이다.

친구들과 함께하는 과제
우리는 상상(가정)하여 설명합니다.
왜 이 규례(법)를 아래와 같이 쓰지 않았을까요?
가난한 이들에게 선물로 주기를 요청하는 대신 왜 가난한 이들이 밭과 포도원에 남아 있는 것들을 스스로 모으도록 결정하셨을까요?

농사를 짓지 않는 사람들에게 이 법은 어떻게 이해되어야 하며 적용되어야 하나요? 우리 시대에서 쓰고 남는 동전은 떨어진 이삭과 동일하게 이해됩니다. 동전을 어떻게 쓰는 것이 이웃을 사랑하는 것일까요?

딜레마 8. 자연은 누구의 것인가?

하나님은 싯딤나무로 십계명 돌판을 보관하는 언약궤를 만들라고 명령하셨습니다(출 36:20). 싯딤나무는 과일이 열리지 않는 나무예요. 세상에 있는 모든 것이 다 그분의 것인데 왕 중의 왕이신 하나님은 왜, 자신의 사원을 세울 것을 명령하실 때 과일이 열리지 않는 나무만을 사용할 것을 명령하셨을까요?
우리가 교회를 지을 때, 또는 자연을 상대할 때 뭘 주의해야 할까요?

발 타슈킷의 원칙. 신 20:19.

토라는 불필요한 파괴를 금지한다. 자연에서 어떤 이익을 얻으려는 목적으로 자연을 파괴하거나, 건물을 무너뜨리거나 음식으로 장난을 치거나 훼손하는 행위는 율법을 어기는 것이 된다.

B 질문실습

서문

많은 나라들이 있는데 왜 이스라엘에게 십계명을 주셨을까?

많은 사람들이 십계명을 배우지 않는데 왜 내가 십계명을 배우게 되었을까?

1계명

1) 나는 자기중심 적인가, 아닌가? 단체사진을 볼 때 누구를 가장 먼저 보는가?

2) 세계화란 바벨탑을 쌓는 것과 같다. 그들은 무엇을 보고 싶어서 그랬을까?

2계명

마귀는 금을 좋아한다. 3천명을 유혹해서 금을 받아 낸 사건은?

3계명

하나님의 이름을 모독하는 것이 도둑, 살인, 강간처럼 그렇게 용서받을 수 없을 만큼의 큰 죄인가? 하나님은 왜 3계명을 어긴 자를 절대 묵인하지 않는가?

4계명

만약 안식일이 없었다면 주일이 있었을까?

5계명

1) 유다와 이스라엘을 통치한 42명의 왕과 여왕 중에서 최장기 집권자는? 악인이 왜 오래 사나?

2) '하나님을 사랑하라'라고 했으면서 부모는 사랑하라고 하지 않고 왜, 공경하라고 하셨을까?

6계명

1) 신하들이 "왕의 하나님이 그의 이름을 왕의 이름보다 더 아름답게 하시고 그의 왕위를 왕의 위보다 크

게 하시기를 원하나이다."라고 말했어도 질투하지 않은 왕은?

2) 자기가 언제 죽을지 죽을 날짜를 알고 살았던 사람은?

7계명

"여자에게 눈이 멀면 눈이 뽑힌다."라는 교훈을 남겨 준 사람은?

8계명

살인 질 하지 말라, 간음 질 하지 말라고 하지 않았는데 8계명에 와서는 왜, 도둑질하지 말라고 했을까?

9계명

"네 이웃에게"가 아니라 왜 "네 이웃에 대하여"라고 했을까?

성경에 나오는 문서 위조 범이 누구인가?

10계명

옆집 아내는 "네 이웃의 아내"라고 했는데 이웃의 소, 나귀는 왜 "그의 소, 나귀"라고 했을까?

도움 되는 답

1계명=연합(un) 이 목적이다. / 2계명= 금송아지 만든 사건. / 3계명= 하나님이 가장 못 참는 것이 신성 모독이다. / 4계명= 안식일의 개념이 주일에 반영되어있다. 안식일의 주인이 세상에 오셨으니 안식일은 주일이 된다. / 5계명=1) 므낫세(55년). 왕하21:1~9. / 2) 사랑은 마음에서 우러나오는 것이고 공경은 의무다. / 6계명=1). 다윗. 왕상1:47 2히스기야. / 7계명= 삼손. / 8계명= 도둑질은 보편적으로 가장 많이 범하는 죄다. / 9계명= 1) against는 대항, 적대시의 의도적인 개념이다. 2) 이세벨, 에레미야 시대의 서기관. 왕상21;8, 렘 8:8. / 10계명= 아내는 소유물이 아니라 인격을 가진 존재다.

2. 십계명의 해석학(hermeneutics)적 접근

1958년부터 1980대까지 활동한 예일대 구약학 교수 차일즈(Brevard S.Childs)의 경전에 충실한 해석학의 방법론은 성경해석사에 새로운 전기를 마련해 주었다. 기독교 교인들은 세속적인 방식으로 성경을 이해하고 거룩한 경전으로서의 성경이라는 의식은 상실해 왔다면서 차일즈는 이를 신학의 책임으로 돌렸다. "성서의 텍스트를 하나님의 말씀으로 본다는 것은 깊은 것을 의미한다." 는 이유에서다. 그래서 그는 그의 책 "The Old Testament as Scripture of the Church" 에서 왜 교회는 경전을 재 긍정해야 할 필요가 있는가를 개관해 준 후 오경을 경전사 적 주석의 대본으로 삼았다.[8]

리쾨르 역시 성서를 비 신화화하는 문제를 해결하려고 나섰다. 지금은 모세 이후 광야에서 외치는 생성의 시대가 아니라 조목조목 세심하게 실천하는 해석의 시대라면서 버릴 것이 아니라 각 시대마다 그 시대의 말씀으로 연구하고 해석할 것을 주장했다.[9] 예수의 사건은 갑자기 생긴 비합리적 사건이 아니라 예로부터 감추어져 있던 뜻이 이루어진 것이다. 이처럼 역사와 관련을 맺으면서 사건을 앎의 세계로 들여와야 한다. 옛 글을 재해석함으로 선포된 말씀은 인식의 세계로 들어올 수 있다.[10]

십자가와 부활의 표지 밑에서 옛사람은 죽고 새 사람이 태어났듯이 일어날 사건이 일어 난 이 사건을 끌어온 십계명은 이제 새 사람을 위한, 새 사람으로 살아갈, 하지만 '죄가 남아 있는 의인'을 위한 선물이다. 성서를 해석한다는 것은 이처럼 그 거룩한 뜻을 드러냄과 동시에 세속문화 전체를 그 안으로 끌어들이는 것이다.[11] 그 덕분에 십계명은 특정한 문화의 산물에 그치지 않게 된다. 십계명은 해석을 통해서 그리스도 사건과 사람의 내면이 만나도록 하는 것이다.

"역사는 계속해서 해석되지 않으면 죽은 전통이 되고 만다. 유산이란 꽉 막힌 채 손에서 손으로 옮겨지는 것이 아니라 부지런히 길어 올려야 할 보물이고 길어 올릴수록 더 새로워진다. 전통은 해석의 은혜로 산다."[12]

윤리가 하나님의 뜻을 행하는데 있다면 신자의 삶을 저울질하는 십계명은 생생하고 현실적이어야 한다. 십계명은 신학적 측면과 윤리적 측면을 아울러 가지고 둘을 분리 할 수 없다. 사람에 대한 하나님의 뜻을 보인다는 점에서 신학이요, 요청하고 명령한다는 점에서 윤리다.

그런데 우리 삶은 어떤가? 여러 상황에 대해 토라는 묵묵부답이다. 그러므로 중요한 것은 토라의 뜻을 밝히는 해석이 필요하다. 예를 들어서 "무당은 살려두지 말지니라." 거나 "가나안에 들어가거든 우상 신전을 파괴하라"는 명령은 저자와 텍스트 이해와 재해석이 필요하다.

---

8) 차일즈. *The Old Testament as Scripture of the Church concordia*. p.43(dec.1972) pp.709–722, 김이곤. 1998. "구약성서의 신앙과 신학" pp57–58. 재인용. 한신대출판부.

9) 폴 리쾨르. 양명수 옮김, "악의상징" 앞 책. p124.

10) 폴 리쾨르. 2001. 양명수 옮김, "해석의 갈등" p 418. 아카넷.

11) 양명수 옮김, "해석의 갈등" 앞 책. p 419.

12) 양명수 옮김, "해석의 갈등" 앞 책 참고.

유대사회의 할라카

유대사회를 예로 들어보자. 그들은 고대의 성서를 현실에 맞게 적용하려고 끊임없이 연구해 왔다. 탈무드 해석집이나 토라를 해석한 미드라쉬 할라카(=걷는다; 현재형)와 미쉬나 경전들은 시대를 따라온 성서 해석 서다.

율법학자와 바리새인의 윤리, 종교 적 교육학은 성서의 해석을 통해 발견되었을 뿐이다. 물론 그들의 '장로들의 유전(할라카)'에는 예수와 마찰을 일으켜 온 '안식일 39가지 금지법'처럼 현실과 동떨어진 해석도 있지만 하나님의 뜻을 따라야 할 의무를 비껴갈 경우란 하나도 없다는 야무진 신념으로 문서화되지 않은 구전 전승을 연구하고 현실 문제의 옳은 길을 찾기 위해서 노력한 고지식한 작업은 치하해야 할 것이다.[13]

할라카는 다른 할라카에 의해 얼마든지 수정되거나 폐기될 수 있었다. 예를 들면 중세기까지 유대인 남자들의 아침 기도를 마치면 '쉘로 아사니 이샤(여자로 만들지 않은 것을 감사합니다)'라고 끝을 맺도록 되어 있었다. 이 법은 남자가 여자보다 심혈을 바쳐야 할 토라 연구와 기도의 의무에서 자유롭지 못한 것을 감사한다는 뜻인데 오해를 불러일으켜서 생략하는 쪽으로 지금은 재해석되었다.[14]

할라카의 수정이나 완전히 뜯어 고침이 토라의 근본을 변형하거나 제한시키는 실수를 바로 잡는 사람들은 끊임없이 있어 옴으로 굽은 것은 원래의 자리를 지키곤 했다. 주석에 신중하고 결의론 적 방법에 의해 해석된 토라는 개인과 공동체를 위해 언제나 살아 있는 교훈이 된다. 토라의 해석이 고정되지 않는다는 것이다.

유대 라비 중 한 사람은 이렇게 말한다. "어떤 뛰어난 제자가 자기 선생 앞에서 무엇을 새롭게 가르친다 해도, 그것은 시내 산의 모세에게 얘기되어진 것."이라고 (Travers Herford).[15]

토라는 영원한 불변의 계시다. "입에서 입으로"(민수기, 12장 6~8절), "얼굴과 얼굴을 마주대고"(신명기, 34장 10절) 완전히 전달되었고 해석은 역사의 정황에 따라 설명할 뿐이다.[16]

해석덕분에 전통은 이어지고 해석이 전통을 살린다. 니버는 하나님의 명령을 하나님의 뜻으로 대치하므로 하나님 말씀에 상황의 유연성을 가져 왔다. 그런데 리쾨르의 해석학은 명령을 살려서 뜻이 적용되도록 해석한다는 점이 다르다. 고정된 명령에 맞는 뜻을 찾아내는 것이다.

해석이 전통의 시간, 즉 과거의 시간에 어떻게 끼어드는가? 왜 전통은 해석의 시간을 통해서 살아남는가? 이 말은 하나님의 명령을 말한다. 리쾨르는 "해석은 제3의 시간"이라고 말한다.

명령과 뜻이 만나는 해석학적 토론

---

13) 학자들의 심의를 거쳐 다수결로 비준해야 하는 일에는 산헤드린 공회의 공식적 결정인 할라카(halachah; 하나님과 걷는다)를 통해서 결정한다. 유대인들은 토라가 오늘을 사는 사람들을 위한 책이 되기 위해 현실에 맞게 재구성한 미드라쉬(연구하다)가 있다. 미드라쉬는 할라카(걷는다) 와 학가다(말하다)로 나눈다.

14) Alfred J.Kolatch, *The Second Jewish Book of WHY*. p293~294.

15) 양명수 옮김, "악의상징" 앞 책. p129.

16) 양명수 옮김, "악의 상징" 앞 책. p130.

십계명이 오늘날 그리스도인의 윤리가 되기 위해서 명령과 뜻이 만나는, 과거와 현재의 두 사건이 만나는 제3의 시간이 필요하다. "얼굴과 얼굴을 마주대고" 현재성을 봐야 한다. 성서를 신앙의 눈으로만 보면 귀속되기 쉽기 때문이다. 그런 의미에서 '거리두기'를 생산적인 것으로 본 가다머는 자기 이해와 세계의 이해, 삶을 이해하는 텍스트 이해에서 시작하고자 시도했다. 반면, 리쾨르는 본문을 해석해서 '이미 하나님이 말한 것을 밖으로 내미는 것'에서 출발한다(이야기 토론 딜레마 2. 참고). 이해는 해석의 결과다. 이해가 언어가 되어 밖으로 나오면 텍스트화(진술)된다. 리쾨르는 본문 의미는 텍스트 배후에 있는 것이 아니라 앞에 있다고 강조하지만 내 생각에 율법에서 오늘 나의 문제를 보려면 저자의 세계와 자기 세계를 들락거려야 한다. 텍스트의 저자가 이해한 삶, 자기가 추구하는 삶, 새로운 존재의 가능성으로 진행되어야 한다. 텍스트의 뜻을 풀면서 삶의 뜻을 찾아내는 것이다. 예를 들면, 아브라함의 인생, 내가 추구하는 인생, 새로운 나 (예수 그리스도와의 관계).

해석이란 삶의 의미를 찾는 인간 실존의 존재방식이다. 해석은 단순히 문헌학의 문제가 아니다. 존재론적이고 종교적인 작업이며, 사람이 구원을 얻으려는 데서 생긴 작업이다.[17]

하나님의 세계 안에 들어 있는 존재를 이해해야 자기를 이해한다고 말한 하이데거는 사회학적 성서 해석이라든가 과학정신에서 그 방법을 찾으려고 노력했지만 이러한 접근은 보조수단에 불과하다. 해석을 통해 밝히 드러나야 하는 것은 삶의 의미이고 그 삶의 의미는 성서가 말해준다. 존재론 쪽에 기운 가다머나 하이데거가 현실이해의 순환 구조를 말했다면 리쾨르는 데카르트의 코기토[18]에서 나온 방법론을 강조했다. 리쾨르가 말하는 해석의 순환은 사람이 주체가 된다. 하이데거는 존재론적 의미에 주력하고 이성의 주체인 코기토의 의미를 약화시켰고 따라서 인간학적 의미는 약했다. 가다머는 비판적인 이성은 없이 이성의 존재에만 의존했다. 반면 리쾨르의 해석학은 근대의 반성철학을 수정하며 하이데거의 존재론에서 영감을 받고 있으면서도, 코기토에서 발전된 방법론적 사고, 비판적 사고를 존중했다.[19] 이것이 해석학을 발전시키는 토론이다.

하지만 십계명은 하나님께서 하신 명령(divine command ethics)이 중심요소가 되어 형성된 윤리체계라는 점에서 나는 리쾨르의 코기토와 거리를 둔다. 하나님의 명령이 윤리체계의 근간이 된다고 하여서 윤리적 원칙이나 규범에 집착해서도 안 되지만 그렇다고 코기토의 가설처럼 내가 주체가 되어 해석의 중심에 놓는 것도 조심스럽다. 막연하기 때문이다. 텍스트 저자의 의도를 살핀다고 해서 주체가 없어지는 것도 아니고 저자의 뜻을 무조건 따르는 것도 아니다(예를 들면 Day 295의 세속을 씻는 것 sanctifying the

---

17) 출애굽 사건의 텍스트에 겹 뜻이 있다. 겉 뜻은 포로에서 해방되는 실존체험을 바탕으로 삼고, 속뜻은 객관적인 사건에 담겨있는 존재론적 차원의 상황을 드러낸다.겹 뜻은 존재 안에서 사람이 처한 상황을 찾는 탐정이다. Poul Recoeur, 2001. 양명수 옮김, 해석의 갈등, 서울:아카넷 2001. p74.

18) 데카르트의 주체철학을 요약한, '코기토 에르고 숨 (= 나는 생각한다. 고로 나는 존재한다). 코기토는 라틴어로 이성, 고차원적 통찰이고 정신의 복합적 지적 능력을 뜻한다. 데카르트는 '생각하기 때문에 존재 한다' 는 것이 아니라 신이 아닌 내가 직접 생각하는 주체이기에 나에게 존재가치가 있다는 주장이다.

19) Paul Ricoeur, 양명수 옮김. 2002. "텍스트에서 행동으로." 서울: 아카넷. p106~107. 참고, "해석의 갈등" p239~240.

Secular; 왜, '난간을 두라'는 것인지, 저자의 의도를 찾지 못하면 문자 주의로 끝나고 만다).

리쾨르는 "율법에서 오늘 나의 문제를 보려면 저자의 세계로 들어가는 것이 아니라 자기 세계로 들어가야 한다."라고 말하는데 사람이 겪는 사건은 저마다 다르고 사람이 자신의 판단을 믿을 만큼 정확하지도 않다. 텍스트가 전하는 저자의 숨겨진 의도를 찾기가 어려워지면 나오는 길을 못 찾고 헤 멜 뿐이다(딜레마 1. '모른다.'고 답한 학생들의 경우처럼). 해석은 텍스트의 심사를 받아야 한다. 토론의 결론을 성경에서 끌어와야 한다는 나의 주장은 그래서 당연하다.

예수께서는 "율법의 한 획이 떨어짐보다 천지의 없어짐이 쉬우리라."(눅16:17)고 하여 율법의 영속성에 관해 예수의 절대적인 선언이 있다. 성서가 주는 윤리 지표를 폐지하려기보다 우리 시대의 말씀으로 재해석되기 위해 이성은 연마되어야 하고 말씀하시는 성령님을 기다려야 한다. 그리고 텍스트의 배후 또한 놓치지 말아야 할 것이다.

예수께서는 십계명을 정의 론의 기초로 받아들여 자기 시대의 것으로 해석과 보충을 하셨고 고대의 전통을 따라 규범을 인정하셨다(예수께서 "모세와 선지자들이 있으니 그들에게서 들을 찌니라"고 하셨다(눅 16:29; cf. 31).

루터파 학자인 틸리케는 "예수 그리스도는 세상의 형식 즉 타협을 필요로 하는 구조를 정복하고 극복했다는데 있다."라고 했듯이 예수의 해석학적 접근에 의해 율법은 온전하게 되었다. "너희가 들었으나 나는 너희에게 이르노니", "본래는 그렇지 아니하니."(마 5:22, 19:9 참고)란 말은 사람들이 율법에 대한 바른 가르침을 잘못 이해한 해석의 오류가 있음을 말한다. 해석에는 인간의 지성이 들어가므로 텍스트의 본뜻에 오해를 가져오지 않도록 신중해야 할 것이다. 이성판단의 오류가 예수를 매달았다.

성서가 오늘날 직면하는 모든 문제를 해결해 줄 수는 없지만 프렉티컬한 윤리가 되기 위해서 가능한 방법을 해석학적 토론이라고 보았고 위와 같은 주장을 가지고 각 연령에 맞는 토론 집을 만들었다. 십계명 총서17~23권은 토론의 실제적인 교과다.

성경에 나타난 어떤 명령들은 성서시대에는 맞지만 오늘날의 그리스도인에게 재해석이 되지 않는 한 침전물에 불과하다. 이러한 문제는 할라카에 의해 해결이 가능할 것이다.[20] 하나님의 명령에 기초하여 올바른 윤리체계를 형성하려면 성서기록의 다양한 요소를 어찌 피해갈 수 있으랴! 텍스트 서술 작업(descriptive task)으로 그치지 말고 서술적 결과를 윤리적으로 체계화 시키면(뜻풀이), 삶의 뜻은 드러날 것이다. 그리고 성령의 인도하심이 있게 된다.

> "너희가 나를 사랑하면 나의 계명을 지키리라 내가 아버지께 구하겠으니 그가 또 다른 보혜사
> 를 너희에게 주사 영원토록 너희와 함께 있게 하리니" 요 14:15, 16.

> "보혜사 곧 아버지께서 내 이름으로 보내실 성령 그가 너희에게 모든 것을 가르치고 내가 너희

---

20) 송인규, 『신앙과 학문』, "미래사회와 기독교 윤리" 1999년 겨울 제 4권 4호. 통권 16호. p59.

에게 말한 모든 것을 생각나게 하리라" 요 14:26.

"사람들이 너희를 끌어다가 넘겨 줄 때에 무슨 말을 할까 미리 염려하지 말고 무엇이든지 그 때에 너희에게 주시는 그 말을 하라 말하는 이는 너희가 아니요 성령이시니라" 막 13:11.

해석의 방해물이 분명히 있다. 개인이 강해지면 삶 속에서 하나님의 뜻을 식별하는 능력이 어려워진다. 솔로몬이 강해지자 지혜가 떠났다. 죄는 이성의 판단력을 흐리게 하고 우둔하게 한다.

존 웨슬리는, 인간이 하나님의 선하신 뜻을 식별하여 살기 위한 첫 번째 자료는 자기 경험이나 이성이 아니라 하나님이 이미 명령한 대로 규범에 비추어 식별해야 한다면서 다음과 같은 네 가지 순서를 제안했다(김희수 재인용. 2004. p29).

성서(해석)
교회의 전통
경험
이성

나는 여기에 최종적으로는 성령님의 지시를 따를 것을 추가하고 싶다. 기독교인의 신앙의 핵심은 성경에 계시되어 있고 교회의 전통에 의해서 밝혀졌고 개인적 경험 속에 생생하게 체험되며 성령의 교통 하심을 통해 얻은 확인은 이성에 의해 재확인하며 이성이 내린 확인은 성령을 통한 재확신이 필요하다. 해석학적 토론은 이러한 순환을 통해서 판단, 분석, 해석을 객관화한다.

10부..

1장 십계명 테스트 *Ring the holybell !*

준비물; 성경책.

1. 조를 짠 후, 조별로 앉으세요.

2. 전체 문항은 4단계로 진행됩니다.

3. 문제가 나오면 여러분이 생각한 답을 쓰세요. 성경과 이 책을 참고해도 좋습니다.

4. 채점은 각자 본인이 하세요.

5. 답을 맞혔으면 한 문항에 5점씩 계산하세요.

6. 조원 전체의 점수를 합산하세요. 최다 득점은 어떤 조입니까? 상을 드리세요.

본인 _____는 진실하고 성실하게 채점하였습니다. 사인 _____

*학년별, 단계별, 십계명 수수께끼와 퀴즈 집은 십계명 총서 31권에 있습니다.

2장 질문 있어요

질문은 잠자는 뇌를 깨웁니다. 질문, 생각이 뇌의 용량을 넓혀 줍니다. 암기가 바깥 것을 뇌에 넣는 작업이라면, 생각은 뇌가 만들어서 밖으로 출력하는 것입니다. 뇌가 질문을 받으면 창의적인 새로운 것을 만들어서 출력합니다. 여기에 실린 질문들은 이스라엘 공립초등학교의 모세오경 교과서에 있는 질문과 제가 만든 질문입니다. 여러분도 그동안 배운 십계명으로 "알쏭달쏭" 질문을 만들어 보세요.

1장 십계명 테스트 Ring the holybell~

1단계

1. 하나님에 대한 의무를 말씀하는 계명은 어떤 계명들입니까?

2. 이웃에 대하여 말씀하는 계명은 어떤 계명들입니까?

3. 징계에 비해서 은총이 넘치는 계명은 몇 번째 계명입니까?

4. 십계명에서 '여호와'라는 단어가 몇 차례 나옵니까?

5. '여호와'의 이름이 들어 있는 계명들은?

6. '여호와' 이름이 가장 많이 나오는 계명은 어떤 계명입니까?

7. 열 개의 계명 중 가장 긴 문장으로 되어 있는 계명은?

8. 십계명은 많은 명칭으로 불립니다. 다음 명칭 중에 아닌 것은? 언약, 율법, 언약의
   말씀, 그 판의 글, 십계, 증거, 모세의 글, 증거판, 돌판, 하나님의 열 마디 명령.

9. 십계명을 보관한 상자를 뭐라고 불렀나요?

10. 십계명은 하나님이 한번 말씀하시고 돌판에는 몇 번 쓰셨나요?

2단계

11. 다음의 한글 단어들은 몇 계명에 나오는 단어입니까?
    간음 / 소유 / 기억/ 다른 신 들/ 애굽/ 형상/ 도둑질/ 망령/ 아들/ 안식일/ 공경/ 엿새/ 나그네/ 딸/ 죄
    없다/소/나귀/아내

12. 다음의 영어 단어들은 몇 계명에 나오나요?
    steal /neighbor /murder/ holy/ idol /parent / misuse / father and mother / honor / six day /
    slavery / land / lie /covet.

13. 오직 하나님께 전적인 헌신과 유일한 믿음을 다루는 계명입니다. 몇 번째 계명입니까?

14. 십계명에 '하라'는 명령은 몇 개입니까? '하지 말라'는 금지 계명이 몇 개입니까?

15. 십계명을 넣어 둘 궤(상자)를 무엇으로 만들었나요?

16. 십계명을 담은 법궤는 어디에 보관했나요?

17. 언약궤의 시은 좌 (=속죄소 뚜껑인 정금 판자) 위를 누가 지키고 있나요?

18. 언약궤는 양 고리에 꿰어 있는 채를 제사장들이 어디에 메고 운반하도록 하였나요?

19. 주님이 산상에서 강론하신 산상수훈은 무엇을 강론하신 것입니까?

20. 예수님은 십계명을 사랑의 두 계명으로 요약하시고 그것이 _____과 _____의 강령 곧, 구약 성경의 강령이라고 하셨고 그것을 "행하면 살리라"고 하셨습니다.

3 단계

21. 십계명은 성경, 어디, 어디에 기록 되어 있나요? 두 곳을 말해 보세요.
22. 무엇을 어깨에 메고 요단강에 발을 디디는 순간 물이 갈라졌나요?
23. 가나안 첫 성 여리고를 점령할 때 뭘 앞세우고 성을 돌며 외쳤을 때 성이 무너졌나요?
24. 이스라엘인들은 십계명을 보관한 무엇을 따라 가도록 하였나요?
25. 첫 번째 돌판은 누가 깎아 다듬었나요? 1) 하나님 2) 모세 3) 여호수아
26. 다른 계명은 모두 '하라' '하지 말라' 라고 했는데 서문은 왜 그렇게 표현되어 있지 않나요?
27. 상 또는 벌이 명시되어 있는 것은 몇 계명입니까?
28. 하나님의 이름을 어떤 자세로 불러 드려야 하는지 알고 싶어요. 어느 계명일까요?
29. 다른 계명은 매일 지켜야 하는데 나는 일주일에 하루만 잘 지키면 절반은 지킨 것입니다. 나는 몇 계명의 누구일까요?
30. 십계명의 마지막 계명은 '이웃'이라는 단어가 몇 차례 나오는 것으로 종결됩니까?

4 단계

31. 예수님이 십계명을 준수하셨다는 말씀이 요15장 몇 절에 있지요?
32. 하나님의 계명과 예수의 증거를 가진 자들은 용에게 맞서서 영적 전쟁을 치른다는 말씀이 계시록 12장 몇 절이지요?
33. 예수님이 "어려서부터 계명을 지키는 자를" 사랑하셨다는 구절이 마가복음 10장 몇 절에 있지요?
34. 하나님의 계명과 예수에 대한 믿음을 지키는 인내가 필요하다는 말씀이 계 14장 몇 절에 있지요?
35. '행한 대로 갚아 주리라'는 말씀이 계시록 14장과 22장에 각각 몇 절에 나오지요?
36. 이스라엘의 거룩하신 이의 말씀, 즉 십계명을 버렸기 때문에 화를 입게 된다는 말씀이 이사야 5장 몇 절에 있지요?
37. 무엇을 회개해야 하는 지를 가르치는 구절입니다. 그 구체적인 목록이 요한계시록 9장 몇 절에 있지요?
38. 십계명에서 가장 짧은 문장은 몇 계명입니까?
39. 서문에는 십계명을 주신 분이 어떤 분이라고 말씀하나요?
40. 예수님은 성경의 어떤 두 본문을 하나로 묶어서 새 계명의 주제로 삼으셨나요?

퀴즈 해답집

1단계

1.1, 2, 3, 4계명/ 2. 5, 6, 7, 8, 9, 10계명 / 3. 2계명 /4. 8번 /5. 서문, 2, 3, 4, 5계명 / 6. 4계명.

7. 4계명 8. 모세의 글 9. 언약궤 10. 네 번으로 짐작. 출 34:1, 28.

2단계

11. 간음 7/ 소유 10/ 기억 4/ 다른 신 들1/ 애굽=서문/ 형상 2/ 도둑질 8/ 망령3/ 아들 2, 4/ 안식일 4/ 공경5/엿새 4/ 나그
네 4/ 딸 4/ 죄 없다 3/소 10/나귀 10/아내 10.

12. steal 8/ neighbor 9,10 / murder 6 / holy 4 / idol 2 / parent 5 / misuse 3 / father and mother 5 / honor 5 / six
day 4 / slavery 서문 / land 서문 / lie 9 / covet 10.

13. 1계명.

14. 두 개와 여덟 개.

15. 조각목 / 정금으로 그 안팎을 싸고 금테를 두르라. 출 25:10-22.

16. 거룩한 지성소에 보관하라. 출 26:33,34.

17. 금으로 만든 두 그룹이 날개를 맞대고 지키도록 하셨습니다.

18. 어깨에 메고 신 31:9. 어깨에 멨다는 것은 전심을 다하고 안전한 방법으로 운반했다는 뜻입니다.

19. 십계명 마 5:21-48.

20. 마 22:34-40 율법과 선지자의 강령/ 눅 10:25-28.

　　*십계명을 지킬 필요가 없다고 주장한다면 성경과 중요한 도덕법들을 폐기하자는 것이 된다.

3단계

21. 출애굽기 20:1-17, 신명기 5:5-21.

22. 십계명 말씀이 들어 있는 언약궤. 수 3:14-17.

23. 언약궤. 수 6:12-21.

24. 삼하 6:4, 5.

25. 하나님. 하나님이 직접 돌을 선택해서(선택 받은 돌) 직접 다듬고 쓰셨다는 것은 우리가 하나님을 선택하
시는 것이 아니라 하나님이 우리를 선택하신다는 것을 보여줍니다.

26. 서문은 오직 하나님이 이스라엘을 구원하여 인도해 내신 사건을 말합니다. 구원은 은혜입니다. 사람이 해야 할 것과 하지
말아야 할 율법을 지켜서 구원 받는 것이 아니기 때문입니다.

27. 2, 3, 4, 5계명.　　28. 3계명　　29. 4계명, 안식일　　30. 세 번.

4단계

31. "내가 아버지의 계명을 지켜 그의 사랑 안에 거하는 것 같이 너희도 내 계명을 지키면 내 사랑 안에 거하리라"요 15:10

32. "용이 여자에게 분노하여 돌아가서 그 여자의 남은 자손 곧 하나님의 계명을 지키며 예수의 증거를 가진 자들과 더불어 싸우려고 바다 모래 위에 서 있더라" 계 12:17.

33. 막 10:17-22.

34. "성도들의 인내가 여기 있나니 그들은 하나님의 계명과 예수에 대한 믿음을 지키는 자니라" 계 14:12.

35. 계 14:13. 계 22:10-15 "이는 그들의 행한 일이 따름이라. 행한 대로 갚아 주리라 또 내가 들으니 하늘에서 음성이 나서 이르되 기록하라 지금 이후로 주 안에서 죽는 자들은 복이 있도다 하시매 성령이 이르시되 그러하다 그들이 수고를 그치고 쉬리니 이는 그들의 행한 일이 따름이라 하시더라."계 14:13. "행한 대로 갚아 주리라." 계 22:10-15.

36. 이사야 5:20~24 "악을 선하다 하며 선을 악하다 하며 흑암으로 광명을 삼으며 광명으로 흑암을 삼으며 쓴 것으로 단 것을 삼으며 단 것으로 쓴 것을 삼는 자들은 화 있을진저 스스로 지혜롭다 하며 스스로 명철하다 하는 자들은 화 있을진저 포도주를 마시기에 용감하며 독주를 잘 빚는 자들은 화 있을진저 그들은 뇌물로 말미암아 악인을 의롭다 하고 의인에게서 그 공의를 빼앗는 도다 이로 말미암아 불꽃이 그루터기를 삼킴 같이, 마른 풀이 불 속에 떨어짐 같이 그들의 뿌리가 썩겠고 꽃이 티끌처럼 날리리니 그들이 만군의 여호와의 율법을 버리며 이스라엘의 거룩하신 이의 말씀을 멸시하였음이라" 이사야 5: 20~24. 참고; "화, 화, 화가 있으리니"계 8:7-13.

37. 이 재앙에 죽지 않고 남은 사람들은 손으로 행한 일을 회개하지 아니하고 오히려 여러 귀신과 또는 보거나 듣거나 다니거나 하지 못하는 금, 은, 동과 목석의 우상에게 절하고 또 그 살인과 복술과 음행과 도둑질을 회개하지 아니하더라 계 9:20-21.

38. 6, 7계명입니다.

39. 구원자

40. 신 6:4, 레 19:23.

2장 질문 있어요

질문 1

애굽 왕은 왜 전쟁이 나면 이스라엘 백성들이 적의 편을 들 거라고 생각했을까?

질문 2

아브라함은 몇 백 년 후 그들의 자손에게 무슨 일이 일어나게 될지 알았다. 하나님은 왜 이런 일이 있을 것을 미리 알려주었을까?

질문 3

갈대로는 무엇을 만들 수 있나?

역청으로는 뭘 만들 수 있나?

질문 4

모든 아이들은 자신의 어릴 적 이야기 듣기를 좋아한다. 바로의 딸은 모세에게 어떤 이야기를 해주었을까?

질문 5

르우엘은 이집트에서 온 손님 모세에게 관심을 가졌을 것이다. 그는 모세에게 어떤 질문을 했을까? 모세는 어떤 이야기를 들려주었을까?

질문 6

모세는 떨기나무에서 "내가 여기 있다." 고 대답했다. 성경에서 "내가 여기 있다"고 대답한 사람들은 누구누구였나?

※ 창37:13의 "내가 그리하겠나이다" = 히브리어로 "내가 여기 있다"라는 뜻. 아브라함, 요셉, 모세.

질문 7

1) 왜 모세는 장로들을 만나서 그들을 그의 계획에 참여 시켰을까?

2) "소풍에 나가기 전에 선생님은 아이들을 세었다. 그리고 버스에 탄 아이들의 이름을 적었다." 이집트를 떠날 때 왜 숫자를 셀 필요가 있었을까?

※ 숫자를 세다 = 미프가드 = 파카드 = 명령하다.

질문 8

모세가 궁전에서 바로공주를 만났다면 어떤 이야기를 나누었을까?

질문 9

모세는 하나님께 "애굽으로 다시 가고 싶지 않다"는 뜻을 분명히 밝혔다. 왜 그랬을까? 미디안 생활에 만족한 걸까?

※ 모세는 미디안 생활이 지겨울 적마다 어릴 때, 그리고 젊은 시절을 그리워하지 않았을까?

질문 10

애굽의 개국이래, 생전 보지 못한 재앙들이 그들을 집에 근신하게 했다. 고대 이집트에 전화가 있어서 사람들이 서로 통화했다면 어떤 말을 했을까?

질문 11

기름 섞은 과자(민 11:8)

꿀 섞은 과자(출 16:31)

빵(출 16:15)

깟씨

진주

만나는 왜 이렇게 다른 맛, 다른 색깔, 다른 모양으로 표현되었을까?

어떤 연령이 어떤 맛을 좋아했을까?

이것이 주는 교훈이 뭘까? 교육에 적용하자면?

질문 12

하나님은 왜 회막을 좋아하셨나?

질문 13

악한 세대

삐뚤어진 세대

진실이 없는 세대

모세는 애굽에서 나온 20세 이상을 "악한 세대"라고 말한다. 그들은 광야에서 다 죽었다. 그 이후 태어난 광야 세대를 "삐뚤어진 세대." "패역한 세대." "진실이 없는 세대."라고 말한다. 삐뚤어졌다는 것이 뭘까?

"그들이 여호와를 향하여 악을 행하니 하나님의 자녀가 아니요 흠이 있고 삐뚤어진 세대로다" 신 32:5.

"그가 말씀하시기를 내가 내 얼굴을 그들에게서 숨겨 그들의 종말이 어떠함을 보리니 그들은 심히 패역한 세대요 진실이 없는 자녀임이로다" 신 32:20.
왜 모세는 이런 사람들에게 이미 알고 있는 이야기를 하고 있나? 모세는 이러한 말들을 통해서 뭘 의도하고 있나?

질문 14

"이스라엘아 들으라 (히; 단수)."는 개인에게 하는 말이다. 십계명도 개인에게 명령한다. 왜, 집단에게 공포하시면서 개인에게 말하셨을까?

※ 나의 말로 받아서 그 명령을 이행하는 것은 하나님이 하신 크신 일들을 기억하고 명령을 지킬 의무를 기억하는데 도움을 준다.

질문 15

모세의 무덤과 예수님의 무덤의 차이가 무엇인가?

질문 16

금송아지 사건 후 이스라엘 백성들은 뭘 깨달았는가?

질문 17

정탐꾼 12명 중에 그 이전에 알고 있던(성경에 나오는) 이름이 있는가?

질문 18

12 정탐꾼의 이름은 다 밝혔으면서 여호수아가 보낸 두 정탐꾼의 이름을 왜 밝히지 않았을까?

질문 19

모세가 아모리 족에게 부탁한 것과 에돔 족에게 부탁한 것의 유사한 점이 무엇인가? 아모리인과 에돔 인이 보인 반응 중에 차이점이 무엇인가?

질문 20

모세 시대에 세계 최강의 불량 국가는? 왜?

저는 가끔, 예수님은 왜 나를 어릴 때 부르셨을까?라는 생각을 합니다. 만약 내가 어릴 때 예수님을 믿지 않았더라면 난, 지금 어떤 사람이 되어 있을까? 아마도 저는 교도소에도 뻔질나게 들락거리고 TV 뉴스에 나타나서 부모님과 형제들을 놀라게 하고 동생들은 나 때문에 창피해서 얼굴 못 들고 학교 다녔을 거라는 생각을 합니다. 아, 그래서 나를 일찍 불러 주셨나 보다. 저는 주님께 감사드립니다.

예수님이 나에게 오래 참아주지 않으셨더라면 난, 지금 어떤 사람이 되어 있을까?라는 생각도 합니다. 믿는다면서도 완고한 모습을 그대로 가지고서 아마 열심으로는 온통 교회를 어지럽히고 무엇이든지 내게 유익한 것이라면 그리스도까지 이용하려 들었을지 모릅니다. 저는 저를 잘 압니다. 그래서 저는 지금 감사합니다.

저는 가끔 이런 생각을 합니다. 내가 십계명을 몰랐더라면 난, 어떤 사람이 되어 있을까? 장담하건대 분명히 제 분수를 모르고 살았을 거라는 생각을 합니다. 20대 학창 시절의 친구들을 만나면 열이면 열 모두가 "너 참, 많이 달라졌다."라고 합니다. 내가 얼마나 나쁜 애 이었는지를 조목조목 들어서 회상시키는 친구도 있습니다. 그런 제가 아마도 십계명 덕분에 조금은 사람이 된 것 같습니다. 그래서 주님께 감사를 드립니다. 그렇다고 지금 제가 성인이라도 된 것처럼 하는 말은 결코 아닙니다. 아직도 저는 그리스도를 얻고 그 안에서 발견되기를 바랄 뿐입니다. 고전 15:10에서처럼 지금 내가 이만큼이라도 된 것은 하나님의 은혜이니 내게 주신 그의 은혜가 헛되지 아니하기를 바랄 뿐입니다. 내가 모든 사도보다 더 많이 수고하였다면 그것은 이 죄인에게 많은 것을 내어주시고 기다려주시고 나와 함께 하신 하나님의 은혜입니다.

목련과 벚꽃으로 캠퍼스가 화사한 어느 해 봄날, 제 논문 지도 교수님의 연구실에 방문했다가 봄이 온 줄도 모르고 계시는 교수님을 뵙고 이런저런 대화 중에 "공부란 죄 많은 사람이 하는 거다."라고 하시던 말씀이 생각납니다. 십계명도 그랬더군요. 저는 종종, 나는 왜 이렇게 오랫동안 십계명을 가르치며 살까?라는 생각을 하곤 했는데 답을 찾았습니다. 아, 맞다. 내가 죄가 많아서 그렇구나! 남들보다 나아서가 아니라 사람이 좀 되라고 하나님이 십계명을 가르치게 하시고 배우게 하셨습니다. 십계명은 나처럼 죄 많은 사람이 배우는 것입니다.

그동안 여러 권의 책을 집필했지만 십계명처럼 부담되지는 않았습니다. "나는 제대로 살고 있는가?"라는 질문이 나를 소심하고 때로는 진지하게 했습니다. 십계명은 하나님이 가장 애정을 가지고 남긴 그분의 손때(?) 묻은 작품이 아닐는지요. 그래서 더욱 조심스러운 마음으로 시간을 끌어오다가 용기를 냈습니다.

제가 처음으로 십계명에 호기심을 가진 것은 이스라엘 말키아에서 귀화한 유대인 공동체와 유다이즘을 공부할 때였으니 24년이라는 세월이 흘렀네요. "이 나라는 예수는 모르면서 청첩장에도 십계명 돌판 마크, 부림절

명절 초청장에도, 졸업식 순서지에도 십계명마크를 붙이네, 율법의 나라 맞는구나."라며 살짝 빈정대던 내가 십계명에 빠져 들다니! 한국에 돌아와서 2,000년 11월 6일에 압구정 교회를 빌려서 "십계명 새 물결 세미나"라는 주제로 첫 번 공개 강의를 시작하고 지금까지 이어옵니다. 대학원에서는 십계명을 주제로 논문을 쓰면서 학문적인 정리도 해 보았고 총신 대학교 사회 교육원에서 7년간 십계명을 가르쳐도 보았고 현재는 저의 개인 연구소에서 1년을 4학기로 나눠서 두 달에 세 계명씩 마스터하는 십계명 전문학교를 운영하며 겨울과 여름 방학에는 한 개의 계명을 집중해서 다루는 캠프도 이따금씩 합니다. 세월이 흐른 만큼 사람이 되어야 할 텐데 쉽지가 않습니다. 언젠가는 삶으로 잘 우러나온 모습을 발견하게 될 거라는 기대와 주님의 잠잠한 격려를 힘입습니다. 교육 현장에 필요해서 이것저것 만들다보니 39권이 되었습니다.

총신대 김의원 교수님의 총장 시절에 이스라엘의 김진해 선교사님과 학교에 갔던 일도 생각납니다. 김의원 교수님은 추천 글을 주시면서 "이 책을 상품 화 해서 기독교를 판매하자!"는 강력한 의견을 내셨는데 저를 비롯해서 둘러앉은 사람들이 모두 '하하하' 웃었습니다. 그런데 지금은 교회, 대안학교, 유치원, 어린이집에서 교재로 사용하고 있습니다.

어제는 제 주변을 둘러보았습니다. 이 책이 예수 그리스도의 용서와 사랑, 그리고 우리의 회개, 심판의 임박함을 알리는 사이렌이 되었으면 합니다. 그동안 학생들로부터 제가 배운 것이 더 많았고 십계명은 제 자신을 위한 것이었습니다. 하나님을 경외하고 사람의 도리를 알게 하는 십계명을 주셔서 인간을 살게 하시는 하늘에 계신 아버지, 아버지의 것을 가지고 이번에 제가 이렇게 만들어보았습니다. 아버지의 맘에 드셨으면 합니다. 그리고 감사드립니다.

> "여러 사람의 말이 우리에게 선을 보일 자 누구뇨 하오니 여호와여 주의 얼굴을 들어 우리에게 비추소서 주께서 내 마음에 두신 기쁨은 그들의 곡식과 새 포도주가 풍성할 때보다 더하니이다 내가 평안히 눕고 자기도 하리니 나를 안전히 살게 하시는 이는 오직 여호와이시니이다"
> 시 4:7. 아멘.

2021. 1월. 이영희

참고도서

1~5부 국내도서

1. 김중기. 2003. "참 가치의 발견" 소 제목 '하나님 중심의 정의' 서울: 참가치.
2. 김이곤. 1998. "구약 성서의 신앙과 신학" 서울: 한신대출판부.
3. 양명수.1997 . "기독교 사회 정의론" 천안: 한국신학연구소.
4._____, 2001. "근대 성과 종교" 서울: 이화여대 출판부.
5._____, 2002. "텍스트에서 행동으로" 서울: 아카넷.
6. 이영희, 2018. "아기를 천재로 발달 시키는 영아부 교육" 카도쉬북.
7. 최혜순, 1987. "영 유아 뇌 발달과 인성교육" 고양.
8. 한국 기독교윤리학회 편. 2005. "기독교 윤리학 개론" 서울: 대한 기독교서회.
9. 한기채 1999."기독교 윤리에 있어서 성서의 권위"『교수논총』10집. 부천: 서울신학대학교.

논문 및 정기 간행물

1. 심규섭. 1997. "구약의 십계명연구" 박사학위논문. 아세아 연합 신학대학원 신학과.
2. 오정현. 1999. "유월절 규례와 십계명에 대한 윤리학적 분석" 박사학위논문. 연세대학교 신학대학원 신학과.
3. 이영희. 2008. "폴 리쾨르의 십계명 윤리" 이화여대신학대학원. TH.M. 학위논문.
4. 송인규. 1999.『신앙과 학문』"미래 사회와 기독교 윤리" 겨울 제 4권 4호. 통권 16호.

번역도서

1. Emil Brunner. 2003. "정의와 사회질서" 전택부 옮김. 서울 : 대한기독교서회. 원제명 : *Justice and The Social Order.*
2. Martin Luther. 1983. "루터선집 9권 : 세계를 위한 목회자편" 감수 편집. 지원용. 서울: 컨콜디아사. 원제명: *Luther's Works.*
3. 파울알트하우스. 1994. "마르틴 루터의 신학" 구영철 옮김. 서울:성광문화사. 원제명: Paul Altaus, Die Theologie Martin Luther.
4. James Muilenburg, *The way of Israel -Biblical Faith and Ethics.* 김이곤 옮김, 1978. "이스라엘의 길 -성서 적 신앙과 윤리" 컨콜디아사.
5. *Calvinistic Ethics, In baker's Dictionary of christian Ethics.* 신원하 옮김.
6. Paul Ricoeur. 2002. "악의 상징" 양 명수 옮김. 서울: 문학과 지성사.
7._____. 2001. 양명수 옮김. "해석의 갈등" 아카넷.
8. D. Lapin. 2008. 김재홍 옮김. "부의 비밀" 씨앗을 뿌리는 사람.

국외도서

1. R. J.Telluskin. 2000. *You shall be holy.* New York : Bell Tower Publish.

2. U. Cassuto. 1987. *A Commentary on The Book of Exodus.* Translated from The Hebrew by Israel Abrahams. Jerusalem: Magnes Press. The Hebrew University. Jerusalem : The Hebrew University : The Magnes Press.

3. Stanley Hauerwas. *The Moral Authority of Scripture : The Politics and Ethics of Remembering in Reading.*

4. Sallie McFague.1975. *Speaking in parables.* Philadelpia : Fortress Press.

5. Childs Brevard S. 1962. *Memory and Tradition in Israel.* London. SCM.

6. _____ 1976. *The Book of Exodus : The Old testament Library.* Louisville, Kentucky : The Westminster Press.

7. Translated by Edmund colledge and James Walsh.1978. *A history of christian women.* New York; paulist press.

8. Elijah Benamozegh 1994. *Israel and Humanity.* New York: Paulist.

9. James Wm. McClendon, JR. 2002. *Ethics.* Nashville : Abingdon Press.

10. Yirmeyahu Bindman. 1995. *The Seven Colors of The Rainbow.* New York: Resource. Publishers.

11. Paul Ricoeur. Ed by Richard Kearney. 1996. *The Hermeneutics of Action.* London : Sage Publications.

12.Catherine of Siena. 1978. *A History of Christian Women.* Translated by Edmund Colledge and James Walsh. New York: Paulist Press.

6부

국내도서

1. 김선현. 2013. "색채 심리학" 한국 학술정보.

2. 김영인. 2002. "무지개 이야기" 도서출판국제.

3. 김정해. 2011. "좋아 보이는 것들의 비밀, 컬러" *The key to make everything look better color.* 길벗출판.

4. 김중기.1986. 신앙과 윤리. "정의에 대한 스펙트럼 분석" 서울: 종로서적.

5. _____ 참 가치의 발견.

6. 문은배. "Color Basics" 도서출판국제.

7. 박혜원 신수정 공저. 2000. "색 읽고 보는 눈" 양지.

8. 변종철 2005. "빛과 색" 살림출판.

9. 사단법인 한국색채학회. 2002. "색이 지배하는 세상, 이제는 색이다!" 도서출판국제.

10. 성기혁. 2016. "색의 인문학" 교학사.

10. 안상락, 송종윤저. 2012. "색, 색채 디자인" 태학원.

11. 윤인복지음. 2016. "그림에 숨겨진 하느님" 바오로의 딸

12. 최영훈 편저. 1987. "색채학 개론" 서울 : 미진사.

13. 박은덕 1997. "은덕이의 아동화 이야기" 양서원.

14. Golomb & Farmer. 1983. "색채사용"

참고도서

번역서

1. Andre LaCoeque, & Paul Ricoeur.1998. *Thinking Biblically: Exegetical, and Hermeneutical, Studies.* 김창주 옮김. 2006. "성서의 새로운 이해" 살림.

2. Anne Verichom. 2005. *The color.* 채아인 옮김. 2012. "세계를 물들인 색" 도서출판. 이종.

3. Clive Gifford,Marc-Etienne Peintre, *(The)Colors of history : how colors shaped the world.* 이강희 옮김. 2018. "색깔의 역사" 노란 돼지.

4. Faver Birren, 김화중 옮김, 1985. "색채심리" 동국출판사.

5. Gavin Evans. 2017. *The story of colour.* 2018. 강미경 옮김. "칼러 인문학" 김영사.

6. Karen Haller. *The Little book of colour : how to use the psychology of colour to transform your life.* 안진이 옮김. 2020. "컬러의 힘" 월북.

7. Kassia St.Clair. 2016. *The secret lives of colour.* 이용재 옮김. 2018. "칼러의 말" 월북.

8. Joann Eckstut & Arielle Eckstut. 2013. *Color, The secret language of color.* 신기라 옮김. 2014. "컬러, 그 비밀스런 언어" 샤마북스.

9. Jude Stewart. 2013. Royg.Biv. 배은경 옮김. 2014. "무지개에는 왜 갈색이 없을까?" 아트북스.
   *Royg.Biv=스팩트럼의 색상들. 빨 주 노 초 파 남 보.

10. Michel Pastoureau. 2017. 고봉만 옮김 "파랑의 역사" 민음사.

11. New ton Science. *Newton Hightlight.* 강금희 옮김. 2014. "빛이란 무엇인가?" 뉴턴 코리아.

12. Rudolf Steiner. *Theo sophy.* 양억관, 타카하시 이와오 옮김. 1999. "색채의 본질" 물병병리.

8부

1. 예터지기 행복학습센터 2018. 광명시 평생 학습원. "손 자녀 양육교실" 윤지영, 장현순, 박미경 강의안.

2. SBS 스페셜. 2013. "격대 육아법의 비밀" 경향 미디어.

3. 이영희. 2015 "유대인 임신 출산의 비밀" 숨북스.

4. 서울시 교육청 조부모 교육자료.

5. 박상철. 2012. "당신의 100년을 설계하라"생각속의 집.

부록

1. R. J.Telluskin, 2008. *Jewish Literacy.* 김무겸 옮김. "유대인의 상속 이야기" 북스넛.

2. _____2000. *The book of Jewish Values.* N.Y

3. ישראל: מודנ הוצאה לאור בע"מ (1998. דליה שנב-קורח יונה זילברמנ. שמות ויקרא שלי.

4. Paul Ricoeur. 2002. 양명수 옮김. "텍스트에서 행동으로" 서울: 아카넷.

5. _____, 200. 양명수 옮김. "해석의 갈등" 서울:아카넷.

6. Alfred J.Kolatch. *"The Second Jewish Book of WHY"*

19C의 문제점은 신은 죽었다는 것이다.
20C의 문제점은 인간이 죽었다는 것이다.

- 에리히 프롬 "The sane society" (Telluskin. 2010. p325).

21C의 문제점은?

저자 **이영희**

총신대신대원졸, 이화여자대학교신학대학원(TH.M), 이스라엘 히브리 대학 및 이스라엘 교육부가 주관하는 '귀화 유대인 교육' 기관에서 유다이즘 500시간, 미취학 어린이교육실습, 봉사 및 참가수업 500시간을 마쳤다(이스라엘교육부). 총신대학교 사회교육원 이스라엘의 유아교육책임교수(2006-2014). 왕십리교회(4년), 장충교회(12년), 왕성교회와 성복교회(6년)에서 영유아부를 지도했다.

현재, 카도쉬 비전센터(www.holyi.com)의 십계명전문교육원, 이스라엘 교육 연구원 및 영아학교 전문교육원(http://cradle.holyi.com)대표로 있다.

저서 소요리야 넌 누구니?, 뽀뽀뽀 하나님, 밥상머리자녀교육, 말씀우선자녀교육(이상은 규장출판). 유대인의 공부습관, 삼위일체 육아법, 침대머리 자녀교육(몽당연필). 유대부모의 토라태교(두란노), 토라태교기도문(두란노) .매일5분 54일 생활속 자녀교육, 아기를 천재로 만드는 영아부 예배, 아기의 천재성을 발달시키는 영아부교육, 영아부교사라면 알아야 할 교육행정과 운영, 십계명총서 39권 외 다수(카도쉬북).

이젠삶북

총서1 - 십계명 예배&교육 컨설턴트

초판인쇄   2021년 1월 28일
　글　　　 이영희
펴 낸 이   이영희
펴 낸 곳   카도쉬북(제 2011-000002호)
출판등록   2011년 01월 25일
주　　소   경기도 광명시 도덕 공원로49. 철산동 브라운스톤101-901.
전　　화   070-7629-1663
이 메 일   holyhi@hanmail.net
홈페이지   www.holyi.com

ISBN 979-11-89466-08-4
ISBN 979-11-89466-07-7(세트)

잘못된 책은 교환해 드립니다.
가 격 25,000원